BIBLIOTHÈQUE
DE PHILOSOPHIE CONTEMPORAINE

# DESTINÉE
# DE L'HOMME

PAR

## M. L'Abbé C. PIAT

Agrégé de philosophie,
Docteur ès lettres,
Professeur à l'école des Carmes.

PARIS
ANCIENNE LIBRAIRIE GERMER BAILLIÈRE ET Cⁱᵉ
FÉLIX ALCAN, ÉDITEUR
108, BOULEVARD SAINT-GERMAIN, 108
1898

# DESTINÉE

# DE L'HOMME

# OUVRAGES DU MÊME AUTEUR

L'Intellect actif. LEROUX, Paris, 1890.

Quid divini nostris ideis tribuat Divus Thomas. LEROUX, Paris, 1890.

Historique de la liberté au XIXᵉ siècle. LETHIELLEUX, Paris, 1894. (*Couronné par l'Académie française.*)

Problème de la liberté. LETHIELLEUX, Paris, 1895. (*Couronné par l'Académie française.*)

L'Idée. C. POUSSIELGUE, Paris, 1896.

L'Apologétique de l'abbé de Broglie, avec héliogravure, 80 p., in-8° jésus. LECOFFRE, Paris, 1896.

La personne humaine. *Bibliothèque de philosophie contemporaine.* F. ALCAN, Paris, 1897. (*Couronné par l'Académie des sciences morales et politiques.*)

ÉVREUX, IMPRIMERIE DE CHARLES HÉRISSEY

# DESTINÉE

# DE L'HOMME

PAR

## M. L'ABBÉ C. PIAT

Agrégé de philosophie,
Docteur ès lettres,
Professeur à l'École des Carmes.

———

PARIS

ANCIENNE LIBRAIRIE GERMER BAILLIÈRE ET Cⁱᵉ

FÉLIX ALCAN, ÉDITEUR

108, BOULEVARD SAINT-GERMAIN, 108

1898

# DESTINÉE DE L'HOMME

## PRÉLIMINAIRES

Le but de cet ouvrage est de montrer qu'il existe une autre vie.

La tâche n'est pas facile, à coup sûr. Elle ne l'a jamais été, et l'on peut dire que, de nos jours, elle l'est moins encore qu'auparavant. On se fondait autrefois sur la spiritualité de l'âme pour prouver son immortalité. Or, c'est là une base d'argumentation qui paraît momentanément ébranlée. On prouve sans trop de peine et que les modes de la pensée ne se ramènent pas au mouvement et qu'ils enveloppent un sujet à la fois simple et fixe : ce sont là deux faits primitifs qui demeurent à l'abri de toute objection sérieuse. Mais ce sujet lui-même, qui constitue notre personnalité, est-il radicalement distinct de la matière, et, s'il l'est en réalité, peut-il encore et penser et vouloir lorsqu'il se trouve à l'état séparé ? Là réside la question capitale, et il faut bien convenir qu'elle comporte quelques difficultés. L'ontologie de l'âme, telle que la tradition nous l'a léguée, ne suffit plus à la résoudre ; et, d'un autre côté, l'ontologie de la matière tend plutôt à lui donner une solution négative. Embryogénie, physiologie, pathologie et cérébroscopie, autant de sciences ou que l'on a créées de toutes pièces, ou qui se sont totalement transformées ; autant de sciences aussi dont les progrès incessants montrent, avec une force toujours croissante, l'intime solidarité du physique et du mental. On n'avait jamais senti d'une manière aussi vive jusqu'à quel point l'activité psychologique, même dans ses manifestations les plus hautes, dépend du jeu des cellules nerveuses ; et cet esclavage de l'esprit, qui s'accuse dans les plus petits détails de sa vie, a quelque chose d'impressionnant.

Toutefois, il serait téméraire d'affirmer que la croyance en une vie future n'a plus la même valeur. Si les spiritualistes ont perdu certaines positions, ils en ont gagné d'autres. Bien que réduite par la critique kantienne, l'ontologie de l'âme leur est encore de quelque secours ; et la téléologie mieux connue leur fournit des moyens de défense, qui paraissent inattaquables. Soit, pouvons-nous dire. On n'a pas encore démontré que l'âme et le corps ne sont que simplement unis. Mais on n'a pas démontré davantage qu'ils ne font qu'un ; et il est plus que probable qu'on ne le démontrera jamais. L'ontologie n'oppose donc aucun obstacle à la thèse spiritualiste ; elle lui laisse la place libre. Le tout est de savoir si cette thèse a, par ailleurs, des raisons à son appui. Or, elle en a de fait, et c'est la téléologie qui les lui fournit. Pensée, amour action morale, autant de formes supérieures de l'humaine activité qui ne trouvent nulle part leur objet connaturel, s'il n'y a pas un au-delà sur lequel elles portent ; c'est donc

que cet au-delà existe. On en a pour garantie la loi fondamentale de la biologie, qui est la finalité : il n'est pas
de fonction vitale qui ne soit adaptée à son milieu ; il
n'est pas de fonction vitale qui donne dans le vide.

L'eschatologie spiritualiste n'est donc pas définitivement compromise. La crise, qu'elle traverse, n'est que
passagère. On peut la relever, me semble-t-il, en y donnant
le pas à la philosophie des *fins* sur la philosophie des
*causes*. Et c'est là ce que je voudrais entreprendre.

# LIVRE PREMIER
## CERTITUDES

---

## CHAPITRE PREMIER
### LES FAITS PSYCHOLOGIQUES

Considérée au point de vue ontologique, la question de la destinée humaine a des abords où il fait clair; et c'est par là qu'il convient d'y entrer. Nous aurons ainsi le double avantage de circonscrire de plus en plus la vraie difficulté et de ruiner sur la route les postes avancés du matérialisme.

### I

On observe, en premier lieu, que la pensée, prise en elle-même, indépendamment des représentations qui la terminent, est un phénomène original, dont la *qualité* ne se ramène pas à celle du mouvement. Supposez un mouvement quelconque, rotatoire, ondulatoire, en spirale, dextre ou senestre : il enveloppe une certaine portion de l'espace et suppose un mobile qui comprend lui-même un nombre plus ou moins grand de corpuscules. Or, chacun de ces éléments peut se diviser en parties *similaires*. Soit, par exemple, la trace rectiligne, courbe ou brisée que décrit le stylet d'un esthésiomètre. Il ne tient qu'à moi d'y pratiquer la dichotomie, de la partager en deux, puis encore en deux ; et j'aurai dans chacune de ces moitiés, aussi bien que dans leur tout, du mouvement, de l'espace et de la matière. Mon opération aura morcelé la quantité du phénomène ; elle n'aura rien changé à sa qualité. Tout autre est la manière dont la pensée se manifeste au dedans de nous-même. Quelle que soit la forme qu'elle révête, qu'elle s'exerce dans le monde logique ou dans le monde réel, qu'elle se bande à son objet ou se ramène sur elle-même pour se connaître, qu'elle se développe avec puissance ou ne projette qu'une faible et vacillante lueur, toujours elle nous apparaît pourvue d'un trait inaliénable, qui est la simplicité. On ne la fragmente pas, on n'y fait pas des parties semblables comme dans la trajectoire d'un boulet de canon ou le parcours d'une onde nerveuse. Elle est tout ce qu'elle est ou n'est pas : la diviser, c'est l'anéantir.

La pensée n'est pas la seule forme de notre activité mentale. En s'attestant elle-même, elle atteste aussi la présence d'autres énergies qui lui sont intimement soudées. A chaque instant défile en nous tout un cortège d'émotions, d'appétits et de volitions. Plaisirs et douleurs, joies et tristesses, désirs et regrets, craintes, espoirs et desseins de tous genres s'entre-croisent sans relâche en notre ⸺ intérieur, comme les nuages à la surface du firmament sous les rayons de soleil qui les dorent. Et ce sont là autant de phénomènes, dont nous acquérons une conscience immédiate. D'où vient cette incessante végétation ? A-t-elle son principe dans les profondeurs de l'organisme ? Procède-t-elle de la matière, comme le veulent certains psychologues de nos jours ? Ou bien faut-il en chercher la cause dans l'être

pensant lui-même et la ranger, comme lui, dans la catégorie de l'indécomposable ? Sur ce point encore, l'observation suffit à donner gain de cause aux partisans de l'esprit.

Nos états affectifs se diversifient à l'indéfini : ils ont une
mobilité de forme et d'intensité qui fait encore le désespoir du psychologue, malgré les travaux récents auxquels
on s'est livré pour en démêler la trame. Mais, quelle que soit
l'apparence qu'ils acquièrent, ils enveloppent toujours un
fond d'être qui échappe à la multiplicité. Quand on les
envisage en eux-mêmes, indépendamment de l'état organique ou représentatif qui les provoque et de la réaction
qu'ils produisent sur la machine humaine, on ne conçoit
plus qu'ils puissent se réduire en morceaux : nous nous
sentons indivisible en chacun d'eux ; d'une souffrance l'on
ne fait pas deux souffrances, et d'un plaisir deux plaisirs.
L'intuition que nous avons de nous-même nous donne
nos émotions comme indécomposables ; et que telle soit
bien leur nature intime, c'est ce que l'on voit sous un
autre jour, lorsqu'on considère le rapport qu'elles soutiennent avec la pensée elle-même. Elles ne s'opposent
pas à nous comme des représentations ; elles jaillissent
du sein même de la conscience. Ce ne sont pas des objets,
ce sont des modalités de la perception. Qui dit conscience
ne dit pas toujours émotion, il est vrai ; mais qui dit
émotion dit toujours et essentiellement conscience. L'é-
motion est inhérente à la conscience ; c'est un aspect
qu'elle revêt sous certaines conditions, difficiles d'ailleurs
à déterminer. Par conséquent, il est impossible qu'elle ressemble de près ou de loin à un mouvement : elle est simple,

absolument indivisible comme la pensée elle-même.

C'est aussi s'abuser assez grossièrement que de croire au caractère organique du désir et du vouloir. On comprend que les philosophes « qui remuent toutes choses », se posent la question de savoir si les phénomènes appétitifs ont leur source en certains agrégats de cellules nerveuses. Cette question peut avoir une solution affirmative ; tout dépend de la conception que l'on se fait de la matière. Si l'on y suppose, comme Aristote, une sorte d'énergie psychologique à l'état de sommeil, quoi de surprenant à ce que cette virtualité s'éveille en certains moments et se pose pour son compte à l'état de réalité modale ? On comprend aussi que le savant qui a passé sa vie à remuer des cornues ou à disséquer des organes, finisse par se persuader que tout est bien là, dans les objets palpables et mesurables qu'il triture. Il n'a jamais interrogé que ses sens, et les sens sont des fenêtres qui ne s'ouvrent que sur le dehors. Mais que des hommes qui se posent en psychologues, en chercheurs d'âmes, viennent soutenir que l'appétition, prise en elle-même, à l'état brut, telle qu'elle se révèle au dedans de nous, est de même nature que la danse de nos cellules cérébrales, c'est là, il faut l'avouer, un spectacle assez étrange. Et je me prends à penser, malgré moi, que ce n'est pas l'esprit scientifique, mais bien l'esprit systématique, qui donne le jour à de telles assertions. Si la pensée et l'émotion sont indivisibles, le désir et la volition le sont aussi et au même titre ; car, de part et d'autre, la preuve est la même : c'est le témoignage de la conscience.

Nos phénomènes intérieurs, ceux qui ne sont point d'ordre représentatif, se manifestent donc tous à nous avec le même caractère fondamental : ils nous apparaissent comme essentiellement simples ; et, s'ils nous apparaissent comme tels, c'est qu'ils le sont. Impossible d'échapper à pareille conséquence.

Il y a lieu d'introduire la distinction de l'apparent et du réel, lorsque l'on envisage le rapport que soutiennent les phénomènes avec leurs causes métempiriques. On peut se demander, par exemple, si nos états psychologiques sont une traduction fidèle, bien qu'inadéquate, du sujet qui nous constitue, ou s'il n'y faut voir qu'une sorte de mirage où nous nous cherchons en vain. On peut se demander également si nos représentations extérieures ont un corrélatif métaphysique et, dans le cas où elles en ont un, jusqu'à quel point elles lui ressemblent. On a le droit d'examiner si les principes de notre entendement et les théories que nous en déduisons à la lumière de l'expérience sur la substance et la cause correspondent bien à la réalité transcendante dont ils sont l'esquisse mentale. Mais de telles questions ne se posent plus quand l'on considère les phénomènes en eux-mêmes, quand on les prend à cette étape dernière de leur formation, où ils éclosent sous le regard de la pensée. Vus de ce biais, ils sont comme nous les percevons ; autrement nous percevrions ce qui n'est pas. En ce qui s'oppose immédiatement à la conscience, il n'y a pas de relatif ; il n'y a que de l'absolu.

C'est donc en vain qu'on essaie, au point de vue qualitatif, d'identifier les phénomènes mentaux avec le mouvement : ils résistent à cette tentative et forment un système à part. Bien plus, l'abîme qui les sépare des modes de la matière ne fait que s'élargir au fur et à mesure qu'on les étudie avec plus de précision.

En est-il de même au point de vue quantitatif? C'est là un autre côté de la question, qu'il faut envisager maintenant.

## II

Bien que simples par nature, les phénomènes psychologiques ne laissent pas d'avoir, comme l'a dit Kant, une sorte de « quantité intensive ». Ni nos sensations, ni nos idées, ni nos désirs, ni nos déterminations n'ont toujours la même force. Toutes ces formes de notre vie intérieure se fortifient ou s'alanguissent, croissent ou décroissent à l'indéfini. Les individus diffèrent aussi les uns des autres et par la vigueur de leurs pensées, et par la puissance de leurs émotions, et par la force de leur vouloir. C'est là ce qui constitue, au moins en partie, cette variété surprenante de caractères, que nous constatons parmi les hommes. Chez Berlioz, l'émotion artistique acquérait parfois une telle violence qu'elle lui communiquait des tremblements convulsifs. Un jour qu'il conduisait l'orchestre pour sa messe de *Requiem*, le *tuba mirum* lui fit une impression si forte qu'il se vit contraint de s'interrompre et de s'asseoir : « Je ne pouvais pas me tenir debout, dit-il, et je craignais que le bâton ne s'échappât de mes mains. » Quelle ressemblance entre le génie d'un Pascal et l'intelligence d'un Papou élevée juste d'un degré au-dessus de la bête! Et ce sont là comme deux termes extrêmes, entre lesquels s'échelonne une série infinie de degrés possibles de conscience. Alfred Musset ne connaissait d'autre guide que la passion et passait par les contrastes les plus étonnants. « L'on eût dit que deux âmes, s'étant disputé le soin d'animer son corps, se livraient une lutte acharnée pour se chasser l'une l'autre. Au milieu de ces souffles contraires, l'infortuné perdait son libre arbitre et tombait épuisé par la victoire du démon ou de l'ange qui se l'arrachaient. » Victor Hugo avait au contraire un vouloir énergique, qui chaque jour le ramenait à sa table de travail et l'y collait pour trois heures. C'est alors que sa tête, fournaise où s'allumait la pensée, jetait

> ... Le vers d'airain qui bouillonne et qui fume,
> Dans le rythme profond, moule mystérieux,
> D'où sort la strophe, ouvrant ses ailes vers les cieux [1].

Si nos phénomènes psychologiques peuvent monter et descendre au-dessus du niveau de l'inconscient, si chacun d'eux a son quantum d'intensité, c'est qu'ils sont mesurables d'une certaine manière ; et, par ce côté, il faut en convenir, ils ressemblent au mouvement. Mais cette ressemblance elle-même est loin d'être complète, si l'on y regarde de près.

Bien que mesurables par nature, nos phénomènes psychologiques ne se mesurent pas en fait; car on n'a pas d'unité pour une telle opération. On n'en découvre ni au dedans, ni au dehors, ni dans le mental, ni dans le physique. Pour évaluer l'intensité de nos états intérieurs

(1) *Les Feuilles d'automne*, p. 15, Alph. Lemerre, Paris, 1885.

à l'aide d'un état de la même famille, il faudrait pouvoir l'ajuster à tous les autres, comme on fait d'un mètre à une grandeur donnée. Or un ajustement de ce genre n'aura jamais de sens. Aussi longtemps que nous n'emploierons que l'introspection, nous n'aurons des modes de notre activité mentale qu'une connaissance approximative, semblable à celle d'un paysan qui, avant d'abattre sa futaie, apprécie à vue d'œil la hauteur et la grosseur des arbres qui la composent. Si l'on essaie d'atteindre les phénomènes psychologiques par leurs équivalents physiques, on se heurte à d'autres difficultés qui ne sont pas moins grandes. D'abord, ce métrage indirect ne s'étend pas aux actions supérieures de l'âme. De plus, réduit à la sensation elle-même, il ne donne aussi que des résultats approximatifs. L'intensité de la sensation ne dépend pas seulement de l'excitation qui la provoque, mais encore de la puissance de réaction qui lui peut venir de l'âge, du tempérament, de la nature et de la disposition des organes : la même excitation donnée, l'être sensible a mille manières inattendues de lui faire sa réplique. Enfin, si les psychomètres n'ont pas trouvé ce qu'ils cherchaient, ils ont trouvé du moins un fait qu'ils ne cherchaient pas, et qui tend à nous révéler sous un autre jour la nature spécifique de nos énergies intérieures. On a découvert que, tandis que l'excitation croît d'une manière continue, la sensation grandit par bonds ; elle se charge dans l'inconscient pour éclater ensuite ; puis, se dissimule de nouveau pour réapparaître comme à l'improviste. Selon Weber, il faut ajouter à un poids 1 un poids 1/3 pour que la diffé-

rence d'excitation devienne appréciable ; à un poids 2 il faut
ajouter un poids additionnel égal à 2/3, et à un poids 3 un
poids additionnel égal à 1, pour donner naissance à une
modification *minima* de la sensation. Dans l'intervalle,
l'excitation croît sans interruption, la sensation ne varie
pas. L'intensité psychologique a donc sa loi à elle ; et cette
loi est contraire à celle qui régit l'intensité physique.

Il faut avancer encore, si l'on veut épuiser le problème.
J'ai dit qu'il y a dans l'activité mentale une quantité
intensive ; il faut ajouter qu'il s'y trouve aussi une sorte
de quantité spatiale. Je sais qu'en parlant ainsi, je me
heurte tout droit à des théories célèbres. De grands philosophes ont soutenu que la pensée, étant simple par
nature, ne peut avoir aucun commerce avec l'étendue ;
c'est là l'idée que Descartes a portée à son plus haut point
d'acuité. Mais les faits valent plus que les théories. Et
les faits nous révèlent de tous côtés que l'âme n'est point
close en son unité, comme le Dieu de Plotin, qu'elle
s'ouvre de quelque façon pour atteindre son contraire et
s'y mêler. Je sens d'une manière confuse, mais réelle, que
je suis répandu en quelque sorte dans mon corps entier.
J'y suis le cours incessant de la vie ; et, quand il s'y produit quelque trouble, ma conscience s'excite comme une
sentinelle, et je puis dire avec une certaine précision :
« C'est dans cette région, non en deçà, ni au delà que réside
la douleur ; c'est là qu'est le mal. » Je puis souffrir à la
fois de la tête et de l'orteil. La distance qui sépare ces
extrémités de mon corps n'empêche pas que je ne m'y
trouve et ne m'y saisisse au même moment.

Voilà l'expérience ; et l'on ne gagne rien à la nier. Que l'on bâtisse à l'âme un tout petit temple de cellules ; qu'on la suppose avec Descartes reléguée dans la glande pinéale, rien ne sera expliqué par cette hypothèse d'ailleurs démodée pour toujours. Car, si l'âme peut s'unir à un petit amas de matière, il est prouvé par là même qu'elle a sa manière à elle de s'étendre dans l'espace ; et le plus ou le moins dans la question donnée ne fait rien à la chose. C'est le cas de renverser le vieil adage et de dire : Qui peut moins peut plus.

J'imagine même qu'on aille plus loin : je suppose qu'on affirme, avec Leibniz, que l'activité psychologique est essentiellement immanente à elle-même ; on ne sera pas encore sorti de la thèse que je défends. Il ne m'apparaîtra pas moins que je suis présent d'une manière simultanée à différentes parties de mon corps. Et cette apparence ne peut tromper de tout point. Considérée en elle-même, indépendamment du noumène auquel elle peut répondre, c'est déjà une réalité. Je ne verrai pas moins cet immense ensemble de représentations qui constituent la nature et dont la propriété la plus saillante est l'étendue. J'imaginerai, comme auparavant, et ces profondeurs infinies qui effrayaient Pascal et les millions d'archipels solaires qui les peuplent. L'espace sera en moi au lieu d'être au dehors de moi. Il aura changé de place, si je puis ainsi parler ; mais ce ne sera pas moins lui. Je n'aurai fait que le pénétrer d'une manière plus intime.

Mais alors comment concevoir l'activité de notre âme ? Où trouver une idée capable d'harmoniser les principes opposés qui s'y mêlent ? Pour résoudre cette question, il n'y a qu'à se tenir aux faits observés. L'âme ne se rompt pas, c'est ce que l'on a vu plus haut. D'autre part, elle s'étend de quelque manière, c'est ce qui résulte de la présente discussion. Donc elle est une force qui se déploie dans l'espace sans détruire son unité fondamentale. L'âme est douée d'élasticité, comme certains corps ; mais cette propriété, elle la possède à un degré dont les corps n'approchent pas. L'homme, par sa pensée, peut devenir plus grand que le monde réel, aussi grand que l'ensemble des mondes possibles ; il lui faut un séjour qui n'ait pas d'horizon. On a vanté de nos jours l'activité de la matière. Il y a cependant une autre activité qui la domine, puisqu'elle l'enveloppe de sa lumière : c'est celle que nous constatons au dedans de nous-même ; c'est celle de notre esprit.

Il faut tirer maintenant les conclusions qui découlent de cette analyse. La première, c'est que la théorie de l'identité de la pensée et du mouvement a régné. Pensée et mouvement : ce sont là deux choses, qui se distinguent à la fois et par leur qualité et par leur quantité. La seconde conclusion, c'est que l'hypothèse des idées-reflets ne se peut plus défendre. Notre conscience enveloppe une énergie qui lui est propre et dont la matière ne donne aucune idée. L'esprit humain diffère de la nature physique et la dépasse de l'infini, puisqu'il la pense [1].

(1) Voir M. Couailhac, *la Liberté et la conservation de l'énergie*, p. 10-70, V. Lecoffre, Paris, 1898.

# CHAPITRE II

## L'ESPRIT

Les faits psychologiques ne sont pas isolés les uns des autres, comme ces grains de poussière que l'on voit à certains moments se balancer dans un rayon de soleil ; on ne peut soutenir non plus qu'ils n'ont d'autres rapports que leurs soudures mutuelles. La multiplicité s'y réduit à l'unité, si mystérieuse que la chose puisse paraître : ils ont tous un même sujet qui les emplit et les déborde.

Que l'on observe un orateur, dans la chaleur de l'action : on verra sans peine que tout son être y est en travail. Il voit d'intuition, induit et déduit ; du fond de son passé remonte un long cortège de souvenirs qui s'éveille, à son signal, comme une légion endormie. Son imagination provoquée crée sur place et des analogies profondes et des images saisissantes où se déroule, comme dans une perspective infinie, l'éternelle beauté de l'idéal. Sous la pression du dieu intérieur, la parole coule de ses lèvres, ardente et pénétrante, et secoue de sa mobile empreinte son organisme entier. Pendant ce temps, il ne laisse pas d'être aux écoutes, et suit du regard les oscillations de l'auditoire afin de modifier, s'il le faut, de ralentir, ou d'accélérer le cours de ses idées. Rien en lui qui ne sente, ne pense ou n'agisse ; rien en lui qui ne vive et d'une vie plus intense. Or, ce déploiement d'énergies multiples, multiformes et toujours changeantes, procède d'un seul principe ; c'est la même force consciente qui le produit, l'enveloppe de sa lumière et le domine : il n'y a qu'un *moi* pour toute cette série de représentations, de passions et de mouvements.

Considérez la foule de sentiments, de souvenirs et d'idées, que peut grouper dans une âme la perte d'un ami.

« J'en avais un, dit Xavier de Maistre... Je l'ai vu en butte à tous les périls de la guerre et d'une guerre désastreuse. — La mort semblait nous épargner l'un pour l'autre : elle épuisa mille fois ses traits autour de lui sans l'atteindre ; mais c'était pour me rendre sa perte plus sensible. Le tumulte des armes, l'enthousiasme qui s'empare de l'âme à l'aspect du danger, auraient peut-être empêché ses cris d'aller jusqu'à mon cœur. Sa mort eut été utile à son pays et funeste aux ennemis : — je l'aurais moins regretté. — Mais le perdre au milieu des délices d'un quartier d'hiver ! Le voir expirer dans mes bras, au moment où il paraissait regorger de santé, au moment où notre liaison se resserrait encore dans le repos et la tranquillité. — Ah ! je ne m'en consolerai jamais ! Cependant sa mémoire ne vit plus que dans mon cœur ; elle n'existe plus parmi ceux qui l'environnaient et qui l'ont remplacé ; cette idée me rend plus pénible le sentiment de sa perte. La nature, indifférente de même au sort des individus, remet sa robe brillante du printemps, et se pare de toute sa beauté autour du cimetière où il repose. Les arbres se couvrent de feuilles et entrelacent leurs branches ; les oiseaux chantent sous le feuillage ; les mouches bourdonnent parmi les fleurs ; tout respire la joie et la vie dans le séjour de la mort ; — et le soir, tandis que la lune brille dans le ciel et que je médite près de ce triste lieu, j'entends le grillon poursuivre gaiement son chant infatigable, caché sous l'herbe qui couvre la tombe silencieuse de mon ami. La destruction insensible des êtres et tous les malheurs de l'humanité sont comptés pour rien dans le grand tout. — La mort d'un homme sensible qui expire au milieu de ses amis désolés, et celle d'un papillon que l'air froid du matin fait périr dans le calice d'une fleur sont deux époques semblables dans le cours de la nature [1]. »

Voilà un autre cas aussi typique qu'émouvant de l'unité foncière de notre activité mentale ; et ce n'est là qu'un grossissement de notre expérience journalière. A chaque instant de nos états de veille, nous voyons et une multitude d'objets à la fois ; nous entendons, odorons, palpons, souffrons, jouissons, pensons, raisonnons, mouvons quelques-uns de nos membres, sentons en nous le cours confus de la vie organique. Et tous ces actes de nature si diverse, c'est la même conscience qui, à un degré ou à un autre, les pénètre de son énergie illuminatrice. Ce spectacle complexe et sans cesse mouvant comme la

_______

(1) *Voyage autour de ma chambre*, p. 13-14, Charpentier, Paris, 1847.

couleur des grandes montagnes au déclin du jour, c'est le même spectateur qui l'enferme dans son regard. Il n'y a qu'un invisible témoin pour tout voir.

Qu'est-ce donc que ce témoin du dedans, où tout aboutit, comme les rayons d'une sphère à son centre? Est-ce une simple « coordination de consciences » infinitésimales? N'y faut-il voir qu'un concert de petites pensées? Impossible : et c'est là une solution qu'il importe de dépasser une bonne fois pour toutes, car elle ne résiste ni au contrôle de l'expérience ni à celui de la raison. D'abord, c'est un fait, dont j'ai l'intime et claire intuition : je suis un, littéralement un sous la multiplicité des phénomènes que je produis et supporte à chaque instant. En outre, que l'on imagine pour un moment que chacun des phénomènes qui constituent un état d'âme donné enveloppe une conscience dont il a le monopole; on n'aura rien éclairci par là. Cette hypothèse une fois admise, les représentations pourront encore s'attirer et se repousser comme les astres dans les plaines du vide ; elles pourront encore, en vertu, d'une sorte de combat pour la vie, former des grappes vivantes plus ou moins savamment combinées. Du moins, n'y a-t-il pas trop d'inconvénients, dans le cas actuel, à supposer la possibilité d'un tel travail intérieur. Mais il n'en sortira jamais rien qui ressemble de près ou de loin à cette unité de perception, que chacun constate en lui-même. La conscience $a$ ne saisira que la représentation A, la conscience $b$ que la représentation B, et ainsi de toutes les autres. Chaque pensée restera close comme une monade en son petit monde :

on ne constatera nulle part cet acte original, dont le propre est de tout comprendre, parce qu'il peut s'étendre à tout sans cesser d'être un.

On n'explique donc pas la vie mentale en juxtaposant des phénomènes les uns aux autres, lors même qu'on y pique de minuscules pensées comme des épingles d'or dans une pièce d'étoffe. Pris en eux-mêmes, les phénomènes ne sont que des produits de la raison raisonnante, des êtres logiques, qui n'ont de réalité que pour l'esprit qui les forme : ce sont de simples abstractions. En fait, il y a des *moi* qui pensent, qui jouissent et souffrent, veulent et se meuvent ; et chacun de ces *moi* est tout d'une pièce. Ramener les phénoménistes au sens de la réalité, comme on le fit des artistes au moyen âge, c'est dissiper d'un coup toutes leurs pénétrantes élucubrations.

I

Un dans sa vivante complexité, le *moi* humain est aussi permanent : il l'est dans toute la force du terme. Non seulement il se ressemble à lui-même sous le flux incessant des phénomènes, mais encore il reste identique d'un bout à l'autre de notre existence.

Le groupe d'états intérieurs, que nous observons en nous-même à un moment donné, ne disparaît pas tout entier pour faire place à un autre, qui, lui aussi, doit sombrer brusquement et sans laisser de traces. Normalement, il n'y a pas de vide dans la vie de l'esprit, et le passé y mêle toujours quelque chose de lui-même dans le présent. Sans doute, nous constatons des phénomènes qui passent avec la rapidité d'un éclair ou n'ont qu'une très courte durée; mais, sous ces apparitions plus ou moins fugitives, il est d'autres états qui leur survivent et très longtemps : telles sont certaines pensées qui nous tiennent au cœur; certaines passions vives et profondes; tel est aussi et surtout le sentiment de la vie organique. Il y a des chagrins que nous gardons pendant des années entières. L'ambition ne cessa jamais d'agiter l'âme d'un Napoléon, et la charité celle d'un Vincent de Paul. L'activité physiologique suit sans cesse en notre corps son cercle accoutumé; et nous en avons au dedans de nous comme un perpétuel écho.

Parmi ces états fondamentaux, il en est un qui est plus tenace encore, et parce qu'il constitue l'essence même de la vie : Je veux parler du vouloir-vivre. « Le besoin d'espérer est le plus profond, le plus impérieux peut-être, de tous ceux qui dominent notre nature [1]. » C'est lui qui nous inspire nos différents desseins; c'est lui qui attise en notre cœur la flamme de la joie; c'est lui qui bande à chaque instant les ressorts de notre activité; et, quand il est arrêté pour tout de bon dans son essor, c'est lui qui nous laisse affaissé sur nous-même et comme brisé. Il se mêle à toutes les formes de notre vie morale : il en est le levier unique. Or qu'est-ce que le besoin d'espérer? Celui de se défendre ou de s'étendre, même au delà de l'espérance satisfaite :

(1) Mgr d'Hulst, *Carême de 1892*, p. 174, Ch. Poussielgue, Paris, 1892.

c'est le vouloir-vivre. « Tous les organes sur lesquels la volonté peut agir ou qui font partie du sens de l'effort commun, sont rendus aptes à percevoir leurs objets propres, quoiqu'il n'y ait point de perception actuelle... C'est ainsi que le sens de la vue veille dans les ténèbres *usque in spissis tenebris;* celui du toucher hors de toute pression accidentelle ; celui de l'ouïe, dans le silence [1]. » Or qu'est-ce que « cet effort non intentionné, qui s'étend à tous les muscles volontaires [2] », et veille en quelque sorte aux différentes portes de l'âme ? Encore le vouloir-vivre. Le vouloir-vivre est donc une force continue, qui meut à la fois le dedans et le dehors, qui prend naissance au fond de nous-même et s'irradie dans notre être pour en faire la tonicité. Cette force indéfectible, dont l'état de veille nous donne le sentiment, que le sommeil nous dissimule au moins en partie, mais qui reparaît ensuite identique à elle-même : voilà, me semble-t-il, une garantie invincible que tout ne s'écoule pas dans notre être intérieur, qu'il y a quelque chose qui demeure sous la succession des faits. La vie mentale est un fleuve où l'on peut se baigner deux fois.

Notre identité personnelle se fonde aussi sur la nature du souvenir. Si grandes que soient les obscurités dont s'enveloppe le souvenir, il a son côté lumineux, par lequel il nous révèle que le temps ne nous emporte pas tout entier à chaque instant de la durée.

(1) Maine de Biran, *Fond. de la psychologie*, t. II, p. 2, sect. II, ch. III.

(2) *Ibid.*

Le présent pour moi ne s'anéantit pas sans retour : il a sa manière de me revenir. Je retrouve à certaines heures l'image des personnes que j'ai connues, les scènes auxquelles j'ai assisté, les joies et les tristesses qui m'ont ému, les espérances et les desseins qui ont autrefois tourmenté mon âme. Du plus lointain de mon existence remontent comme des flots de pensées que je reconnais pour miennes. Je revis mon passé, au moins par fragments ; et je sais que c'est lui. Comment expliquer ce fait, qui tient une si large place dans mon présent et projette sa clarté jusque sur mon avenir? Quand on l'envisage par son côté représentatif, peut-être ne faut-il, pour en rendre compte, qu'une simple similitude. Je m'éclairais hier soir à la lumière d'une bec Auer. Depuis ce temps-là il s'est brisé, et on l'a remplacé par un autre, qui lui est absolument semblable. Je croirai d'une manière invincible que rien n'a changé, à moins que l'on ne prenne soin de m'avertir de la modification opérée. Mais une telle explication n'a plus de valeur, lorsqu'on se place au point de vue subjectif : elle ne résiste plus, dès qu'on envisage la conscience qu'enferme le souvenir. Se souvenir, c'est revoir. Or, supposé que l'on m'ait escamoté mon *moi* dans l'intervalle qui sépare un point défini de mon passé et l'instant actuel, une telle opération devient mathématiquement impossible : le témoin disparu ne voit plus, et le témoin présent ne fait que voir. La chose est d'une évidence à laquelle il n'y a nul moyen d'échapper. Car il ne s'agit pas ici de raisonnements compliqués; ce n'est pas à coups de majeures et de mineures péniblement enchainées, que l'on parvient à conclure. Il suffit d'appliquer la méthode cartésienne en ce qu'elle a de plus élémentaire; quiconque a compris ce que c'est que se souvenir, est déjà renseigné par le fait.

Aussi voyez l'inextricable embarras où tombe Stuart-Mill, lorsqu'il essaie d'appliquer au *moi* sa théorie phéno-méniste. « La chaine de conscience, dit-il, qui constitue la vie phénoménale de l'esprit, se compose non seulement de sensations présentes, mais aussi en partie de souve-nirs et de prévisions. Or que sont ces faits? En eux-mêmes, ce sont des sentiments présents, des états de conscience présente, et sous ce rapport, ils ne se distin-guent pas des sensations. De plus, tous ressemblent à cer-taines sensations ou sentiments que nous avons éprou-vés auparavant. Mais ils présentent cette particularité que chacun d'eux implique une croyance à quelque chose de plus que son existence. Une sensation n'implique pas autre chose; mais un souvenir de sensation, même quand on ne le rapporte pas à une date précise, implique la sug-gestion et la croyance qu'une sensation dont il est une copie ou une représentation, a effectivement existé dans le passé; et une prévision implique une croyance plus ou moins positive qu'une sensation ou un autre sentiment auquel elle se rapporte aura lieu dans l'avenir. On ne peut exprimer exactement les phénomènes impliqués par ces deux états de conscience sans dire que la croyance qu'ils renferment, c'est que moi-même j'ai eu déjà, ou que j'aurai, et non qu'un autre aura plus tard, les sensa-tions remémorées ou attendues. Le fait qu'on croit, c'est que les sensations ont formé réellement, ou formeront plus tard une partie de la série même d'états, ou de la même chaine de conscience, dont le souvenir ou la prévision de ces sensations est la partie maintenant présente. Si donc nous regardons l'esprit comme une série de sentiments, nous sommes obligés de compléter la proposition, *« en l'appelant une série de sentiments qui se connait elle-même comme passée et à venir ; et, nous sommes réduits à l'alternative de croire que l'esprit, ou moi, est autre chose que les séries de sentiments, ou bien d'admettre le paradoxe que quelque chose qui, ex hypothesi, n'est qu'une série de sentiments peut se connaître soi-même en tant que série. »*

Puis, écoutez le dernier mot du célèbre psychologue : « La vérité est que nous sommes en face de l'inexplicabilité finale, à laquelle, ainsi que le fait observer Hamilton, nous arrivons inévitablement, quand nous touchons aux faits ultimes ; et en général, on peut dire qu'une manière de la formuler ne parait plus compréhensible qu'une autre que parce que le langage tout entier est approprié à l'une, et s'accorde si mal avec l'autre qu'on ne trouve pour exprimer celle-ci que des mots qui la nient[1]. »

Mais qui ne sent qu'il n'y a là qu'un trait de diplomatie philosophique ? Il ne s'agit pas le moins du monde d'opiner entre deux mystères, comme le veut le penseur anglais ; il s'agit de choisir entre un mystère et une contradiction : ce qui est tout autre chose. Il est bien vrai que la doctrine d'après laquelle l'esprit est un et permanent contient un

(1) *La philosophie d'Hamilton*, p. 231-235, Alcan, Paris, 1869.

fond d'obscurité ; mais elle résulte de l'expérience intime
et n'enveloppe en elle-même aucune antinomie. Au contraire, la théorie « du collier de perles » se heurte tout
droit aux données de la conscience : elle ne les explique
qu'à condition de les nier. Affirmez la fixité du *moi*,
puissant logicien, si vous tenez encore à la logique[1].

Ainsi, non seulement notre être moral ne s'épuise
dans aucun des phénomènes qui forment à un moment
donné le champ de notre conscience, mais encore il se
prolonge du présent dans le passé. Il a son histoire ; et
cette histoire, qui se ravive en lui, comme de la braise
à demi éteinte, il la tient pour sienne : il s'y retrouve.
C'est donc qu'il l'emplit tout entière ; c'est qu'il persiste
identique à lui-même sous la trame des événements qui
la composent. Vaine est la critique, qui s'en prend à
pareille conclusion. L'humanité s'en moquera toujours,
sûre du témoignage qu'elle se rend à elle-même.


## II


Le *moi* est un sous la multiplicité de ses modes, un
aussi sous leur succession. Mais est-il indivisible par là
même ? Il faut l'affirmer encore ; et c'est là une de ces
vérités fondamentales qui appartiennent à la psychologie
de tous les temps.

Tous les phénomènes du *moi* vont de quelque manière
s'identifier avec la pensée : images et idées, sensations et

(1) C'est d'ailleurs ce que fait Mill un peu plus loin. (V. *Ibid.*,
Appendice, p. 251.)

sentiments, appétitions et volitions, trouvent dans ce fait originel leur principe d'unité. Or, comme on l'a vu déjà, la pensée est absolument simple. Ce n'est pas assez de dire qu'elle est indivise ; il faut ajouter, pour exprimer toute la vérité, qu'elle est indivisible. Les phénomènes du *moi* le sont donc aussi de quelque façon : bien que qualitativement opposés les uns aux autres, ils ont un centre commun où l'on ne conçoit plus la possibilité de faire des parties.

Mais il ne faudrait pas entendre par là qu'il n'y a que des modes conscients dans notre âme. Loin de là ma façon de voir. Comme Ampère l'a bien fait observer, le concept de l'âme et celui du *moi* ne sont pas identiques : le premier de ces concepts est plus large et de beaucoup très probablement que le second. J'affirme simplement ici que le fond du *moi* c'est la pensée, et que par conséquent il est à la fois unique et un comme elle en chacun de nous.

Ainsi le veut l'intuition que nous avons de nous-même ; et, les faits que l'on a observés du dehors, ne contredisent nullement les données du dedans.

Dans les dédoublements successifs, l'état premier et l'état second enveloppent habituellement une seule et même conscience.

En général, l'état somnambulique n'abolit pas l'état de veille : il l'englobe. En passant à l'état de sommeil naturel ou de sommeil provoqué, le sujet n'oublie pas les représentations qui constituent à ce moment le champ de sa conscience normale : il les conserve dans leur intégrité tout en acquérant un nouveau système de perceptions.

Bien plus, « le somnambulisme, quand il s'agit de rappeler certaines particularités de l'état normal, a plus de mémoire que la même personne éveillée[1] ». D'autre part, revenu à son état habituel, le somnambule n'oublie pas radicalement ce qu'il a perçu ou senti dans cette région mystérieuse où son rêve l'a transporté tout à coup. M. Richet a très justement remarqué que le sujet se rappelle, ou du moins peut se rappeler, à l'état de veille, quelque chose de son état second. Il lui reste comme des ruines de cet édifice de représentations qui s'est dressé sous le regard de sa pensée et l'a englouti tout entière.

Dans les cas de dédoublement simultané, l'on observe d'incessantes communications entre le *moi* normal et le *moi* anormal. La première personne se rappelle ce qu'a fait la seconde, souffre de ses souffrances, intervient à propos dans ses conservations et les continue de son chef. Or de tels faits indiquent bien plutôt une identité qu'une dualité de conscience.

On a cru constater, il est vrai, des dédoublements successifs, où la rupture entre le présent et le passé serait radicale : tel est le cas de l'Américaine de Mac-Nish. Mais, outre que l'on pourrait épiloguer sur la manière dont de tels faits ont été observés, il reste certain qu'ils ne font que grossir une chose très connue : c'est que l'orbe de notre conscience peut varier à l'indéfini. La personne seconde, dans les cas en question, dit encore « Je et moi ». Dès lors, pourquoi *Je* ou *moi* ne serait-il pas le même qu'au-

(1) A. Binet, *Les altérations de la personnalité*, p. 73, Alcan, Paris, 1892.

paravant? Sans doute, il est difficile de l'établir, puisque
toutes les représentations qui se rapportent au passé ont
disparu tout à coup. Mais rien, assurément, n'empêche de
le penser. Je mets d'ailleurs les choses au mieux pour le
plaisir des expérimentateurs ; je suppose qu'il y ait vraiment deux *moi* qui alternent l'un avec l'autre, il faudra
montrer encore qu'il y a bien scission du premier *moi*, et
non éclosion d'un *moi* nouveau. Or une telle opération
logique ne paraît pas aisée. S'il y a des hommes qui
naissent avec deux nez, pourquoi n'y en aurait-il pas qu
naissent avec deux âmes ? Les anomalies psychologiques
sont-elles donc prohibées et de par la science ?

Il semble donc bien que les dédoublements de la personnalité ne sont établis que pour ceux qui croient à la
psychologie phénoméniste. Et c'est dire qu'ils ne le sont
pas du tout ; car cette psychologie du vide reste manifestement insuffisante. Les psycho-physiciens sont partis de
cette idée qu'il n'y a que des phénomènes à la fois « représentants et représentés », et que par là même la conscience ne peut être qu'un agrégat de pensées infiniment
petites. Et, si leur hypothèse était psychologiquement
vraie, les dédoublements se trouveraient vérifiés. Mais le
malheur veut qu'il n'en soit rien. Sous et dans les phénomènes, il y a une réalité plus riche et plus profonde qui
les ramène à l'unité, d'où ils sortent, où ils rentrent pour
en sortir encore : sous et dans les phénomènes, il y a un
*moi* métempirique, à la fois indivisible et permanent [1].

<hr>

[1] *La personne humaine*, p. 38-101, F. Alcan, Paris, 1897. — Dans
cet ouvrage, j'ai traité tout au long la question de l'hypnotisme.

# CHAPITRE III

## LA VIE DE L'ESPRIT

L'esprit, où se fait en nous la réduction du multiple à l'un, n'est pas chose inerte : il a sa vie à lui, qui se révèle au dedans et au dehors.

On le peut conclure des considérations précédentes. Qu'est-ce donc que penser, sentir et vouloir sinon vivre et de la vie la plus noble?

Mais ce fait incontestable, on l'a nié comme tant d'autres; on a du moins essayé, et avec persévérance, d'en effacer le relief. On s'est armé du télescope et du microscope; on a suivi d'un regard patient les métamorphoses qui s'opèrent soit dans les corps célestes soit dans les parties les plus infimes de la matière. Et la conclusion qui est sortie de cette enquête, c'est que le monde physique n'est qu'un immense tourbillon. Puis, d'autres chercheurs, moins austères, ceux-là, et moins sobres dans leurs affirmations, se sont demandé quel pouvait être le rôle de l'esprit humain dans cet universel et perpétuel mouvement; et ils se sont arrogé le droit d'affirmer qu'il se bornait à le refléter, qu'il n'en était qu'un miroir tout passif.

Il est bon de relever ce qu'une pareille assertion ren-

ferme d'exagéré; il faut montrer, à la lumière d'une analyse, que l'homme est plus grand que l'univers qui l'écrase
de son immensité.


I


La principale fonction de l'esprit, c'est de connaître. Or,
toute connaissance, que son objet soit réel ou logique, est
un phénomène qui s'ajoute aux vibrations physiques sans
s'y réduire : toute connaissance est une *action nouvelle*.
C'est là ce que nous manifeste l'introspection; et il faut
bien qu'il en soit sinsi. Il n'y aurait pas de mouvement, si
le mobile ne répliquait au moteur; il n'y aurait pas de
pensée, si l'esprit ne répliquait à l'objet qui l'excite :
toute connaissance est une *réaction nouvelle*. En outre,
cette réaction n'obéit pas à la loi qui régit les relations
dynamiques des corps : elle n'est pas nécessairement
égale à l'excitation qui la provoque; elle la peut dépasser et de tous points. Les gourmets savent distinguer dans une goutte de kirsch les senteurs des forêts
dont elle est imprégnée; et le plaisir de leur palais
se double à leur insu de l'émotion tout esthétique
que cause naturellement le souvenir d'un beau paysage.
Les artistes découvrent dans nos visages des beautés et
des laideurs que le vulgaire n'y soupçonnera jamais. En
présence du danger et surtout en face de la mort, la pensée
acquiert parfois une force de compréhension et une luci-
dité surprenantes. Grâce à sa puissance d'attention,
Pasteur savait discerner dans ses expériences des phéno-

mènes qui échappaient à tous les autres et démêlait peu
à peu l'écheveau des hypothèses les plus complexes. Sa
pensée jaillissait de plus en plus distincte et jusqu'à plein
succès, sous la pression d'un effort méthodique et continu.
Newton, à la vue de la fameuse pomme, acquit en quelques
instants un champ de conscience aussi ample que le ciel.
Il y a donc en notre esprit un principe de spontanéité qui,
sous le coup d'une excitation donnée, peut se développer
à l'indéfini ; un principe qui nous met à même, par son
énergie latente, soit de pénétrer de plus en plus les détails
de l'expérience, soit de découvrir un idéal intellectuel
qui l'englobe tout entière. Sans doute, c'est sous une
impulsion psychologiquement distincte de la conscience,
que se font de telles réactions ; mais c'est dans la conscience qu'elles ont lieu : c'est la conscience elle-même qui
s'aiguise ou gagne en compréhension ; et cela suffit. On ne
cesse pas d'attribuer l'élasticité à une balle de caoutchouc,
parce qu'il lui faut le choc d'un autre corps pour rebondir.

L'homme connaît ; et, en même temps, il se connaît
lui-même. Nous avons à chaque instant des images et des
idées, des sensations et des sentiments, des désirs et des
desseins ou tentations d'en former. Or, ce sont là autant
de phénomènes intérieurs que notre pensée compénètre
plus ou moins, bien que d'une manière toujours inadéquate. De plus, cette même pensée, qui se distingue
de tout le reste pour le percevoir, se distingue aussi d'elle-
même et se prend pour objet : elle s'atteint dans son activité par son activité ; elle vit à la fois une double vie. Et
c'est de ce travail intérieur qu'est sortie cette psychologie

fondamentale que nous ont léguée les Montaigne, les Pascal et les Racine, et qui n'est si captivante que parce que
nous en pouvons dire à tout moment: cela, c'est nous. Sans
doute, ces grands esprits ont regardé autour d'eux, et pour
corriger et pour préciser ce qu'ils sentaient ou voyaient en
leur âme, bien persuadés qu'il est difficile de discerner
l'homme dans chaque homme. Mais sur quoi se seraient
fondées leurs éliminations, s'ils n'avaient point connu
leur vie personnelle? Comment auraient-ils compris les
autres, s'ils ne s'étaient compris eux-mêmes? Tout ce
que nous savons de notre être moral, c'est à l'énergie
illuminatrice du dedans que nous le devons; le reste n'est
que raffinement.

Mais il faut creuser encore la question posée; elle contient d'autres preuves de notre activité mentale. Con-
naitre, pour nous, ce n'est pas seulement percevoir; c'est
aussi transformer, bien que d'une manière assez différente
de celle que Kant a cru découvrir.

Quand je suis en présence d'une réalité concrète, ma
curiosité s'éveille d'elle-même. Je me demande instincti-
ement ce que c'est; je cherche à m'en faire une notion
lus claire : je veux la comprendre; et, pour y réussir,
e la décompose en phénomènes et qualités; je la partage
n éléments divers. De plus, au fur et à mesure que ces
éléments apparaissent, ils acquièrent un caractère tout
nouveau. De particuliers qu'ils étaient, ils deviennent
universels. Ils échappent aux limites de l'être réel et
borné qui les contenait, et deviennent immédiatement
applicables à d'autres êtres. Ils se dégagent des conditions

du temps et du lieu, et passent comme dans une région différente, où le changement est inconnu.

« Considérons, par exemple, la forme d'une orange. Qu'est-elle, avant l'abstraction? Un des points de vue de cette orange, un élément idéal indissolublement uni à l'orange elle-même et n'existant qu'en elle. Après l'abstraction, qu'est-ce? L'idée d'une forme ronde, c'est-à-dire une idée générale applicable non seulement à une infinité d'autres oranges, mais à une infinité d'objets de toute espèce de matière. Avant l'abstraction, la forme de l'orange était sujette à toutes les modifications que l'orange elle-même pouvait subir. Elle pouvait être détruite comme l'orange et avec l'orange ; elle existait en un certain temps et en un certain lieu. Après l'abstraction, l'idée de la forme ronde est devenue quelque chose d'immuable qui n'a plus de rapport avec aucune époque ni aucun lieu déterminé [1]. »

L'esprit divise donc de quelque manière tout ce qu'il atteint et le marque du même coup au double coin de l'universalité et de la nécessité : il fait des individus une hiérarchie de concepts : ce qui est tout à la fois la plus familière, la plus surprenante et la plus féconde de ses merveilles. De plus, à peine a-t-il achevé cette opération, qu'il commence l'opération inverse. Comme il sait ce qu'il fait, il reconnaît l'identité fondamentale qui relie à la réalité concrète dont il est parti les éléments abstraits qu'il en a tirés, et les rapporte l'un après l'autre à leur

[1] Abbé de Broglie, *le Positivisme et la science expérimentale,* t. I, p. 178, l'aliné, Paris, 1880.

sujet unique : il reconstruit à sa façon le faisceau qu'il a brisé. Par exemple, après avoir dégagé de mon moi réel et vivant l'idée de pensée ; après avoir dépouillé cette idée elle-même des formes spéciales qu'elle peut revêtir et qui désignent telle catégorie de phénomènes conscients à l'exclusion des autres ; après en avoir prélevé ce qu'elle a de plus général, je la réunis au foyer de vie où je l'ai prise, et j'exprime cette réunion par ce jugement :

Je pense.

De même, si je vois tomber des flocons de neige, à travers les vitres de ma fenêtre, j'aperçois d'abord un phénomène assez complexe, et qui me paraît indivis. Puis, je dégage de ce phénomène l'idée de chute ou de mouvement de haut en bas : je mets cette idée à part et l'élève par là même à la dignité d'un concept. Enfin et avec une rapidité prodigieuse, je la rejoins au tout dont je l'ai séparé et je dis :

Il tombe de la neige.

Ainsi se font tous nos jugements, depuis les plus élevés jusqu'aux plus humbles ; car l'intelligence reste toujours ce qu'elle est, à quelque objet qu'on l'applique. Ainsi se font par là même tous nos raisonnements, inductifs ou déductifs.

L'intelligence analyse et synthétise sans relâche ; et cette élaboration perpétuelle, qui est son œuvre, ne s'arrête pas à une simple traduction des agglutinations brutes des phénomènes. La nature, telle qu'elle nous apparaît, est plutôt une matière pour nous qu'un objet : à chaque instant, notre esprit intervient de son chef dans les données de l'expérience, pour défaire les groupes qu'elle a formés et en faire d'autres plus conformes à ses lois.

L'éducation, la société, le milieu physique, l'empreinte héréditaire et mille autres influences plus ou moins durables nous ont faits ce que nous sommes. Quand nous nous éveillons à la vie de la pensée, quand nous devenons adultes, nous trouvons en nous tout un système d'idées scientifiques, politiques, religieuses et morales, qui se sont formées en nous sans nous, et que nous ne tenons pour évidentes que parce qu'elles nous sont familières. Mais ce système d'idées, qui s'est produit en notre âme à la façon des sédiments géologiques, nous ne le gardons jamais tout entier. Nous prenons une à une les différentes pièces qui le composent ; nous les frappons du marteau de la critique pour savoir quel son elles rendent, et ne conservons que celles qui nous paraissent solides et solidement liées. Et de là un nouvel édifice de croyances, dont les matériaux sont à la fois mieux choisis et mieux ordonnés, où la lumière pénètre avec plus d'abondance ; à moins que l'esprit malin ne se soit mis de la partie : ce qui doit advenir quelquefois, à notre humble sens. Le travail de critique qui se produit chez les individus, se révèle aussi dans le développement des sociétés. A un moment donné, le besoin de rompre avec les traditions, ou tout au moins de les passer au laminoir de la réflexion, s'y fait sentir avec une force irrésistible ; et c'est ce qui provoque ces révolutions intellectuelles et morales, où toute foi semble disparaître, mais qui doivent avoir leur place dans l'économie du plan divin. Car si les peuples meurent, l'humanité ne meurt pas ; et, comme l'a bien vu Pascal, longtemps avant les évolutionistes, il y a une suite dans sa marche à travers le temps.

D'après les données de l'expérience vulgaire, ce sont les objets eux-mêmes, auxquels appartiennent les qualités sensibles. Ce sont les fleurs qui répandent des parfums ; ce sont les forêts qui frémissent sous le souffle du vent ; c'est la mer qui retentit en se brisant contre les falaises ; c'est le soleil qui projette dans l'espace ces rayons lumineux, où la nature entière puise la joie et la vie. Aux yeux du savant moderne, tout autre est la conception qu'il faut se faire du monde. Il n'y a de lumière et de couleurs que dans notre rétine ; il n'y a d'harmonie que dans le tympan de nos oreilles ; il ne se produit de parfums que dans nos nerfs olfactifs. C'est au contact de notre sensibilité que l'univers se transforme et prend l'éclat que nous lui prêtons. En lui-même, il n'est qu'un vaste système d'atomes qui se déplacent avec plus ou moins de vitesse, qui se choquent, rebondissent et vibrent en silence : en lui-même, il n'est que du mouvement.

Ils sont donc victimes d'une illusion colossale, ceux qui se figurent l'esprit humain comme un registre, où la nature vient d'elle-même écrire son histoire. La vérité, c'est qu'il est sans cesse en action soit pour déchiffrer le monde, soit pour se révéler à lui-même ; et que, sous cette action féconde, tout s'élève du relatif à l'absolu et s'éclaire d'une lumière éternelle. La vérité, c'est qu'il découvre à tout moment entre les données de l'expérience des analogies plus profondes qui en transforment et l'aspect et l'ordonnance. En lui se trouve le levier toujours tendu du progrès intellectuel et du progrès moral.

## II

Nos émotions manifestent également une sorte d'activité, qui ne procède que d'elles, et qui est parfois extrêmement intense.

D'après une théorie, qui nous vient d'outre-mer, si je ne me trompe, et dont W. James a tout à la fois la paternité et la responsabilité, les hommes s'illusionnent bien fort sur la nature de ces états affectifs, qui jouent un rôle si important dans leur vie. Ils voient dans leurs émotions la cause des mouvements corporels qui les accompagnent; et, c'est tout le contraire qui a lieu : elles n'en sont que l'effet. On ne pleure pas, parce que l'on est triste ; mais on est triste, parce que l'on pleure. On ne tremble pas, parce que l'on a peur; mais on a peur, parce que l'on tremble. Ce n'est pas la joie qui faisait danser le roi David devant l'arche; il était en une liesse toute divine, parce qu'il dansait. Nos émotions, une fois désincorporées, ne sont que « la réverbération mentale » de certaines décharges nerveuses : c'est de l'organisme que vient toute l'énergie que nous leur attribuons.

Il n'y a là qu'un paradoxe étrange, si étrange que l'on a de la peine à croire qu'il puisse venir d'un chercheur sérieux. Rien du moins ne montre mieux qu'une semblable hypothèse les erreurs où peuvent tomber les esprits les plus pénétrants quand une fois ils ont résolu

de ne plus voir le dedans que par le dehors. Où est donc
le psychologue, qui osera se ranger franchement à l'opinion de W. James ?

Sans doute, les émotions peuvent naître de leurs symp-
tômes organiques. Le fait est bien connu. Saint Ignace
recommandait les actes extérieurs qui correspondent au
sentiment de l'amour divin. Pascal disait aux incrédules
de son temps que le moyen de se convertir, c'était de
prendre de l'eau bénite et de se confesser. Et ce procédé,
où « l'automate » s'exerce à l'avantage de l'esprit, le
curé d'Ars l'employait journellement et savait en tirer des
merveilles. Burke assurait que, lorsqu'il imitait les mouvements qui sont naturels à la colère, il sentait à la longue cette passion s'allumer en lui. « Est-ce que les chiens,
les enfants et même les grandes personnes qui luttent en
jouant ne finissent pas généralement par se fâcher pour
tout de bon? Est-ce que le rire, les larmes ne sont pas
contagieux? Et le peuple n'a-t-il pas remarqué que plus
on est de fous plus on rit[1]. » La pathologie est venue
d'ailleurs préciser, en ce point, les données de l'expérience
vulgaire. « A-t-on fermé l'un des poings de Léonie, dit
M. P. Janet, l'autre se ferme également, les bras se lèvent
dans la position de l'attaque, le corps se redresse, la figure
change ; les lèvres serrées, les poings fermés et les sour-
cils froncés n'expriment que la colère. Ai-je mis une
main étendue près des lèvres, l'autre main s'y place également et semble envoyer des baisers, la figure se modifie

____

(1) J. Payot, *l'Éducation de la volonté*, p. 62, Alcan, Paris, 1897.

tout d'un coup, et, au lieu d'exprimer la fureur, les lèvres et les yeux, tout sourit. On peut changer indéfiniment ces attitudes, ces poses plastiques et faire exprimer au sujet l'amour, la prière, la terreur, la moquerie, toujours avec une égale perfection. Pour passer d'une attitude à une autre, il suffit de modifier légèrement un des gestes du corps [1]. »

C'est vrai : l'émotion peut provenir des signes qui la traduisent au dehors. Mais on n'en commet pas moins une grave erreur lorsqu'on veut tout expliquer par là : cette genèse n'est ni primitive ni unique.

Un enfant peut éprouver, en présence du feu, le contre-coup physique de la peur, avant d'en avoir le sentiment ; la vue du danger peut suffire d'elle-même à lui imprimer un mouvement de recul. Mais telle n'a pas été la succession des phénomènes dans la première des expériences analogues. C'était alors la perception qui provoquait la douleur, et la douleur qui bandait les muscles. Et très probablement il faut interpréter de la même manière la peur qu'éprouvent certains animaux à la vue d'autres animaux dont ils n'ont jamais souffert. Si le poussin fuit l'épervier la première fois qu'il le voit guetter au-dessus de sa tête, il est vraisemblable qu'il doit son heureuse tactique à l'éducation de ses ancêtres. Ceux-là se sont instruits pour lui à leurs dépens et dans l'ordre inverse. Il y a d'ailleurs des faits, et ces faits sont nombreux, où l'origine psychologique de l'émotion se révèle avec une évidence indéniable. Supposez une mère à qui l'on vient

(1) *L'Automatisme psychologique*, p. 19, Alcan, Paris, 1889.

annoncer la mort de l'un de ses enfants. Un mot, un geste, un instant de silence suffisent à lui faire mesurer l'immensité de son malheur ; et la secousse peut être assez violente pour la tuer sur-le-champ. Qui donc osera dire, dans ce cas, que le phénomène se propage de la périphérie au centre, qu'il n'est que le symbole inerte d'une explosion nerveuse ? Il n'éclate que parce qu'il est compris ; et il met tout en branle, il atteint jusqu'aux sources de la vie.

En outre, quelle que soit la provenance de nos passions, qu'elles jaillissent du dedans ou du dehors, elles agissent toujours, dès qu'elles sont : leur causalité n'est jamais en défaut, bien qu'elle revête des formes très diverses. C'est ce que nous révèle à tout moment notre vie intime ; et, en pareille matière, chacun de nous est juge, la conscience est l'autorité souveraine. C'est presque toujours un sentiment qui nous fait agir ; et l'amour et la haine sont les ressorts les plus puissants de notre énergie. Que l'on me permette ici un souvenir personnel. J'étais un jour chez un député de notre pays, français au noble cœur et qui porte un grand nom. Il parcourait, à côté de moi, les colonnes d'un journal, avec l'allure calme et un peu distraite d'un homme qui se repose. Or, tout à coup, je le vis se lever brusquement, arpenter à grands pas son cabinet de travail, se tordre les mains et se tirer les cheveux, s'asseoir un instant pour réfléchir, puis se redresser derechef les traits bouleversés et le regard plein d'indignation. Que s'était-il donc passé ? Il venait de lire cette courte phrase : « M... pose sa candidature. »

Quand nos émotions sont moins extérieures, ce n'est

pas toujours parce qu'elles sont moins intenses. Il arrive même qu'elles sont d'autant plus silencieuses qu'elles nous atteignent avec plus de force. On l'a dit avec justesse : « Les grandes douleurs sont muettes. »

« Psammenitus, roy d'Aegypte, ayant esté desfaict et prins par Cambyses, roy de Perse, veoyant passer devant luy sa fille prisonnière habillée en servante, qu'on envoyait puiser de l'eau, tous ses amis pleurants et lamentants autour de luy, se teint coy, sans mot dire, les yeulx fichez en terre ; et veoyant encores tantost qu'on menait son fils à la mort, se mainteint en cette même contenance ; mais ayant apperceu un de ses domestiques conduict entre les captifs, il se meit à battre sa tête et à mener un dueil extrème. Et, Cambyses s'enquérant à Psammenitus pourquoy, ne s'estant esmeu au malheur de son fils et de sa fille, il portait si impatiemment celuy d'un de ses amis : « C'est, respondit-il, que ce seul dernier desplaisir « se peult signifier par larmes, les deux premiers surpas- « sants de bien loing tout moyen de se pouvoir expri- « mer... » « De vrai, l'effort d'un desplaisir, pour être extrème, doibt estonner toute l'âme et lui empescher la liberté de ses actions ; comme il nous advient à la chaulde alarme d'une bien mauvaise nouvelle, de nous sentir saisis, transis, et comme perclus de touts mouvements ; de façon que l'âme, se relaschant aprez aux larmes et aux plainctes, semble se desprendre, se desmêler, et se mettre plus au large et à son ayse :

*« Et via vix tandem voci laxata dolore est* [1]. »*

(1) Montaigne, *Essais*, t. I, p. 9, Garnier, Paris.

Il y a là une psychologie à laquelle il faut revenir. Il y a là, du moins, une psychologie dont le respect s'impose, si loin que l'on pousse ses recherches et par quelque procédé qu'on les conduise. Car c'est notre âme elle-même prise sur le vif.

III

Les philosophes, qui semblent l'emporter à l'heure actuelle dans la lutte des idées, soutiennent également, pour avoir une théorie complète, que notre vouloir lui-même, si actif qu'il nous paraisse, ne possède en fait aucune causalité physique. Maine de Biran, à leur sens, était loin de la vérité, lorsqu'il voyait dans l'effort le type de toute activité. Au fond ce phénomène est passif comme les autres : nous ne le produisons pas, nous le subissons, et ce que nous éprouvons n'est que la sensation d'un courant nerveux qui reflue jusqu'à notre *moi*. « Quand nous croyons frapper du poing un adversaire, c'est toujours nous en réalité qui sommes frappés par le choc en retour des molécules ; c'est le courant nerveux, remontant de nos muscles tendus, qui vient à flots pressés battre le rivage inerte de la conscience [1]. »

Voilà ce que l'on dit, voilà ce que l'on écrit dans de gros livres qui font le tour du monde ; voilà aussi ce qu'acceptent certaines intelligences naïves, tant il est vrai qu'il n'y a pas de doctrine à l'aide de laquelle on ne puisse faire des disciples. Or, rien n'est plus manifeste-

(1) A. Fouillée, *l'Évolutionisme des idées-forces*, p. 179, F. Alcan, Paris, 1890.

ment imaginaire que cette psychologie sortie des cliniques ; rien ne s'oppose d'une manière plus violente à la vie que nous vivons tous ici bas. Eh quoi? Je sens d'un soleil à l'autre que je me meus et de moi-même. Il y a dans mon être physique tout un système de muscles dont j'ai conscience de disposer à l'état normal et par une énergie qui ne vient que du dedans. Quand la tempête s'élève en mon cœur, j'ai le sentiment profond ou de comprimer le tumulte ou de lui donner libre carrière. Je puis, par une série de fortes décisions, soumettre ma nature entière au joug du devoir, ou, par une série de lâchetés, l'asservir peu à peu au désordre. Je puis faire à la longue que la vertu propage son influence libératrice jusqu'aux dernières fibres de mon corps ou que le vice s'implante dans la moelle de mes os. Ma volonté agit sans relâche sur mon organisme et de manière à lui imprimer la marque de sa beauté ou celle de sa laideur. C'est là ce dont j'ai la connaissance à la fois immédiate et perpétuelle ; c'est là ce qui se reproduit à tout moment et toujours dans la même lumière ; c'est là ce qu'éprouve tout homme et dans la mesure même où il sait mieux ce qu'il fait, dans la mesure où il devient plus homme. Et l'on veut que ce témoignage et direct et constant ne soit qu'illusoire. On veut que je nie ce que je vois en moi-même, sur la parole d'une malade, qui la plupart du temps ne sait bien ni ce qu'on lui demande ni ce qu'elle répond. On veut que je renonce à ce qui me vient tout droit de ma conscience comme la lumière à mes yeux, au nom d'une méthode essentiellement médiate, pleine de chances d'erreur, et à laquelle le dedans n'échappe que parce qu'elle est de sa nature impuissante à le découvrir. On veut, au fond, que je n'existe pas, uniquement parce que, dès le début et pour plus de commodité, on a formulé le décret tout gratuit que je devais ne pas exister.

Avouons-le, une telle prétention n'a rien à voir avec la science ; et je suis porté à croire que nos neveux auront quelque peine à lui trouver une explication d'ordre tout intellectuel. Je suis, je pense, je sens, je veux et je me meus : j'agis au dedans et au dehors. Il y a, dans la matière que je traîne avec moi, un foyer d'activité qui me constitue, qui est le fond de ma personnalité ; et cette activité dominante de sa nature peut devenir de plus en plus dominatrice. Tels sont les faits dont il faut partir ; telles sont les données synthétiques et primitives que l'on doit accepter pour point de départ et pour contrôle. Le vrai progrès est à cette condition. On fait fausse route quand on suit un autre procédé ; et les psychologues de nos jours n'ont qu'à modifier le sens de leurs recherches, si c'est dans l'intérêt de la « philosophie éternelle » qu'ils travaillent.

## IV

Hâtons-nous de franchir cette étape de la question, car il est déjà fâcheux d'avoir été contraint d'y stationner si longtemps. Clairs sont les faits que l'on y constate, et claire aussi la fausseté de l'interprétation qu'on en veut fournir.

L'esprit est vie. Et cette vie est beaucoup plus indépendante de la matière qu'on ne l'a pu croire jusqu'ici.

Comme on l'a déjà vu, elle enveloppe la pensée, avec les différentes formes qu'elle revêt : à savoir l'affectivité, l'appétit, le vouloir et l'effort. Et, de plus, elle englobe d'une certaine manière les représentations de toute nature, que la pensée s'oppose à elle-même et qui forment son terme immédiat. Du moins, ces représentations ne sont-elles pas des vibrations cérébrales, comme on se plaît à le dire depuis si longtemps en vertu d'une sorte de vitesse acquise. Elle a fait son temps, la théorie d'après laquelle la conscience et le mouvement ne sont que les deux aspects, le dedans et le dehors d'un seul et même fait : cette formule équivoque est démasquée. Non seulement notre pensée se distingue essentiellement des chocs nerveux qui l'accompagnent, la précèdent ou la suivent. Mais encore entre elle et eux, il y a tout un monde qui, s'il n'est pas vrai, en est du moins la traduction vivante et consciente.

Ce n'est pas à dire que les mouvements cérébraux se bornent à provoquer, dans une région qui n'est plus la leur, des images ou des idées qui à leur tour provoquent d'autres mouvements ; on va peut-être un peu loin, lorsqu'on soutient que le cerveau est « un instrument d'action, et non de représentation[1] ». Il se peut que les ondulations nerveuses qui se propagent de la périphérie au centre charrient déjà une ébauche de la représentation psychologique qui les doit suivre. Il se peut que l'esprit n'ait, pour percevoir, qu'à interpréter, d'après une éducation antérieure, l'impression qui lui vient des organes sensoriels.

[1] H. Bergson, *Matière et mémoire*, p. 69, F. Alcan, Paris, 1896.

Bien plus, il y a des raisons assez sérieuses de croire qu'il en doit être ainsi. Pourquoi nos sens ont-ils une structure si savante? Pourquoi la nature a-t-elle mis tant d'art à former leurs extrémités et les divers centres auxquels ils aboutissent, si leur rôle se borne à transmettre des mouvements, s'ils ne font qu'évoquer les représentations auxquelles ils sont liés? Comment expliquer, en particulier, que toutes les parties de l'œil soient choisies et adaptées de manière à produire une petite image des objets, si cette image est indifférente, si l'on n'y voit le commencement d'un travail complexe dont la vision est le terme? A coup sûr, nos sens sont quelque chose de plus que des fils télégraphiques.

Mais il n'en faut pas moins soutenir que la représentation, telle qu'elle nous apparaît, à cette dernière étape où notre pensée la saisit, est essentiellement distincte de toute vibration cérébrale; que, si les ondulations nerveuses la préparent en l'esquissant, elles ne la constituent pas.

Lorsque j'ouvre les yeux à la lumière, vaste est l'orbe de vision qu'acquiert tout à coup ma conscience, pour peu que j'aie bien choisi mon site. J'aperçois à la fois et des villages et des champs et des bois. De la terre mon regard s'étend jusqu'au ciel que je vois s'arrondir autour de ma tête comme un dôme immense. Si j'assiste à l'une de ces tempêtes dont Töpffer aimait à contempler l'horreur du creux de son rocher, les éclats de tonnerre vont et viennent avec une vertigineuse rapidité d'un bout de l'horizon à l'autre[1]. Ils ébranlent les montagnes jusque dans

(1) *Réflexions et menus propos*, ch. xvii, p. 189-190, Hachette, Paris, 1878.

leurs bases et se répercutent au loin à travers les gorges : ils emplissent l'espace de leur fracas ; et l'on dirait que la nature entière va s'effondrer. Je puis, en outre, donner libre essor à mon imagination ; et alors j'aperçois, derrière ce monde où je suis, d'autres mondes encore, puis encore d'autres ; j'entends d'autres tonnerres plus terribles, bien que le tympan de mon oreille n'en soit pas atteint. Le champ de ma pensée ne rencontre de borne nulle part : il s'élargit à l'infini. Où se produit donc ce spectacle si ample et si complexe ? Est-ce dans mon cerveau ? Évidemment non. Pris à titre de phénomène, il est où il apparaît ; il se situe où je le vois. De plus, il ne se compare pas plus à mes circonvolutions cérébrales que le soleil à un grain de sable.

La durée des représentations ne se réduit pas plus que leur étendue aux mouvements microscopiques des centres corticaux : elles ont leur manière à elles d'occuper le temps, aussi bien que l'espace. Je causais un jour avec un ecclésiastique, auquel on venait de faire une opération des plus douloureuses. « Je croyais, me disait-il, que l'on avait bien passé un quart d'heure à me labourer les chairs. J'ai questionné le docteur, qui m'a répondu : « Mon- « sieur l'abbé, vous êtes bien impatient, il y a dix secondes « que nous avons commencé. » Thomas de Quincey, le fameux mangeur d'opium, cite un cas qui a la même signification. « Le sens de l'espace et à la fin celui de la durée furent modifiés avec la même puissance. Des édifices, des paysages, etc., se montraient dans des proportions si vastes qu'elles dépassaient la limite du champ optique. L'espace flottait et s'amplifiait en étendues inexprimables qui se succédaient à l'infini ; cela me troublait beaucoup moins que le vaste agrandissement du temps. Parfois, je croyais avoir vécu soixante-dix ans ou cent ans dans une nuit. Parfois même, j'avais la sensation d'une durée supérieure de beaucoup à toutes les bornes de l'expérience humaine. » On pourrait citer à l'infini des faits de ce genre, bien qu'un peu moins saillants d'ordinaire. L'expérience en révèle à tout moment ; et les médecins en ont noté un assez grand nombre. Les représentations de la pensée sont soumises, comme les vibrations du cerveau, à la double loi de l'espace et du temps ; mais elles n'ont pas la même façon de s'y accommoder : elles évoluent dans un domaine et plus vaste et plus élastique.

Originales par leur quantité, nos représentations mentales ne le sont pas moins par leur qualité. Si nous atteignons directement nos états cérébraux, s'il n'y a pas d'écran qui les cache à notre conscience, si c'est sur eux que porte tout droit notre pensée, nous devons les voir tels qu'ils sont : c'est de toute nécessité ; autrement nous verrions ce qui n'est nulle part. Encore une fois, quand il s'agit de simples phénomènes, il n'y a plus de relatif ; il n'y a que de l'absolu. Nous devons, par conséquent, percevoir des mouvements dans ces états, puisqu'ils sont des mouvements ; nous devons pouvoir apprécier, au moins dans une certaine mesure, et les ondulations qui se propagent de cellules à cellules, et le sens dans lequel elles se font, et la vitesse qu'elles acquièrent. La physio-

_______

(1) *Confessions d'un mangeur d'opium*, p. 235, n° 3, Albert Savine, Paris, 1890.

logie doit grandir de pair avec la psychologie ; elle doit se faire du dedans, au moins en bonne partie, et par le même instrument qui est la conscience : il faut que la première de ces deux sciences ne soit plus qu'un aspect spécial et comme un département de la seconde. Or de tout cela, nous le savons trop, il n'y a rien, absolument rien. Ni la lumière, ni la couleur, ni le son, ni l'odeur, ni le goût, tels qu'ils se révèlent à notre sensibilité, ne ressemblent de près ou de loin à ce qu'on appelle du mouvement. Ces faits, tels que nous les percevons, ne contiennent pas d'atomes qui s'entre-choquent et rebondissent pour se heurter derechef ; ils ne tourbillonnent pas : ils sont statiques ou dynamiques ; et c'est tout. Quand il y apparaît des ondulations, comme dans un jet de flamme ou dans l'ut d'un tuyau d'orgue de trente-deux pieds, ces ondulations qui divisent le phénomène n'en altèrent pas la nature. Chacun des fragments, qui s'y produisent, garde son caractère spécifique à travers la tourmente qu'il subit : il ne devient pas lui-même, il ne peut devenir du mouvement. Ce sont les physiologistes, et les physiologistes seulement, qui nous apprennent que nous avons un cerveau et que, dans ce cerveau, doit s'accomplir un nombre incalculable de mouvements infinitésimaux. L'homme, par son sens intime, n'en sait rien.

Nos souvenirs ne s'expliquent pas mieux par la matière que nos impressions sensibles et nos imaginations. Notre mémoire est d'une merveilleuse ténacité. Elle évoque en notre âme des scènes qui nous reportent jusqu'à nos années les plus tendres : son prolongement à travers le passé est indéfini. Et, chose curieuse, le temps qui détruit tout le reste ne fait en un sens, au moins assez souvent, qu'en fortifier la vigueur. C'est lorsque nous avons soixante-dix ou quatre-vingts ans, que nous nous rappelons avec le plus de netteté les belles choses que nous avons apprises en notre enfance. Et quelle joie alors de montrer à nos neveux que l'âge ne nous peut rien, et que, sous la décrépitude de notre enveloppe d'argile, nous gardons encore toute la vivacité de notre esprit! Or, comment interpréter un fait de cette nature? Peut-être n'est-il pas nécessaire qu'entre nos impressions passées et leurs reviviscences elles-mêmes il y ait une absolue *identité*. Mais il faut, au moins, que le souvenir *ressemble* à la chose dont on se souvient. Et comment cette ressemblance se conserve-t-elle et si longtemps, dans l'hypothèse où nos images sont inhérentes au cerveau, et non au sujet permanent qui les perçoit? Ne faut-il pas alors qu'elles participent au perpétuel écoulement de cet organe? Ne faut-il pas qu'elles soient emportées avec les molécules qui le composent et rejetées à la longue, comme ces cadavres que les glaciers entraînent dans leur cours insensible et qu'ils finissent par déposer sur leur moraine?

La mémoire présente un autre caractère, dont la théorie physiologiste fournit une explication moins heureuse encore. Cette faculté procède, au moins d'ordinaire, par voie d'association : ce sont nos sensations qui nous suggèrent nos souvenirs, ou nos souvenirs qui se suggèrent les uns les autres. Or, les modes de la matière ne sont point par eux-mêmes capables de semblables résurrections. Si je frappe deux coups successifs sur le même tam-tam en y mettant un certain intervalle, je ne vois nullement que le premier son ait une tendance quelconque à se reproduire au moment où le second a lieu. Les cloches ne mêlent pas les glas de la mort dont elles ont déjà retenti aux carillons qu'elles font entendre un jour de fête : elles ne chantent pas tout à la fois les douleurs du passé et les joies du présent. Et c'est là une remarque qui, pour simple qu'elle paraisse, semble avoir une portée générale, car les éléments des corps vivants sont les mêmes que ceux de la matière inanimée, à la différence près de la complexité des combinaisons : au fond, il n'y a qu'une chimie. Si l'on attribue aux molécules cérébrales la suggestion de nos états intérieurs, c'est en vertu d'une illusion d'optique. On part de la constitution du cerveau ; on y laisse, sans s'en apercevoir, la vie psychologique dont il est pénétré, et c'est grâce à cette petite distraction qu'il paraît tout expliquer. D'aucuns moralistes réussissent à fonder la science du bien sur « l'excellence interne de la vie », mais à condition d'enfermer inconsciemment dans ce principe l'idée même de bonheur contre laquelle ils se récrient. Pareille est la confusion des psychologues, qui situent dans la matière tout le mécanisme de la mémoire.

Nombre de nos idées présentent aussi certains caractères, qui ne permettent en aucune façon de les confondre avec des rondes cérébrales. On conçoit encore où l'on ne peut plus imaginer. Impossible, par exemple, de se figurer simultanément les unités qui composent un million de francs ; et pourtant tout le monde sait ce que c'est qu'une telle somme. Impossible aussi de se représenter un polygone, qui a un nombre infini de côtés ; et cependant c'est à l'aide d'une telle conception que l'on réussit à trouver la mesure de la circonférence. Supposez une roue qui tourne sur un axe avec une vitesse croissante ; il arrive un moment, où l'on cesse d'avoir de son mouvement une vue distincte ; et, si elle est tout à fait ronde et bien disposée sur son essieu, on finit par la croire immobile. On conçoit pourtant qu'elle ait une vitesse encore plus grande, qui elle-même peut augmenter sans limite. Les phénomènes qui constituent la nature ne sont pour moi que le premier plan de l'immense réalité. Chacun d'eux est un commencement ; et, par là même, chacun d'eux enveloppe une exigence essentielle qui appelle autre chose, qui suppose un principe métempirique d'activité. Je conçois derrière les phénomènes qui s'imaginent une cause qui ne s'imagine pas. En outre, il faut que cette cause existe en elle-même ou soit inhérente à quelque autre réalité plus profonde. Dans le premier cas, elle est une substance. Dans la seconde hypothèse, comme on ne peut aller à l'indéfini dans la série des causes données, il faut de toute rigueur qu'il en existe une qui soit la première et qui, par là même, soit une substance. Il y a donc bien en nous tout un système d'intelligibles, qui se situent au delà des images, qui les dépassent de l'infini, et dont les vibrations ne donnent aucune explication.

Ainsi, de quelque façon que l'on étudie la vie de l'esprit, que l'on envisage les sensations, les souvenirs ou les idées, on constate toujours que l'élément représentatif de chacun de ces phénomènes se distingue essentiellement des ondulations nerveuses qui lui correspondent. Les représentations mentales et les mouvements sensoriels forment deux séries de faits, dont la seconde prépare la première, mais qui ne s'identifient pas plus que des lignes parallèles. Ce n'est pas dans notre cerveau que nous percevons nos images, nos concepts et nos raisonnements ; c'est dans une région à part, que le travail du cerveau concourt à nous révéler. Notre esprit a son espace son temps et son ciel à lui. Il vit dans un monde que les circonvolutions ne contiennent pas et qui est le sien.

Mais quel peut être ce monde ? il n'y a que deux manières de le définir. Ou bien c'est la réalité même, la réalité vraie, dans laquelle notre conscience s'éveille et que par là même nous atteignons directement. Et, dans ce cas, notre pensée est répandue partout à l'état virtuel : elle est aussi vaste que l'intelligible. Ou bien, le spectacle qui tombe immédiatement sous le regard de notre esprit n'est qu'une trame de symboles que nous avons composée en interprétant les données de l'expérience et dont nous enveloppons la nature comme d'un voile. Ainsi se trouve circonscrite la question si complexe et si ardue de la perception du monde extérieur : tels sont les deux systèmes, entre lesquels il faut opter. Mais l'option ne semble pas facile : il semble que l'on n'ait pas encore des faits assez précis pour se prononcer.

# LIVRE II

## MÉCOMPTES

---

## CHAPITRE PREMIER

### L'AME ET LES PASSIONS

Si notre esprit manifeste, sous la diversité de ses formes, un fond d'absolue indivisibilité, ne faut-il pas que, bien qu'uni au corps, il en reste totalement distinct ? Et s'il a sa vie à lui, une vie complète qui renferme à la fois et le représentant et le représenté, ne s'ensuit-il pas qu'il peut la conserver encore, lorsque la machine dont il se sert vient à se détraquer ?

Comment l'indivisible sortirait-il de ce qui se divise ? Et s'il n'en sort pas, comment concevoir qu'il y ait union *essentielle* entre la pensée et la matière ? N'est-ce pas une nécessité que cette union ne soit que *naturelle ?* D'autre part, si telle est la relation que l'esprit soutient avec le corps, pourquoi ne pourrait-il pas s'en séparer sans cesser par là même de vivre, puisqu'il est constant par ailleurs qu'il a le monopole de ses énergies vitales ? La spiritualité de l'âme n'est-elle pas démontrée, quand on a fait voir qu'elle est un principe de vie, qui a pour caractéristique la simplicité ?

C'est là, de fait, ce que croyait Descartes ; c'est là aussi ce qu'affirmait plus tard Th. Jouffroy, bien que d'une manière déjà plus timide. Mais il est difficile aujourd'hui d'être aussi prompt à conclure en un problème aussi profond. Spinoza concevait la pensée et la matière comme provenant d'un seul et même principe qui n'est ni pensée ni matière. Et cette conception, Kant l'a reprise, en y laissant la marque de son génie. « Sans doute, dit-il, ni l'étendue, ni l'impénétrabilité, ni la composition, ni le mouvement, ni rien de ce que peuvent nous fournir nos organes sensoriels, ne sont des pensées, des sentiments, des inclinations, des résolutions : ces derniers phénomènes ne peuvent en aucun cas devenir des objets d'intuition extérieure. Mais ce quelque chose qui sert de fondement aux phénomènes du dehors, qui affecte nos sens de manière à ce qu'ils reçoivent les représentations d'étendue, de matière, de figure, etc., ce quelque chose pourrait bien être aussi le sujet des pensées, quoique, par la manière dont nos sens en sont affectés, nous n'en recevions que l'intuition de l'espace et de ses déterminations [1]. » Il s'agit donc de savoir si la pensée et la matière ne procèdent pas l'une et l'autre d'une réalité plus profonde et d'après des lois qui nous sont inconnues ; il s'agit de définir si le même principe d'énergie, qui s'épanouit dans le vide sous forme d'étendue, n'est pas aussi celui d'où l'esprit sort sous certaines conditions, pour s'y perdre derechef, quand ces conditions viennent à disparaître.

_______________

(1) *Critique de la raison pure*, t. II, *Paralog.*, Ed. Barni.

Or, une telle question a-t-elle une solution d'ordre *métaphysique?* Peut-on, soit par intuition, soit par déduction, pénétrer en quelque sorte jusqu'aux racines de l'âme et voir si elle est totalement distincte de tout le reste? C'est ce qu'il faut examiner maintenant : il faut chercher, à l'aide d'une patiente analyse, si, parmi les différentes formes que revêt notre activité mentale, il ne s'en trouve pas qui nous révèlent de quelque façon la complète *transcendance* de notre être psychologique. Et c'est là un problème qui pèse plus aux épaules du philosophe que l'Atlas ne pesait à celles d'Hercule. Mais il n'en est pas moins nécessaire de l'aborder, au risque d'y trouver quelques déceptions.

I

Une chose que personne n'osera mettre en doute, c'est que nos passions ne contiennent en elles-mêmes aucun indice de spiritualité. On ne peut poser pour elles, comme on le fait pour la raison, la question de savoir si elles ont un fond éternel ; et, d'autre part, on trouve toujours, de quelque côté qu'on les observe, qu'elles se perdent très vite dans l'inconscient et ne nous fournissent par là même aucun moyen de toucher en quelque sorte les frontières de notre âme.

Nos passions sont des maîtresses en l'art de la dissimulation. Il en est comme de la Loïe Fuller, qui a mille manières de faire croire que ce n'est plus elle, quand elle est encore là en chair et en os.

D'abord nous éprouvons sans cesse, à travers le cours de notre vie, des passions qui nous viennent de l'inconnu. La jeunesse évoque en notre nature un monde d'émotions, qui n'avaient jamais troublé notre enfance, qui nous apparaissent tout à coup comme des étrangères et tendent de plus en plus à se disputer notre avenir. L'âge mûr fait passer sur les âmes les plus humbles comme des rafales d'ambition qui les épouvantent; et c'est à sa grande surprise que la vieillesse se sent tyrannisée par les inclinations qu'a laissées croître un passé trop indulgent. « Étais-je donc capable de tant d'avarice, se dit parfois l'octogénaire? Avais-je donc en moi une telle puissance de haïr? » Il arrive aussi que certaines circonstances exceptionnelles tirent de notre bonté ou de notre malice des effets que nous n'aurions jamais soupçonnés, si les événements avaient suivi leur cours habituel. La grande Révolution, en remuant comme une tempête les profondeurs de notre vie nationale, a révélé au genre humain des prodiges de courage et des monstres de cruauté qui ne se seraient jamais produits sans une semblable crise. Les persécutions des empereurs romains ont suscité une légion innombrable de martyrs et nous ont appris pour la première fois jusqu'où peut aller dans le cœur de l'homme la force de l'amour divin.

Non seulement nos passions nous arrivent de l'inconscient, mais encore elles s'y chargent peu à peu avant d'éclater à la lumière de la pensée. Ordinairement, la colère se manifeste tout d'un coup à notre conscience;

elle se montre comme à l'improviste : c'est un accès subit. Or, ce serait une erreur de croire qu'elle ne commence qu'au moment même où nous la sentons. Ou bien elle a sa cause dans une haine enracinée qui l'entretient du fond de sa retraite obscure et l'arme en un instant une fois l'occasion donnée. Ou bien encore elle se forme par degrés et sans que nous nous en doutions, soit à la suite d'une offense qui nous a d'abord laissés calmes, soit sous l'influence d'une série de mesures persécutrices qui nous surexcitent peu à peu et finissent par atteindre jusqu'à la sérénité de notre âme. Pareil est le processus de la tristesse, au moins en un certain nombre de cas, comme Montaigne l'a très finement remarqué dans une page de ses *Essais* : « ... Un prince des nostres, dit-il, ayant ouy à Trente, où il estait, nouvelles de la mort de son frère aisné, mais un frère en qui consistait l'appuy et l'honneur de toute sa maison, et bientost aprez d'un puisné, sa seconde espérance, et ayant soutenu ces deux charges d'une constance exemplaire ; comme quelques jours aprez, un de ses gens veint à mourir, il se laissa emporter à ce dernier accident, et quittant sa résolution, s'abandonna au dueil et aux regrets, en manière qu'aulcuns en prinrent argument qu'il n'avait esté touché au vif que de cette dernière secousse ; mais, à la vérité, ce feut que, estant d'ailleurs plein et comblé de tristesse, la moindre surcharge brisa les barrières de la patience[1]. » Nos émotions ressemblent à ces sources intermittentes, dont les eaux

(1) Tome I, p. 7.

s'échauffent à la longue en des réservoirs souterrains, et se vident tout d'un trait à la surface du sol.

Les passions nous suggèrent aussi, comme de leur coulisse, divers motifs de croyance. Si philosophes que nous soyons, nous ne le sommes que fort peu, et nous voyons presque tout avec les yeux de notre cœur. Aimons-nous quelqu'un, aussitôt notre imagination travaille à diminuer ses défauts et à grandir d'autant ses qualités. Nous lui prêtons intelligence, vertus et beauté; nous tendons à nous en faire un idéal. Au contraire, est-ce la haine qui anime notre sensibilité, nous prenons toutes choses par l'autre côté. Celui qui est l'objet de notre aversion, si grand que soit son mérite réel, ne tarde pas à acquérir des travers, il devient laid à nos yeux, il cesse d'avoir de l'esprit ; nous finissons par lui découvrir des vices dégradants. Et plus intense est notre affection, plus forte est aussi la transformation que nous faisons subir aux choses. C'est ce que l'on voit par les effets que produit sur l'intelligence l'amour proprement dit. « Cette passion, qu'on dict estre produicte par l'oysiveté au cœur des jeunes hommes, quoyqu'elle s'achemine avecques loisir, et d'un progrès mesuré, elle représente bien évidemment, à ceulx qui ont essayé de s'opposer à son effort, la force de cette conversion et altération que nostre jugement souffre. J'ai aultres fois entreprins de me tenir bandé pour la soustenir et la rabbattre ; car il s'en fault tant que je sois de ceulx qui convient les vices, que je ne les suys pas seulement, s'ils m'entraisnent : je la sentais naistre, croistre, et s'augmenter en despit de ma résistance, et enfin, tout veoyant et vivant, me saisir et me posséder, de façon que, comme d'une yvresse, l'image des choses me commenceoit à paraître aultre que de coustume ; je veoyais évidemment grossir et croistre les advantages du subject que j'allais désirant, et les sentais aggrandir et enfler par le vent de mon imagination ; les difficultez de mon entreprinse s'ayser et se planir ; mon discours et ma conscience se retirer en arrière ; mais, ce feu étant évaporé, tout à un instant, comme de la clarté d'une esclair, mon âme reprendre une aultre sorte de veue, aultre estat, et aultre jugement ; les difficultés de la retraite me sembler grandes et invincibles, et les mesmes choses de bien aultre goust et visage que la chaleur du désir ne me les avait présentées [1]. » Ce n'est donc pas en vain que les dieux ont condamné la folie à servir de guide à l'amour.

Cette réaction de nos états affectifs sur nos représentations se fait également sentir dans la manière dont nous apprécions la vie. Les mélancoliques voient tout en noir. Pour eux, les arbres ne sont plus verts, les fleurs n'ont plus de parfums, et la lumière n'est plus « la joie des yeux ». La société finit par leur sembler radicalement mal faite et le monde mauvais : ils se demandent pourquoi on les a « embarqués », dans quel but ils vivent. Et à cette question fondamentale, ils ne trouvent que des réponses dérisoires. L'existence leur apparaît comme une « odieuse farce ». Nous éprouvons nous-mêmes, de temps à autre,

---

(1) Montaigne, *Essais*, t. I, p. 537.

que tout change d'aspect autour de nous, dès que la joie n'habite plus notre cœur. Une indigestion suffit à faire surgir de notre esprit tout un système de considérations qui conduisent droit à la philosophie du néant. Peut-être aussi la tristesse, qui est la grande maladie des peuples trop vieux, a-t-elle sa part dans l'orgine de cette métaphysique du nirwana dont vivent à l'heure actuelle plus de quatre cents millions d'hommes et qui tend à pénétrer dans notre civilisation d'Occident.

Les passions ne sont pas moins habiles à nous suggérer de l'inconnu des raisons d'agir que des raisons de croire : elles savent se substituer à elles-mêmes les motifs les plus nobles, afin de ne pas nous effaroucher et d'arriver plus sûrement à la victoire. Nous aimons à reprendre nos semblables ; et nous pensons que cette tendance part d'un bon naturel : nous croyons avoir le bien en vue, quand nous admonestons les autres. Mais, le plus souvent, c'est le plaisir de dominer ou de morigéner, c'est une satisfaction de l'amour-propre, qui nous inspire un si beau zèle. Ecoutez le magister du fabuliste.

> Ah ! le petit babouin !
> Voyez, dit-il, où l'a mis sa sottise !
> Et puis, prenez de tels fripons le soin.
> Que les parents sont malheureux, qu'il faille
> Toujours veiller à semblable canaille !
> Qu'ils ont de maux ! et que je plains leur sort !

Eh ! mon ami, tire-moi d'abord du danger, si c'est l'idée du bien qui te guide, comme tu le crois. Tu me feras ensuite ta morale.

N'a-t-on pas remarqué depuis longtemps que les dis
cussions d'ordre intellectuel sont d'autant plus vives
qu'elles portent sur un sujet plus contestable. Qu'on se
rappelle, par exemple, les joutes gigantesques auxquelles
se livraient les docteurs du moyen âge sur certaines
questions que l'on tient maintenant pour inaccessibles à
l'esprit humain. Ils syllogisaient sans fin ; ils se bat-
taient à coups d'arguments, comme on le faisait autour
d'eux avec des épées ; et il leur arrivait aussi de tomber
en champ clos. Or, d'où leur pouvait venir cette inextinguible ardeur? Sans doute, ils croyaient ne lutter que pour
le triomphe de la vérité. Mais en même temps, et surtout
peut-être, c'était l'espoir de leur triomphe personnel qui
les soutenait à leur insu. On peut expliquer de la même
manière ces luttes politiques dont notre patrie est devenue le théâtre. La plupart du temps, les idées, que l'on
y défend, au moins à la manière dont on les défend, ne
tiennent pas debout. Mais derrière les preuves que l'on
avance, il y a un intérêt que l'on ne dit pas aux autres,
que l'on ne s'est jamais dit à soi-même, parce que l'on ne
se connaît pas bien. Et là réside le levier qui meut tout.

Ce qu'il y a peut-être de plus curieux, c'est la manière
dont nos passions se substituent les unes aux autres, et
sans nous avertir de leur jeu. Les petites filles s'amusent
à leurs poupées, les habillent et les déshabillent, les
couchent, les embrassent et leur parlent comme à des
enfants : elles sont les seules à ignorer que de tels diver-
tissements sont un apprentissage lointain de la mater-
nité. La nature, « plus jalouse de notre action que de

notre science », leur inspire cet instinct et leur en cache
le sens. Les vieilles filles « s'affectionnent » à des chats, à
des chiens, voire même à des guenons et à des serpents.
Et elles ne savent pas que c'est leur besoin d'aimer, « qui,
à faulte de prinse légitime, plustost que de demourer en
vain, s'en forge ainsin une faulse et frivole ». René Bazin
a peint de main de maître, dans sa *Sarcelle bleue*, l'une
de ces transformations inconscientes de nos passions.
Robert, précepteur de Thérèse, a fini par s'éprendre d'a-
mour pour son élève. Mais il ignore la vraie nature de son
affection, jusqu'à ce que Mme Maldonne, la mère de la jeune
fille, prenant sur elle-même un acte de courage surhumain,
vienne lui révéler où il en est.

— Mon pauvre ami, reprit la voix compatissante de
Mme Maldonne, l'étroite intimité où vous avez vécu de
longues années avec nous, avec Thérèse, n'était pas sans
danger pour vous. Thérèse est très enfant, très affec-
tueuse... trop peut-être, et je crois...

Elle hésitait. Les mots tremblaient sur ses lèvres.

— Vous croyez?...

Le regard de Robert rencontra tout à coup celui de
Geneviève.

Elle baissa les yeux.

— Je crois que vous l'aimez! dit-elle.

Quand elle releva la tête, il était courbé vers le par-
quet, le front appuyé dans ses mains, il se taisait.

— J'aurais dû le voir plus tôt, reprit-elle. Cela eût mieux
valu pour nous tous. Depuis le premier jour où M. Revel
est entré dans la maison, vous avez beaucoup changé.

Vous avez eu des tristesses et des découragements qui n'étaient pas dans votre caractère. Et même, longtemps avant cela, il y avait des signes..., quelque chose de trop exclusif, de trop personnel dans votre dévouement.... Oh ! pardonnez-moi, Robert, si je suis obligée de vous parler de la sorte..... Je sais que vous étiez de bonne foi, que c'est notre faute autant que la vôtre..... J'en ai causé tout à l'heure avec Lofficial..... vous connaissez l'estime qu'il a pour vous..... et il a été de mon avis..... Alors, mon pauvre ami, je suis montée, quoique cela me coûtât... Vous voyez bien, Robert, vous souffrez, vous êtes jaloux d'elle..... Avouez-le ! »

Et lui, si fier, qui se faisait un point d'honneur de se dominer, de rester maître de ses nerfs, il fondit en larmes.

— « C'est vrai, murmura-t-il, d'une voix que les sanglots coupaient..... Je vous jure que je ne m'en doutais pas tout à l'heure. Je ne savais pas..... il me semblait l'aimer d'une autre sorte. Et cependant, oui, Geneviève..... vous avez raison..... C'est trop [1]. »

Notre vie affective est pleine d'hypocrisies de ce genre. Et c'est l'une des merveilles du christianisme, que d'avoir fait concourir ces ruses de la nature au bien de l'humanité. Une religieuse, qui se dévoue au soin des malades ou bien à l'éducation des enfants, n'est pas seulement forte de son amour pour Dieu. Cet amour d'ordre surnaturel s'enrichit de tout ce qu'il y a de plus noble dans le cœur d'une femme et celui d'une mère. Sa puissance

(1) P. 265-267, Calmann Lévy, Paris, 1892.

naturelle d'aimer, qui était faite pour la famille, va se fondre dans sa charité, et s'y purifie en la fortifiant pour se dépenser ensuite sur un domaine plus vaste.

Si, après avoir considéré le travail plus ou moins inconscient de nos passions, on examine celui qu'elles font en pleine lumière, on n'est pas beaucoup mieux éclairé sur la nature du principe dont elles émanent. Prises à découvert, nos passions ne se révèlent à nous que d'une manière vague et superficielle : nous en avons le sentiment plutôt que la claire vue. Nous ne savons ni comment les représentations les provoquent ni comment elles provoquent à leur tour des mouvements. Il n'en est aucune qui traduise tout entière et épuise en quelque sorte la virtualité dont elle procède. Quelle que soit l'émotion qui nous agite, il y reste toujours un fond qui nous échappe, où nous ne pénétrons ni par intuition ni par inférence. Rien donc, dans l'océan mobile de nos affections, rien qui nous permette d'y jeter la sonde et d'en mesurer l'abîme ; rien qui nous contraigne de conclure à la distinction radicale de l'esprit et de la matière.

# CHAPITRE II

## L'AME ET L'IDÉE

Si les passions ne contiennent pas d'indices de spiritualité, peut-être en va-t-il autrement des idées.

En fait, c'est principalement sur cet ordre de phénomènes que l'on s'est appuyé pour établir que nous ne
mourons pas tout entiers ; et cette démonstration a pris
dans l'histoire deux formes assez différentes.

D'après les uns, toute idée, qui n'est pas une fiction,
nous apparaît comme réalisable à l'infini, dans tous les
temps et tous les lieux, et par là même ne peut un seul
instant cesser de l'être : toute idée, qui n'est pas une fiction, est universelle, au sens absolu du mot, et du même
coup nécessaire. La marque distinctive de la vérité est
d'être impersonnelle et par conséquent éternelle. Or telle
la vérité, telle aussi la raison qui la perçoit ; car, si l'esprit
qui connaît et l'objet immédiatement connu exigent qu'il
y ait entre eux une distinction modale, ils exigent aussi
qu'il y ait entre eux une identité de fond : il faut de toute
rigueur que la pensée et son idéal relèvent d'un seul et
même être, soient comme deux aspects d'un seul et même
principe. Ainsi, l'on est d'un dogmatisme trop timide,

lorsque l'on se contente d'affirmer l'immortalité de l'âme humaine; il faut ajouter, pour être exact, qu'elle n'est pas née et qu'elle ne peut périr: il faut ajouter qu'elle est éternelle, comme « les dieux ». C'est cette idée que voulait exprimer Platon, lorsqu'il disait que « l'âme est de la famille de la vérité». C'est cette idée, qui se retrouve dans « l'intelligence poétique » d'Aristote et que les Averroës et les Avicenne ont su y découvrir. C'est cette idée aussi, qui, après avoir plus ou moins fortement pénétré le XVII<sup>e</sup> siècle tout entier, est venue s'épanouir dans l'idéalisme allemand. Il y a eu, dans tous les siècles, des partisans « de la raison impersonnelle » ; et ces partisans sont des hommes de première marque.

D'autres penseurs, qui ont pour chef de file saint Thomas d'Aquin, soutiennent une opinion moins hardie. D'après leur conception, la capacité de notre intelligence n'est pas spéciale comme celle de chacun de nos sens : elle est universelle. Notre intelligence circule à travers le monde entier avec l'agilité de la flamme. Il n'est pas de phénomène soit d'ordre mental, soit d'ordre physique, qu'elle ne puisse connaître : elle est à même de s'assimiler tous les objets, de quelque nature qu'ils soient. Par conséquent, il n'en est aucun qui lui soit essentiellement inhérent, qui fasse partie de son être; il n'en est aucun à l'égard duquel elle ne conserve son indépendance. De plus, en s'assimilant les objets, notre intelligence les transforme du tout au tout : elle les soustrait et au temps qui les limite, et à l'espace qui les circonscrit, et au principe d'ordre corporel qui les « individue » ; elle se fait de ce qui est matériel un symbole intérieur et vivant, qui n'a plus rien de la matière. Il faut donc bien qu'elle soit immatérielle elle-même : il faut qu'elle ne soit qu'esprit. Enfin notre intelligence n'est pas exclusivement bandée à ce qu'elle perçoit ; elle garde de l'énergie pour en revenir : elle se ramène sur elle-même et se connaît. Or, à coup sûr, il n'y a rien dans une telle opération qui ne commence, n'évolue et ne s'achève en elle ; il n'y a rien dans une telle opération qui ne soit immanent à son être et par là même étranger à tout mélange corporel.

« Le principe psychologique, que l'on appelle esprit ou bien entendement, a donc un mode d'action qui lui est propre, où l'organisme n'a point de part. Or, rien ne peut avoir un mode d'action en propre, qui ne subsiste par le fait même ; car qu'est-ce que l'action sinon l'être en acte [1] ? »

Telles sont les deux solutions principales auxquelles a donné lieu l'analyse métaphysique de l'idée et dont il faut maintenant déterminer la valeur.

## I

On peut accorder que la théorie de la raison impersonnelle n'est pas fausse de tous points : elle contient quelque chose de durable, comme toutes les grandes doctrines.

C'est un fait que la vérité n'a ni date ni patrie. C'est un fait aussi que l'on ne peut dire : ma vérité, notre vérité. Il

(1) *S. th.*, I, LXXV, 2.

n'y a qu'une logique, il n'y a qu'une mathématique, il n'y
a qu'une science légitime et des phénomènes, et de la réalité métempirique, et de la morale. L'idéal de notre raison
a quelque chose d'absolument universel : il enveloppe par
là même un certain fond d'éternité ou, tout au moins,
exige qu'il en existe un quelque part dans l'univers. En
outre, il y a comme une étape de la connaissance, où
notre raison revêt un caractère impersonnel. Au premier
instant, c'est notre activité réelle et concrète que nous
sentons sourdre du fond de notre être mental. Nous
jouissons et souffrons, nous remuons des images et des
idées, nous avons des désirs, nous caressons des desseins ; et toutes ces formes plus ou moins mobiles de
notre énergie intérieure, nous les saisissons sur le vif.
Mais aussitôt se révèle un autre facteur, dont l'intervention change tout. Notre entendement pénètre de son
chef dans la réalité, la soustrait aux conditions de l'espace
et du temps, l'isole de ce principe intérieur qui fait qu'elle
est celle-ci et non celle-là, et l'élève par cette mystérieuse
analyse du physique au logique, du concret à l'abstrait :
il substitue aux volitions la volition, aux désirs le désir,
aux représentations la représentation, aux souffrances la
souffrance : il universalise tout ce qu'il touche, et par
conséquent il s'universalise lui-même ; car non seulement
il connaît, mais il se connaît, il se pénètre de sa propre
lumière. Et c'est alors que ma pensée devient la pensée,
mon entendement l'entendement : c'est alors qu'apparaît
la raison impersonnelle.

Mais on commet une erreur de fond, on prouve que l'on

a perdu le sens du réel, lorsque l'on confond une abstraction de cette nature avec l'énergie deux fois vivante en chacun de ses actes, dont elle est le symbole vidé et amorti. Prise à l'état natif, considérée en son exercice lui-même, ma raison m'appartient au même titre que ma sensibilité. Je dis de la plus humble de mes sensations : « Je sens. » Je dis, pour le même motif, de la plus haute de mes idées : « Je pense »; je me saisis comme individuel, en face de l'universelle vérité, aussi bien qu'en présence des faits les mieux circonstanciés. Rien n'est réel en moi, rien n'est actif, rien n'est concret, rien n'est particulier, comme la force consciente à l'aide de laquelle j'abstrais et raisonne; rien n'est personnel comme la conscience que je prends de l'impersonnel. C'est là un fait qu'il faut admettre, ou bien l'on peut tout nier. Car il est aussi clair que la couleur, le son ou l'étendue; il est aussi indéniable que le mouvement lui-même. Il n'y a pas d'événement intérieur qui se manifeste à nous dans une lumière plus constante et plus forte.

Cette observation, si décisive qu'elle soit, n'est pas la seule que l'on puisse faire pour établir que chacun de nous est clos en lui-même. L'individualité de la raison se montre sous un autre jour lorsqu'on examine la manière dont elle s'exerce chez les différents hommes. C'est d'après des influences qui tiennent soit à mon caractère, soit à mon milieu, que je compose à chaque instant le contenu de ma conscience intellectuelle. Non seulement je n'ai pas, au même moment, les mêmes impressions, les mêmes images, les mêmes émotions et les mêmes désirs que mes semblables; mais encore je ne pense pas d'ordinaire aux idées qui les hantent : mes concepts et mes inférences ne sont pas les mêmes que les leurs. Or, cette différence ne s'explique pas, s'il n'existe au monde qu'une seule et même pensée pure, une seule et même raison. Je devrais, dans cette hypothèse, concevoir à tout moment ce que conçoivent tous les autres hommes qui s'agitent à la surface de la terre. Je devrais, s'il y avait à l'heure actuelle un autre Pascal, entendre, induire et déduire avec lui, et pénétrer aussi avant que son génie dans le mystère des choses. Supposez que les hommes n'aient en commun qu'un seul organe de la vue, ils auraient tous le même champ de vision. Il se produirait nécessairemeut un fait analogue dans l'ordre intellectuel, s'ils avaient tous le même entendement : ils connaîtraient, ils comprendraient tous à la fois les mêmes vérités[1].

Contraire aux données de l'expérience intérieure, la théorie de la raison impersonnelle entraîne aussi des conséquences qui sont manifestement inadmissibles. Si je ne puis plus affirmer avec Descartes que « je pense »; si je suis réduit à dire qu'il pense en moi, comme on dit qu'il pleut; si ma raison ne m'appartient pas, ma liberté ne m'appartient pas davantage. Car la liberté est chose essentiellement réfléchie, essentiellement rationnelle : la liberté n'est que l'activité même de l'entendement. Et me voilà dépouillé de mes facultés supérieures, me voilà privé de ce qui fait l'essence de ma personnalité, me

(1) *Voir* saint Thomas, *De unitate intellectus contra Averrhoistas*, p. 493, *Summa philosophica*, t. I, Sagnier et Bray, Paris, 1853.

voilà ramené au niveau de l'animal. Je puis encore avoir des impressions, des sensations et des désirs. Mais il ne m'appartient plus de comprendre et de prononcer ce *fiat* créateur qui peu à peu nous donne la maîtrise de nous-mêmes. Les instincts aveugles règnent en moi, et sans qu'il me reste aucun moyen de les discipliner : je ne suis plus qu'un automate. Si du moins j'avais l'espoir de devenir jamais une personne; si cette nature désordonnée qui seule me constitue portait en elle-même un principe de progrès capable de l'acheminer vers la possession de soi, je pourrais me consoler en face de cette noble perspective. Mais non ; pour me conformer à l'ordre éternel des choses, il faut que je le voie de quelque manière ; et le voir, c'est m'identifier avec lui, c'est devenir impersonnel comme lui. Impossible de trouver entre le tumulte des passions et la sérénité de l'idéal un domaine intermédiaire où se manifeste une ébauche de personnalité. Impossible par là même de concevoir un commencement quelconque de responsabilité. Toute moralité s'écroule parce que l'on en a planté plus haut que de raison les principes essentiels.

Il faut encore aller plus loin, si l'on veut épuiser la logique du système en question. On affirme qu'il n'y a qu'une raison pour tous les individus raisonnables, qui existent, qui ont jamais existé, ou qui existeront jamais. Mais alors il faut affirmer aussi qu'il n'y a qu'une sensibilité, qu'une imagination, qu'une affectivité et qu'un appétit pour tous les êtres qui ont la vie consciente. Car le principe est le même; et il ne souffre pas d'exception :

il n'y a pas d'être, si infime qu'il soit, où l'on ne découvre
un certain groupe de propriétés, dont l'essence ne se
révèle à nous comme indéfiniment réalisable, qui
n'enferme un fond d'universalité et de nécessité. Le par-
fum le plus subtil, l'éclair le plus rapide deviennent des
idées, dès que l'entendement les perçoit, et supposent,
comme telles, un principe d'éternelle possibilité. Mais si
chacune de nos facultés supérieures et inférieures n'a qu'une
essence, qui se retrouve numériquement identique chez
tous les membres de la famille humaine ; s'il est vrai que
la nature pousse jusqu'à ce point son amour de l'unité,
on aboutit à une conséquence assez surprenante : c'est que
non seulement je ne suis plus une personne, mais qu'aussi
je cesse d'être un individu : Impersonnel + fait d'existence, voilà la formule de mon être tout entier. Et, comme
le fait de l'existence lui-même, considéré à part, vidé de
son contenu par mon intelligence, ne peut être à son tour
que la plus pauvre des abstractions, il ne me reste rien,
dont je garde le monopole : Je ne suis plus, *il est.*

Ces conséquences sont assez significatives par elles-
mêmes, me semble-t-il. Mais il ne suffit pas de les faire
voir, si fort que soit ici ce genre de démonstration. Il est
bon de remonter aux principes dont elles découlent et de
faire toucher comme du doigt ce que ces principes ont
de défectueux.

Il me semble d'abord que les tenants de la raison impersonnelle séparent trop fortement les idées et les faits. Les
idées ne se trouvent pas dans les choses à l'état formel. C'est
nous qui les en dégageons et par un travail dont nous avons

conscience. Les individus ne se composent pas de deux compartiments dont l'un contient le logique et l'autre le concret. Tout y est particulier, parce que tout y existe. Et, quand l'intelligence intervient, ce n'est que mentalement qu'elle les divise en éléments divers. Non seulement la multiplicité ne se produit que par elle ; mais encore elle ne se produit que pour elle. Après, comme avant son opération, les objets gardent leur unité physique. L'idée de mouvement que me suggère une locomotive lancée sur des rails, ne change rien à la constitution de cette machine ; et l'idée, que je me fais soit du désir, soit de la volition, n'altèrent pas le moins du monde la nature de ces phénomènes. Il en est à peu près des démarcations que trace mon esprit dans la réalité concrète, comme de ces fils de platine que les astronomes placent dans leurs lunettes pour en diviser le champ. Ces fils sont utiles à l'observation ; « mais ils sont de l'homme et non du ciel ».

Si les partisans de la raison impersonnelle séparent trop les idées et les faits, ils unissent trop, par contre, les idées et la pensée. Il n'est pas très sûr qu'il y ait une identité de fond entre les vérités éternelles et l'esprit qui les connaît. Le rapport ontologique de la pensée et de son terme immédiat n'est pas un objet d'intuition : nous ne le voyons pas, nous le concluons ; et cette conclusion ne paraît pas incontestable. Modalement la conscience et la représentation sont irréductibles l'une à l'autre : elles diffèrent au même titre que la volition et son motif, que l'émotion et l'appétit. Et cette différence est claire. Mais on n'en peut dire autant de leur point d'attache : sur le lien qui les unit, plane une sorte de pénombre qu'aucun effort d'attention ne réussit à dissiper. Et dès lors, quel peut bien être ce lien ? c'est par des hypothèses que nous essayons de nous en rendre compte. Mais qui ne sait qu'il n'y a rien de plus difficile à établir que des hypothèses qui portent sur les relations dynamiques des êtres ? Nous ne savons presque rien de ces relations ; et il est probable qu'elles peuvent prendre une infinité de formes, dont nous n'avons et n'aurons probablement jamais aucune idée. Rien d'impossible à ce qu'il n'y ait entre l'idéal de la vérité et notre entendement qu'une sorte d'union dont la nature nous demeure incompréhensible.

Mais je mets les choses au mieux : je suppose que la conscience et la représentation procèdent toujours et essentiellement d'un même principe. Qu'est-ce qui nous empêche de croire que, si la vérité demeure, la conscience qui la voit est faite au contraire pour mourir. Du moment que la pensée et l'idée se distinguent entre elles et s'opposent l'une à l'autre au point d'être directement irréductibles, pourquoi la première ne pourrait-elle pas s'évanouir dans l'inconscient, tandis que la seconde, immuable de sa nature, continuerait à briller du même éclat ? Quel obstacle à concevoir une infinité de petites consciences sortant des profondeurs de l'intelligible, comme les étoiles des abîmes du ciel, pour y rentrer au bout d'un laps de temps plus ou moins long ?

Il n'y a donc rien de très rigoureux dans l'opinion des philosophes qui croient découvrir dans notre pensée un fond d'éternelle vie. Cette opinion repose sur une analyse imparfaite des données de la conscience : on y trouve trop de métaphysique et pas assez de psychologie. Mais fût-elle dûment établie, que l'humanité n'aurait pas beaucoup à y gagner. C'est une solution d'ordre spéculatif qui n'inté-- resse en rien la morale. Que m'importe au fond qu'il y ait en mon esprit une sorte de raison impersonnelle, qui n'a pas commencé et qui ne saurait avoir de fin ? Son éternité n'est pas la mienne.


## II

On ne peut donc aller, par voie déductive, de la néces- sité de l'idée à l'existence d'une vie future. Une immorta- lité qui n'est celle de personne, n'est qu'une abstraction ; et cacherait-elle un fond de réalité, qu'elle n'aurait pas encore de ce chef le don de nous satisfaire : ce que nous voulons, ce dont nous avons besoin, ce que réclament à la fois et les aspirations les plus profondes de notre âme et les conditions actuelles de la moralité, c'est une « vie éternelle » que nous puissions vivre, c'est « une vie éternelle » qui soit la nôtre.

Reste donc à savoir si l'on est plus heureux, lorsque, au lieu de s'appuyer sur la nécessité de l'idée, on fait fond sur la simplicité que ce phénomène d'ordre supé- rieur enveloppe toujours de quelque manière : reste à chercher si la seconde théorie, dont on a vu plus haut les principales preuves, a de quoi nous inspirer plus d'assu- rance que la précédente.

Il y a dans chaque idée deux éléments essentiels et essentiellement distincts : un objet connu, et un acte par lequel nous connaissons ; une représentation de nature abstraite qui s'oppose à nous, et une pensée à l'aide de laquelle nous percevons cette représentation. Toute idée est comme un spectacle plus ou moins vaste qui a toujours un spectateur.

Or, lorsqu'on se place au premier point de vue, lorsque l'on considère la représentation qu'enveloppe chacune de nos opérations intellectuelles, il devient difficile de soutenir qu'elle est essentiellement simple. Sans doute, elle l'est toutes les fois que le fait qu'elle symbolise au regard de l'entendement présente lui-même ce caractère. Par exemple, s'agit-il de la conscience, de nos émotions, de nos désirs ou de nos volitions, la représentation logique que nous nous faisons de chacune de ces catégories de phénomènes est simple comme eux : nous y discernons des aspects divers, parce que les données concrètes, qui lui correspondent, se prêtent de leur nature à cette analyse toute mentale ; nous ne parvenons pas à la décomposer en parties réellement et radicalement distinctes.

Mais on n'en peut dire autant des idées qui se fondent sur des faits d'ordre matériel, qui se rapportent à l'espace et à ses déterminations. Impossible d'avoir une représentation de l'espace, pour abstraite qu'on la suppose, qui ne soit étendue ; impossible d'avoir une représentation étendue, qui ne renferme des parties séparés ou du moins séparables. Ce n'est pas par la nature de son contenu, que le concept d'espace se distingue des intuitions empiriques dont il résulte ; c'est par l'infinité que lui communique le travail de notre entendement. Grâce à une fonction, qui tient au fond même de notre esprit, nous considérons d'abord les corps qui nous entourent en tant qu'étendus et rien que sous ce rapport ; et nous obtenons ainsi l'idée d'une étendue limitée. Puis, nous concevons cette étendue comme susceptible d'une série d'accroissements qui peut aller à l'infini, qui n'a pas de limite. Et cette étendue illimitée, voilà l'objet qu'enveloppe le concept d'espace. Ce concept renferme donc, bien qu'à l'état abstrait, ce qu'il y a de plus divisible et de plus multiple au monde, ce qu'il y a de plus matériel dans la matière. On entend par triangle l'intersection de trois lignes. Mais comment mon intelligence peut-elle concevoir l'intersection de trois lignes, si elle ne perçoit de quelque manière ces lignes elles-mêmes ? L'idée de triangle ne peut donc être, comme l'observation nous le révèle d'ailleurs, qu'un triangle donné, qui est vraiment là sous le regard de l'entendement, mais que nous considérons sous l'un de ses aspects, à l'exclusion des autres : c'est un triangle particulier, où nous laissons de côté et les dimensions qu'il présente, et la grandeur des angles qu'il renferme, et ce principe indéfinissable en vertu duquel il est celui-ci, non celui-là, pour n'y plus voir que les lignes qui le composent, prises comme telles, et l'entre-croisement qu'elles forment.

C'est donc sur des images étendues que porte directement notre pensée rationnelle, quand elle se façonne celles de ses idées qui se rapportent au monde extérieur : elle discerne dans ces images elles-mêmes, et sans l'en retirer,

le fruit de vérité qui lui revient. Il faut que notre entendement communie à la matière pour l'entendre ; son opération,
si noble qu'elle soit, ne peut être toute faite d'indivisible.

En outre, nos représentations intellectuelles, qu'elles
aient trait à la matière ou à l'esprit, dépendent toujours
intimement de nos états organiques. Sans doute, ce n'est
pas dans les vibrations cérébrales elles-mêmes que nous
les découvrons. Parallèlement à la série des vibrations
cérébrales se déroule la série des images, que l'âme élabore
en elle, qui sont d'ordre psychologique ; et ces images forment le domaine où s'exerce l'action de notre entendement. Mais ce n'en est pas moins un fait : ces idées, comme
les images qui leur servent de support, sont condi-
tionnées par les mouvements qui s'accomplissent dans
notre cerveau. « L'esprit de ce souverain juge du monde,
disait Pascal en parlant de l'homme, n'est pas si indépendant qu'il ne soit sujet à être troublé par le premier tin-
tamarre qui se fait autour de lui. Il ne faut pas le bruit
d'un canon pour empêcher ses pensées ; il ne faut que le
bruit d'une girouette ou d'une poulie. Ne vous étonnez
pas s'il ne raisonne pas bien à présent ; une mouche bour-
donne à son oreille : c'en est assez pour le rendre incapable de bon conseil. Si vous voulez qu'il puisse trouver
la vérité, chassez cet animal qui tient sa raison en échec,
et trouble cette puissante intelligence, qui gouverne les
villes et les royaumes, Le plaisant dieu que voilà ! O ridi-
colosissimo Eroc [1] » Vraies de tout temps, ces paroles

_______

(1) *Pensées*, p. 50-51, édit. Ernest Havet, Delagrave, Paris, 1875.

ironiques le sont encore plus du nôtre. Loin d'en affai-
blir la valeur, la science ne fait que l'accroître de jour en
jour. Il y a dans la substance grise, qui forme l'écorce
cérébrale, tout un ensemble de centres dont chacun gouverne un groupe spécial d'images, et qui sont reliés entre
eux, comme autant de bureaux télégraphiques, par des
fils nerveux. Survient-il quelque trouble dans l'un de ces
centres, s'y produit-il une lésion, un afflux ou un retrait
de sang, aussitôt les images qui lui sont unies cessent
de suivre leur cours normal. Elles surgissent trop pres-
sées ou trop rares, se déroulent en un désordre irrémédiable ou ne répondent plus du tout à l'appel de la volonté; et la liberté de l'esprit s'en trouve diminuée
d'autant. Si le trouble se propage aux autres centres,
nous ne pensons plus que de travers, ou ne pensons plus
du tout : c'est la folie ou l'idiotie, qui pénètrent dans la
demeure.

D'où vient cet esclavage perpétuel dans lequel nous
nous trouvons à l'égard de la matière? A quoi tient que
l'esprit est en nous à la merci de l'automate ? Comment se
fait-il que nous ne pensions qu'à l'aide d'images, et que
nous n'ayons d'images que par l'intermédiaire de notre
cerveau ? Une telle dépendance est-elle une condition de
fait, ou bien une condition de droit, un état passager ou
bien un état essentiel ? Telle est la question qu'il faut
résoudre, si l'on veut établir que l'âme, après la mort,
peut encore vivre de sa vie. Or cette question, la philosophie, qui est en voie de progrès, comme les autres sciences,
aura peut-être un jour des raisons d'ordre métaphysique

pour la trancher. Il ne faut répondre de rien, quand il s'agit de découvertes. Mais on peut dire, je crois, qu'à l'heure actuelle, ces raisons font encore défaut. Pas de vibrations cérébrales, pas d'images ; pas d'images, pas d'idées, plus de vie intellectuelle, et par là même plus de vie morale : voilà ce qui résulte des faits connus [1]. Ces conditions supprimées, cette harmonie complexe une fois rompue, gardons-nous quelque capacité radicale et de percevoir, et de nous souvenir, et de vouloir ? reste-t-il en notre être certaines virtualités dont Dieu puisse faire sortir « un mode plus noble de connaissance [2] » ? c'est là un problème dont l'*ontologie naturelle de l'âme* ne fournit pas encore une solution suffisamment précise.

On n'aboutit donc pas, lorsque l'on considère l'idée sous son aspect représentatif. D'autre part, l'analyse de la pensée qui la pénètre et l'illumine ne paraît pas donner un résultat bien plus satisfaisant.

Nos opérations intellectuelles ont une sorte d'intensité qui peut croître et décroître, comme la vitesse d'un mouvement. Les peuples qui sont répandus sur l'écorce de la terre sont loin de posséder tous la même puissance de pénétration et de compréhension. Les sauvages n'ont d'ordinaire qu'une faculté d'abstraction très limitée. D'après Hinrich Lichtenstein, les Bosjesmans ne peuvent compter au delà de deux [3] ; Spix et Martius ont constaté le

(1) *S. th.*, I, LXXXIV, 7.
(2) *S. philos.*, II, p. 333.
(3) *Reisen in südlichen Africa*, I, 191. Berlin, 1812.

même fait chez les Indiens du Brésil [1]. Le second de ces voyageurs remarque « qu'on chercherait en vain chez les Coroados (Brésil) des mots pour exprimer les idées abstraites, telles que « plante », « animal », et les idées abstraites encore de couleur, de ton, de sexe, d'espèce, etc. On ne trouve chez eux quelque généralisation d'idées que dans l'emploi fréquent des infinitifs des verbes « marcher, « manger, boire, danser, voir, entendre », etc. [2] ». « Il nous fallait, dit Galton, nous en rapporter à nos guides Dammara, dont les idées de temps et de distance sont extrêmement indistinctes. En outre, leur langue ne contient pas de comparatif; de telle sorte que vous ne pouvez leur dire: « Quelle est l'étape la plus longue, la dernière ou la pro- « chaine? » Il faut donc leur dire : « La dernière est petite ; « la suivante est-elle grande? » Ils ne vous répondent pas : « Elle est un peu plus longue ou beaucoup plus longue » ; mais simplement : « C'est cela, ce n'est pas cela. » Ils ont fort peu d'idée du temps. Si vous leur dites : « en « supposant que nous partions au point du jour, où sera « le soleil, quand nous arriverons ? » Ils vous indiquent les points les plus extraordinaires du ciel ; et cependant ils ont quelques notions d'astronomie et donnent des noms à plusieurs étoiles. Ils n'ont aucun moyen de distinguer les jours et comptent par saisons pluvieuses ou saisons des noix [3]. » Et cette pauvreté de notions abstraites,

-----

(1) John Lubbock, *Les origines de la civilisation*, p. 428, Alcan, Paris, 1881.

(2) *Ibid.*, p. 427.

(3) *Ibid.*, p. 429.

que l'on constate chez les sauvages, tient moins à leur
paresse qu'à leur impuissance de réflexion. M. Sproat dit,
en parlant des Aths, qu'une courte conversation suffit à les
fatiguer, dès qu'elle porte sur des questions qui exigent
quelque effort de pensée ou de mémoire. La faiblesse
semble alors prendre le dessus ; leur esprit « vacille, pour
ainsi dire, et ils ne nous répondent plus que des mensonges et des absurdités [1] ». « D'après Burton, essayez de
causer dix minutes avec un habitant de l'Est d'Afrique sur
son système de numération pourtant bien simple, vous
lui causerez un mal de tête extrême. Chez certains négrito-
tos, la stupidité est telle que, s'ils doivent faire quelque
effort pour comprendre, ils tombent de sommeil » ; insis-
te-t-on par trop, « ils sont malades [2] ? »

La vigueur intellectuelle ne varie pas seulement avec
les races ; elle change aussi avec l'âge et par elle-même,
indépendamment du concours plus ou moins heureux que
lui prête la sensibilité. Placé en face du même problème,
des mêmes données empiriques, l'enfant d'ordinaire ne
soutient pas son attention aussi longtemps que l'homme
d'âge mûr ; et, la soutiendrait-il aussi longtemps, qu'à
moins d'être un Pascal, il ne pourrait s'élever à la même
force de pénétration. On remarque assez souvent une infériorité analogue chez le vieillard, tant il est vrai que les
extrêmes se touchent. Le vieillard ne retrouve plus d'ordinaire cette souplesse et cette puissance de réflexion qui

(1) John Lubbock, *les Origines de la civilisation*, p. 432, F. Alcan.
(2) A. Fouillée, *Tempérament et Caractère*, p. 309, F. Alcan, Paris,
1893.

ont fait la joie de ses jeunes ans. Non seulement son imagination est moins vive et moins alerte ; mais encore,
lorsqu'il se pose une question de nature un peu ardue, il
ne la remue pas avec autant d'énergie qu'autrefois, et
l'effort qu'il y dépense est de plus courte durée.

Il existe aussi des états morbides, où l'intelligence se
trouve comme paralysée, incapable de régler le cours de
ses idées, et qui par là même sont de véritables maladies
de la pensée. La conversation de Coleridge « n'allait pas
dans un sens comme une rivière, mais dans tous les sens,
en courants inextricables, ou en remous comme ceux d'un
lac ou de la mer ; terriblement dépourvue de but défini,
même d'intelligibilité logique : ce que vous deviez faire
ou croire se refusant obstinément à sortir de ce flot de
paroles ; en sorte que le plus souvent vous vous sentiez
logiquement perdu, engouffré et près d'être noyé par
cette marée de mots ingénieux, débordant sans limites
comme pour submerger le monde... On avait toujours des
mots éloquents, artistement expressifs ; par intervalles,
des vues d'une pénétrante subtilité ; rarement manquait
le ton d'une sympathie noble, quoique étrangement colo-
rée ; mais, en général, cette conversation sans but, faite
de nuages, assise sur des nuages, errant sans loi raisonnable, ne pouvait être appelée excellente, mais seulement
surprenante ; elle rappelait l'expression amère de Hazlitt :
excellent causeur, en vérité, si on le laisse ne partir d'aucune prémisse, pour n'arriver à aucune conclusion[1]. »

(1) Carlyle, *The life of John Sterling*, ch. viii, p. 76-77, Boston,
1852.

Griesinger raconte l'histoire d'un malade qui était devenu métaphysicien malgré lui. Dès qu'il entendait prononcer le mot « beau », son esprit se mettait avec un irrésistible entrain à remuer les questions les plus ardues de l'esthétique. « Je ruine ma santé, disait ce déséquilibré, en pensant sans cesse à des problèmes que la raison ne pourra jamais résoudre et qui, malgré les efforts les plus énergiques de ma volonté, me fatiguent sans trêve... Chaque fois que ces idées reviennent, je tente de les chasser et je m'exhorte à suivre la voie naturelle de la pensée, à ne pas m'embrouiller le cerveau d'arguments très obscurs, à ne pas m'abandonner à la méditation de choses abstraites et insolubles. Et cependant je ne peux pas me soustraire à l'impulsion continuelle qui martèle mon esprit, à la tendance immuable et fixe qui me poursuit et ne me laisse pas un instant de calme [1]. »

Un fait qui me paraît plus significatif encore, c'est que notre intelligence est susceptible de fatigue, aussi bien que les fonctions inférieures de la vie. Rien ne nous coûte comme le travail de l'esprit ; rien ne se traduit aussi vite dans la conscience sous forme de douleur. Et l'on ne peut dire que ce phénomène se produit tout entier par ricochet, qu'il procède, non de l'intelligence elle-même, mais des cellules cérébrales que l'intelligence surmène par sa persistante activité. Une telle explication ne paraît pas suffisante. Quand nous remuons un problème avec trop de persévérance, nous sentons d'abord décroître à un moment

_______

(1) *Uber einen wenig bekannten psychopatischen zustand* (Arch. für die Psych., t. 1).

donné notre force d'analyse et de synthèse. Puis, nous
éprouvons une sorte d'impuissance qui s'accuse de plus
en plus, et qui, elle, est bien un état de notre pensée
rationnelle : nos idées deviennent moins lucides et moins
profondes ; elles ne s'assemblent plus ou ne s'assemblent
qu'avec peine et en petit nombre. Enfin, si nous conti-
nuons encore, la souffrance apparait et tend à se propager
du dedans au dehors. Elle est donc comme la dernière
étape d'un épuisement qui s'opère peu à peu dans l'esprit
lui-même. Cet épuisement mental se produit d'ailleurs
beaucoup plus vite que la débilitation physique. C'est ce
que l'on a constaté de nos jours à l'aide du dynamomètre ;
et l'on n'a pas besoin d'expériences aussi précises pour
s'en apercevoir. La journée de huit heures est encore
trop forte d'ordinaire pour les ouvriers de la pensée ; et
il leur faut de longues vacances, pour vivre longtemps.
Ils sont rares, ceux qui peuvent travailler comme un
Dumas père ou un Joseph de Maistre [1].

L'énergie intellectuelle est donc susceptible et d'augmenter et de diminuer à l'indéfini. Et alors, quelle raison métaphysique avons-nous de croire qu'au bout d'un
certain temps de travail plus ou moins pénible, elle ne
descend pas une bonne fois jusqu'à zéro pour ne plus
en revenir ? Sans doute, l'âme ne peut périr par décomposition. Mais pourquoi ne périrait-elle pas par extinction,
à la manière d'une flamme qui s'évanouit ? Pourquoi n'y

_______

(1) Voir d'intéressantes observations sur ce point dans *la Fatigue
intellectuelle* de A. Binet et Henri, p. 277-298, Reinwald, Paris,
1898.

aurait-il pas une sorte de retour à l'état virtuel ? On objec-
tera peut-être la conservation de la force. Mais c'est là un
principe qui est déjà vieux, tant il est vrai que nous vivons
vite à notre époque ! Ce principe, qui a régné quelque
temps, notre expérience n'est ni assez subtile ni assez
vaste pour le mettre sur ses pieds ; et la métaphysique ne
dépose pas en sa faveur. La nature, pour le métaphysicien,
est une alternative sans cesse répétée de commencements
et de fins. Or chaque commencement est une réalité de
plus, chaque fin une réalité de moins : s'il y a toujours la
même somme d'énergie dans le monde, c'est peut-être que
l'Eternel ouvrier produit sans relâche, à mesure qu'il
détruit ; c'est qu'il tient bien le budget de l'univers.

Sous l'intensité variable de nos opérations intellectuelles apparaît un caractère tout autre, qui est la simplicité. Quelle est sa signification métaphysique ? Encore ici,
j'ai peine à croire que l'on n'ait pas exagéré quelque peu
la portée ontologique des données que nous possédons
jusqu'à présent. C'est vrai, et je l'ai déjà mis en lumière :
la pensée elle-même, à l'aide de laquelle nous formons et
saisissons nos idées, est simple, absolument simple. Mais
on est bien obligé de reconnaître aussi qu'elle n'est jamais
adéquate à la faculté dont elle est le mode immanent.
Aucune de nos pensées, pour compréhensive qu'elle soit,
ne vide l'énergie dont elle sort, de manière à l'attirer
tout entière sous son regard. Nous n'apercevons jamais
toutes nos idées à la fois : elles se révèlent par groupes,
et laissent toujours sous elles une virtualité profonde dont
elles ne nous disent rien de précis, une sorte de possibi-

lité dynamique, qui demeure inconsciente. Supposez d'ailleurs que nous réussissions à enfermer toutes nos idées dans une même vue, nous n'en serions pas beaucoup plus avancés. La peine que nous avons soit à distinguer nettement nos idées de nos images, soit à pénétrer le rapport logique qu'elles soutiennent entre elles, nous avertit trop que nous ne possédons de ces représentations, pourtant les plus claires, qu'une connaissance de surface. Derrière ce que nous y voyons, il y a ce que nous sentons ; et derrière ce que nous sentons, un inconnu qui est peut-être un inconnaissable. Le fond de notre intelligence nous échappe donc. A plus forte raison ne pouvons-nous suivre jusqu'à sa racine ce principe unique d'où sortent toutes nos facultés comme autant de rameaux, ce *vinculum substantiale*, sur lequel les philosophes ont soutenu tant d'infructueuses discussions. Et dès lors, comment savoir, avec l'unique secours de la métaphysique, si notre âme est ou n'est pas radicalement distincte de tout le reste, si elle est essentiellement indépendante ou non d'une réalité plus riche et plus profonde ? Comment définir si elle n'est pas inhérente à quelque autre sujet, qui la développe et l'enveloppe derechef d'après des lois inconnues, d'où elle sort, où elle rentre au bout d'un certain temps, à la manière de la matière sidérale, qui passe de l'état nébuleux à l'état de système planétaire pour retourner à l'état nébuleux ? C'est là une question, à laquelle nous n'avons jusqu'ici aucun accès soit direct, soit indirect, dont le fond échappe encore de tous points aux prises de notre esprit.

L'ontologie de l'idée, telle qu'on la peut faire de nos jours, ne jette donc pas une lumière bien vive sur le problème de la spiritualité de l'âme. De quelque côté qu'on la prenne, elle ne donne pas encore des certitudes. Mais il ne faut point se décourager en face d'un tel mécompte. L'espoir du savant est tenace, et celui du croyant l'est plus encore. Peut-être un jour viendra-t-il où l'éclair désiré jaillira sous nos yeux. La psychologie se précise et s'élargit de plus en plus, et à l'aide de méthodes nouvelles. Rien d'impossible à ce que l'on découvre une fois ou l'autre une idée supérieure qui donnera aux preuves du passé une consistance plus grande.

D'ailleurs, ce n'est qu'au point de vue ontologique que la preuve de l'École, fondée sur la nature de l'idée, parait peu concluante. Elle reprend sa force, quand on l'envisage à la lumière de la téléologie. « Perfectio animæ consistit in abstractione quadam a corpore, » dit saint Thomas lui-même. Au fur et à mesure que notre intelligence se développe, elle tend à vivre en elle-même et par elle-même, à se débarrasser des liens matériels où elle se trouve engagée, à s'enfermer dans l'intelligible. C'est un ange qui, sous l'empire de ses besoins supérieurs, fait des efforts incessants pour secouer ses chaînes et conquérir la liberté qui est son bonheur, parce qu'elle est son achèvement. Notre âme n'est adulte que lorsqu'elle est délivrée. Et là se trouve tout un ordre de considérations nouvelles, où renait l'immense espérance qui a traversé la terre[1].

(1) S. Philos., II, LXXIX, 325.

# CHAPITRE III

## L'AME ET LA LIBERTÉ

L'analyse des passions et celle des idées échouent l'une et l'autre, lorsqu'il s'agit d'établir la spiritualité de l'âme humaine : la lumière qu'elles projettent ne s'étend pas jusqu'aux frontières de notre être mental; il est même probable qu'elles n'en éclairent que la plus petite partie.

Peut-on pénétrer plus avant par l'étude de la liberté? La connaissance, que nous avons de cette forme supérieure de notre activité, contient-elle la solution que l'on a vainement attendue jusqu'ici? On serait tenté de le croire à première vue. Car il semble que l'on ne peut agir de soi-même que si l'on existe en soi-même : il semble que l'indépendance de l'action suppose l'indépendance de l'être. Mais, en réalité, c'est là une présomption qui se dissipe à son tour, dès que l'on a le courage de préciser les faits qui lui donnent lieu.

## I

De quelle liberté veut-on parler en effet? Est-ce de la liberté, telle que Kant l'a comprise? s'agit-il d'une « liberté noumenale », que la conscience n'atteint d'aucune façon, à laquelle il est interdit d'entrer dans la sphère des causes et des effets, qui demeure à jamais close, en vertu de son essence, dans une sorte de monde supra-sensible [1] ? Mais une conception de cette nature n'est que la fiction d'une philosophie aux abois; et ce serait bâtir sur le sable, que de la prendre ici pour fondement.

La « liberté nouménale » a été inventée pour satisfaire aux exigences de la loi morale. Or la vérité, c'est qu'elle n'y satisfait d'aucune manière. La loi morale nous dit : « Fais ceci, évite cela. » Et son commandement est souverain. Elle suppose donc qu'il existe en chacun de nous un principe d'activité, qui peut de son chef imposer silence à la passion et faire dominer le devoir, qui est à même de choisir et de réaliser son choix, dont le propre est d'intervenir et dans le cours des événements intérieurs et dans celui des événements extérieurs. La loi morale suppose une liberté, qui peut descendre dans l'expérience pour la soumettre peu à peu au joug de l'ordre. Rien de pareil dans « la liberté nouménale ». Le monde lui reste absolument fermé; impossible qu'elle y détermine une modification quelconque. La nature entière est pour elle comme un théorème immense, où tout s'enchaîne avec une force invincible. Il n'y aurait plus de lois, il n'y aurait plus de science ; tout retournerait au chaos, et la vie deviendrait impossible, si une volonté transcendante venait à produire une rupture ou même une déviation dans l'universel et éternel mouvement.

(1) *Crit. R. Prat.*, p. 94, trad. *Picavet*, F. Alcan, Paris, 1888.

Une liberté, bridée et ligottée d'absolu, n'a plus sa raison d'être ; de plus, en quoi nous importe-t-elle ? Elle ne nous concerne pas ; elle n'est pas nôtre. Ce qui est à moi, et ce qui est moi, ce qui fait que je suis une personne, c'est cette activité consciente d'elle-même, qui me permet de réfléchir, de prévoir, de peser mes motifs, de me décider et d'agir. Ce qui est à moi, et ce qui est moi, c'est ce pouvoir sans cesse en exercice, à l'aide duquel je me façonne à moi-même mon idéal, travaille mon organisme et transforme la nature ambiante. Ce qui est à moi et ce qui est moi, c'est une liberté qui se traduit sans relâche et dans l'expérience du dedans et dans celle du dehors, qui se jette toute palpitante d'espérances ou d'angoisses à travers la mêlée de la vie et s'y « fraye son chemin avec des fortunes diverses ». Vous me parlez d'une autre liberté qui, elle, se cache derrière la coulisse, qui s'y tient immobile comme une statue de marbre, et ne peut se départir de son attitude impassible qu'à condition de se nier elle-même. Cette déesse figée dans son éternité ne m'est rien. Qu'elle existe ou non, tout se passe de même et en moi et autour de moi ; je n'en suis pas moins ce que je suis, je n'en deviens pas moins ce que je me fais par mes propres efforts. Qu'on la « pose » ou qu'on la dépose, j'ai toujours la somme d'énergie qui me constitue et fait que je l'emporte ou que je succombe dans la lutte de chaque jour.

Enfin, qu'est-ce au fond que cette liberté d'ordre intemporel, que l'on superpose à notre âme et qui n'en modifie pas plus le développement que la lumière des étoiles ne change le mouvement d'une locomotive ? Elle est immuable, comme on l'a vu ; et c'est de toute rigueur. Car supposez qu'elle ait changé ou vienne à changer une seule fois, il n'y a plus de raison pour qu'elle ne change pas une seconde, une troisième fois ; et la voilà en plein dans l'expérience. Il faut donc bien qu'elle n'enveloppe en son essence aucune possibilité de changement. Mais une telle conception ne se comprend pas ; elle est manifestement contradictoire. Être libre, c'est avoir la faculté de poser des « commencements », de produire des effets nouveaux, c'est avoir la possibilité de changer. Et cette possibilité est telle de sa nature qu'elle ne s'épuise jamais ; elle est telle que les actes qui la traduisent ne nous en révèlent toujours que la plus petite partie. Faire preuve de liberté, c'est choisir ; et le choix implique une sorte d'inhibition qui retient à l'état de possibles les termes de l'alternative dédaignés. La liberté ne produit donc jamais un effet ou une série d'effets où elle s'égale à elle-même ; elle ne devient jamais « acte pur ». A côté de ce qu'elle fait, il y a toujours et essentiellement ce qu'elle peut faire : se réaliser, pour elle, c'est affirmer qu'elle ne se réalise pas tout entière. Elle contient une réserve d'énergie latente, un fond de possibilités qui ne peut disparaître qu'avec elle.

II

On s'abuserait donc, en prenant ici pour point de départ la liberté kantienne. Elle est chimérique et ne saurait conduire qu'à une solution de même nature. La liberté, sur laquelle il faut se rabattre, c'est celle que chacun de nous sent en soi-même, qui se manifeste plus ou moins fortement dans toutes nos actions réfléchies et fait de ce chef le fond de notre vie morale. Or, si l'on prend la question de ce point de vue, qui seul est vrai ; si l'on fait porter l'analyse sur cette faculté de choisir et d'agir conformément à notre choix, que nous constatons en nous-même dans son propre exercice, on s'aperçoit bien vite que, par cette voie aussi, l'on aboutit au mystère, non à la lumière.

Sans doute, nous sommes sûrs de l'existence de notre liberté. Que l'on grandisse autant que l'on voudra l'influence de l'inconscient et du subconscient, que l'on multiplie comme à plaisir le nombre des mobiles qui se mêlent sans s'avouer à nos actions les plus réfléchies, il n'en demeure pas moins vrai qu'à un moment donné c'est nous qui nous déterminons et que par conséquent nous ne sommes pas déterminés. La liberté est une de ces données synthétiques que l'on ne nie pas plus que la lumière ou le mouvement, quand on fait de la philosophie pour tout de bon, de la philosophie progressive. Mais, si nous sommes certains de notre liberté, nous le sommes aussi de n'en avoir qu'une idée très imparfaite. Il en est de cette forme supérieure de notre activité, comme des autres : la conscience ne la pénètre pas tout entière : nous n'en avons jamais, nous n'en pouvons avoir qu'une connaissance inadéquate.

Dès que nous essayons d'approfondir la nature de notre liberté ; dès que nous cherchons à définir ou l'influence des motifs qui la sollicitent, ou l'action des mobiles qui tendent à l'entraîner, ou la manière dont elle s'élève par elle-même de l'indéterminé au déterminé, la pénombre commence : notre raison tâtonne et nous sentons que notre métaphysique ne se fonde pas sur des données assez nettes pour aboutir à des conclusions décisives. De là cette diversité d'hypothèses, qu'on a faites pour expliquer la liberté, et qui toutes ou « desvoyent du blanc » ou s'arrêtent impuissantes avant de l'avoir touché. Et cette incapacité native ne vient pas seulement de ce que le sens intime en use à l'égard de nos actes libres avec la même parcimonie qu'à l'égard des autres faits de notre vie intérieure ; elle tient à des raisons spéciales qui dérivent de l'essence même de notre liberté. Rien de plus complexe qu'une décision, si court que soit l'indivisible instant où elle se produit. Pour la connaître à fond, il ne suffit pas de la saisir sur le vif, au moment où elle jaillit de l'inconscient et de discerner les motifs souvent assez divers qui l'ont provoquée ; il faut aussi démêler les passions et inclinations qui lui servent de milieu. Or il y a là, comme on l'a vu plus haut, un domaine très obscur, dont les profondeurs sont insondables, et d'où naissent à notre insu des suggestions de tous genres. En outre, on a déjà remarqué que la décision libre, considérée en elle-même, n'actualise jamais toute l'énergie dont elle procède : il demeure toujours en cette énergie le pouvoir de prendre une ou plusieurs autres décisions différentes. Or ce pouvoir, nous ne le saisissons pas en lui-même ; nous l'induisons soit d'expériences antérieures et semblables où nous l'avons exercé, soit de l'indépendance même de la résolution que nous prenons en fait : si bien qu'il est de l'essence de notre liberté de ne pas se dévoiler pleinement à notre esprit. Elle conserve toujours une richesse de vie que nous ne faisons qu'inférer et dont nous ne connaissons guère qu'une chose, à savoir qu'il en peut sortir tels ou tels effets.

La conscience, que nous avons de notre liberté, ne l'envahit donc pas tout entière ; à plus forte raison ne se prolonge-t-elle pas jusqu'aux limites de notre âme : elle n'en éclaire que le sommet. D'autre part, le concept que nous nous en faisons sur la foi de l'expérience intérieure ne nous autorise nullement à conclure qu'il lui faut un sujet entièrement indépendant, radicalement distinct de tous les autres êtres.

D'abord, on ne voit pas pourquoi il n'y aurait point dans une même substance tout un ordre de réalités distinctes qui, bien qu'inhérentes à leur fond commun, contiendraient en elles-mêmes une essence propre et une énergie spéciale, qui seraient de ce chef de vrais principes d'action, opérant pour leur compte. L'unique moyen d'établir que cette pluralité dans l'unité est contraire à la nature des choses, ce serait de remonter des phénomènes jusqu'à la première des causes dont ils procèdent et de montrer qu'ils lui sont absolument identiques. Or, une opération si vaste et si complexe est impossible à l'humaine pensée. Qui nous dit, par exemple, que nos faits intérieurs ne s'ajoutent pas comme un surplus à l'énergie immédiate dont ils relèvent et que cette énergie à son tour n'émane pas d'un aûtre principe plus foncier? Qui nous dit, *lorsque nous nous bornons aux données de la psychologie*, que notre sujet mental lui-même n'est pas comme l'épanouissement d'une réalité plus riche, plus profonde et plus féconde?

Mais s'il en est ainsi, si le propre de notre être mental est de produire au dedans de lui-même différentes formes de vie, de s'étager en principes ontologiquement distincts, pourquoi la liberté ne pourrait-elle pas s'y faire jour? Pourquoi n'y puiserait-elle pas, tout en lui restant essentiellement inhérente, et la part d'activité et l'autonomie qui la caractérisent? Quelle raison de soutenir, en pareille hypothèse, que notre indépendance personnelle a pour condition *sine qua non* notre indépendance métaphysique, que l'on n'est *à soi* qu'autant que l'on est *en soi*, que la liberté et la substantialité sont choses identiques? La « conscience de la liberté, dit M. A. Fouillée, supposerait que nous nous voyons absolument indépendants : 1° de notre corps, 2° de l'univers, 3° du principe même de l'univers.... La prétendue conscience de la liberté serait donc identique à la science de l'univers[1] ». C'est là une manière de philosopher aussi fantaisiste qu'audacieuse. Une telle assertion suppose que l'être est absolument un, comme le soutenait le vieux Parménide, qu'il ne peut pas se développer en une multiplicité d'énergies distinctes d'elles-mêmes et de leur principe commun. Or, rien n'est moins démontré, rien n'est moins démontrable qu'une semblable conception.

(1) A. Fouillée, *la Liberté et le déterminisme*, p. 88, F. Alcan, Paris, 1890.

Non seulement il se peut que la liberté ne se ramène pas à la substantialité ; mais encore il y a de bonnes raisons pour croire qu'en fait elle ne s'y ramène pas.

Chacun de nos phénomènes intérieurs a sa caractéristique. Impossible de les identifier entre eux : conscience, idées, émotions, désirs et volitions sont autant de formes de notre activité psychologique que l'on ne ramène pas plus l'une à l'autre que le cercle au carré. Il faut donc que la cause, d'où procèdent ces effets divers, ait elle-même sa diversité ; car, si elle était absolument homogène, pareille hétérogénéité n'en pourrait jamais sortir. Il faut que notre être mental contienne certaines préformations, qui endiguent et divisent le cours de notre vie. Il y a une spécification de notre « sujet », qui correspond à la spécification de ses modes : il existe en notre âme des virtualités qui se distinguent les unes des autres, que l'on ne peut nullement réduire au même type. Sur ce point, c'est la pensée de saint Thomas d'Aquin qui triomphe.

Mais, si les virtualités de notre âme se distinguent réellement les unes des autres, il est aussi de rigueur qu'elles se distinguent et dans la même mesure du principe commun où elles trouvent leur unité fondamentale. Car, si elles s'identifiaient avec ce principe, elles seraient du même coup identiques entre elles : ce qui est contraire au fait déjà démontré. Il faut donc que, comme tous nos phénomènes de même espèce se rattachent à une même faculté, toutes nos facultés à leur tour partent d'un centre unique, dont elles se différencient toujours et ne se séparent jamais. Et, dès lors, impossible que liberté signifie substance. Par son origine métaphysique, la liberté ressemble aux autres facultés de notre âme : elle découle avec elles d'une seule et même source. Maitresse d'elle-même, maîtresse aussi dans une certaine mesure de nos autres puissances intérieures, elle ne l'est pourtant pas du sol où elle puise sa vie, elle est inhérente à autre chose et sans nous apprendre si cette autre chose est elle-même une substance : elle reste muette aussi sur le problème de notre destinée.

Je crois donc vraiment que l'on fait d'inutiles efforts, lorsqu'on essaie de prouver, par l'*analyse ontologique de nos phénomènes intérieurs*, que l'âme humaine peut survivre à la dissolution de son corps. Je crois du moins qu'aussi longtemps que la psychologie n'aura pas réalisé d'autres progrès, une telle méthode n'a pas de chance d'aboutir à des conclusions décisives. Sans doute, on démontre bien, par une série d'observations accompagnées de déductions, et l'activité du sujet pensant, et son indivisible unité, et sa permanence à travers le flux de la vie. Mais essaie-t-on de dépasser cette sphère et de s'enfoncer plus avant, c'est le mystère, le décevant mystère qui commence. On a beau chercher, et dans ses passions, et dans ses idées, et dans ses opérations réfléchies, s'il n'y a pas quelque site fortuné, d'où l'on puisse apercevoir ou deviner les confins de l'être mental. On n'en découvre aucun qui soit tel ; et l'horizon se ferme toujours avant que la terre promise ait apparu. Il y a dans le fond de notre âme une région que l'on n'explore pas, ou du moins que l'on ne peut encore explorer. La pensée et le principe qui la supporte sont comme deux cercles concentriques ; du premier de ces cercles à la ligne qui termine le second s'étend un intervalle que couvrent d'épaisses ténèbres ; et l'on n'a nul moyen de savoir de science psycho-métaphysique où l'âme plonge en quelque sorte ses racines et trouve son être et sa vie.

Voilà du moins ce que l'on peut dire à l'heure actuelle, voilà le relevé du point. Et si, dans l'avenir, les progrès de la psychologie font jaillir une idée plus compréhensive, qui jette sur la question une nouvelle lumière et conduise à des résultats plus affirmatifs, on ne pourra que se réjouir très fort d'une aussi importante découverte. Mais on ne me saura pas mauvais gré, je l'espère, d'avoir montré l'imperfection des preuves métaphysiques que l'on tire de notre activité intérieure en faveur de la croyance à l'immortalité. Il faut ou que l'on cesse de donner de telles preuves, qui ne correspondent plus aux besoins des intelligences ; ou que l'on découvre, pour les fonder, quelque autre vue plus profonde. Quand il s'agit de croyances pratiques, mieux vaut ne rien démontrer que d'avancer une démonstration qui ne prend pas. Dans un tel ordre d'idées, toute raison, qui ne conclut pas de quelque manière, est une diminution de l'empire de la vérité, ce que l'on pourrait appeler un scandale intellectuel.

# CHAPITRE IV

## L'AME ET LA MATIÈRE

Si l'ontologie de l'âme ne suffit pas à fonder le dogme de l'immortalité, l'ontologie de la matière suffit encore moins à le ruiner. Les preuves, que l'on tire des phénomènes physiques et physiologiques pour ébranler la croyance en la vie future, sont plus faibles encore que celles qu'on tire des opérations mentales pour l'établir. Ce ne sont pas seulement les spiritualistes, qui pèchent par excès de confiance en la métaphysique; les matérialistes commettent la même faute et avec des circonstances aggravantes : sans cesse ils nous répètent qu'ils ne dépassent pas l'expérience, et sans cesse ils se laissent emporter au delà; c'est cette perpétuelle offense à la logique qui donne à leur théorie son apparente valeur.

## I

Tout meurt dans le vaste univers, nous disent-ils. Et les individus, et les sociétés, et les espèces vivantes, et les mondes eux-mêmes sont emportés par le temps avec une égale indifférence. Rien ne vit, rien ne palpite, rien ne s'illumine de pensée et d'amour, qui ne soit travaillé d'un mal interne dont le triomphe est fatal. Sur le sol, que nous habitons, s'agitaient autrefois d'autres peuples, qui n'ont laissé comme indices de leur passage que d'informes débris et quelques vagues souvenirs ; et quand nous fouillons le sein de la terre, pour en déchiffrer l'histoire, nous constatons, à l'aide des squelettes dont il est jonché, que certaines formes de la vie ont entièrement péri dans la lutte pour l'existence. Un jour viendra où toute conscience aura disparu de notre système planétaire. Le soleil n'est pas une « lampe éternelle », comme l'ont dit les poètes; c'est un brasier qui finira par s'éteindre. A un moment donné, sa lumière pâlira, et il cessera de répandre à travers la nature la chaleur et la fécondité. Alors commencera, pour tous les êtres vivants, une longue et épouvantable agonie; alors s'évanouiront peu à peu toute pensée et tout désir; et, le drame du plaisir et de la souffrance une fois terminé, les planètes n'en continueront pas moins à tourbillonner dans le vide veuves des habitants qui auront un moment troublé leur heureuse solitude. On croyait autrefois que ce dôme bleu, où s'allument les étoiles, était la région de l'incorruptible; et l'on s'imaginait que là-haut, loin des maux de la vie, les dieux avaient établi leur séjour. Mais on sait aujourd'hui que cette patrie prétendue de l'immortalité n'est qu'un mythe de peuples enfants. On a sondé, avec le télescope, les abîmes du ciel, et l'on y a trouvé des milliers d'archipels solaires en tout semblables au nôtre, qui se forment et

se déforment, qui vont sans relâche de l'homogène à l'hétérogène ou de l'hétérogène à l'homogène.

Le domaine de la mort a donc grandi, sous nos yeux,
en même temps que le domaine de la vie : l'un et l'autre
se sont étendus de pair, l'un et l'autre coïncident de tous
points. La génération et la corruption, le développement
et le renveloppement : ce sont là deux termes opposés
qui s'appellent l'un et l'autre, comme le principe et la
conséquence. Et l'on veut qu'il en aille autrement de nous !
On veut que la puissance irrésistible, qui d'un bout de
l'univers à l'autre triomphe de l'amour insatiable de la
vie, s'arrête comme par respect devant l'atome humain !
On veut que, dans l'éternel et aveugle mouvement, qui
entraîne toutes choses depuis l'infiniment petit jusqu'à
l'infiniment grand, l'homme seul ait le privilège de se
fixer dans l'immobilité d'une vision qui ne passe plus !
Quelle vraisemblance à pareille conception? La science
n'est-elle pas là, toujours plus précise et plus large, toujours plus lumineuse, pour lui donner un continuel et
formel démenti?

Ainsi raisonnent un assez grand nombre de philosophes;
ainsi pensent, à leur exemple, plusieurs écrivains de
marque, qui, pour n'avoir pas pris le manteau du sage,
ne laissent pas de s'occuper des questions morales. Mais
il me semble que les uns et les autres accordent à la
science une portée métaphysique qu'elle ne peut avoir.

Sans doute, l'homme est bien petit, quand on le compare à ces millions de globes énormes qui peuplent le
vide infini. Mais c'est s'arrêter à une psychologie bien

vulgaire que de croire qu'il vaudrait mieux, s'il était un peu plus gros ou pesait un peu plus. A coup sûr, ce n'est pas de là, ce n'est pas de son chétif et frêle organisme que lui vient sa dignité. Sa dignité vient de ce que, seul parmi les êtres connus, « il possède la raison, la conscience, la vertu, choses qui ne se mesurent par aucune des mesures scientifiques, le centimètre, le gramme et la seconde, mais qui valent plus que l'étendue des cieux, que la masse totale des nébuleuses et des planètes qui s'y meuvent, que les périodes indéfinies de leurs rotations et de leurs translations ; elle vient de ce que l'homme seul connaît le monde, de ce que seul il peut en faire la description et l'histoire, de ce qu'il découvre les secrets de la nature ; de ce que, malgré sa petitesse physique, il commande à cette puissante nature, qu'il en tire les merveilles de l'industrie, la magie des couleurs et des sons, qu'il s'en sert pour animer et colorer sa pensée, pour créer en lui-même et chez ses semblables de ravissantes et poignantes émotions. Elle vient de ce que l'homme seul se pose le problème des origines et s'élève jusqu'au Créateur. Elle vient de ce qu'il est maître de ses actes, de ce qu'il dispose de ses facultés et de ses forces pour un but qu'il a choisi. Elle vient de ses luttes morales, où l'héroïsme se développe, où la justice combat contre la violence et la conscience contre la passion[1] ». L'homme grandit, à nos yeux ; il acquiert une grandeur incomparable, dès qu'on cesse de regarder à son corps pour considérer son âme. Il est le seul être

_______

(1) Abbé de Broglie, *le Présent et l'avenir du catholicisme en France*, p. 141, Plon, Paris, 1892.

ici-bas dont la conscience dépasse les limites du temps, qui pense et veut « sous la forme de l'éternité ». Il est seul à représenter dans le monde le règne de l'intelligence et du libre amour. Et alors, pourquoi n'y aurait-il pas des exceptions en sa faveur ? Ou, plutôt, pourquoi sa nature spéciale et hors de pair n'appellerait-elle pas des lois d'un ordre à part ?

Quand il s'agit de combattre le libre arbitre, les matérialistes de nos jours concluent tout droit de la nécessité des lois naturelles à la nécessité du vouloir. Et ils se trompent : le monde physique a ses lois et la vie morale les siennes. Ils commettent une faute de logique tout à fait analogue, quand ils essaient de nier l'immortalité de l'âme humaine, au nom de la mortalité des êtres inférieurs. Là encore ils passent sans raison d'un genre à un autre ; là encore ils veulent, à tout prix et contre toute apparence, qu'il n'y ait dans les choses qu'un type d'activité et que ce type soit la forme la moins riche et la moins noble de l'universelle énergie.

## II

La science est aussi venue éclairer d'un jour nouveau l'argument que les matérialistes ont tiré en tout temps de l'origine des âmes.

Le spermatozoïde se comporte comme un animal : il se meut, il paraît avoir de la sensibilité et de l'instinct. De plus, dès qu'il est entré en conjugaison avec un ovule, commence une série de métamorphoses où se révèle une finalité merveilleuse et qui ne s'arrête que lorsque l'animal a pris sa forme définitive [1]. Il y a donc, et dès le début, un architecte intérieur qui travaille à cette sorte de pétrissage de la matière. Et cet architecte qui naît avec la vie, n'est-ce pas lui qui doit un peu plus tard sentir et désirer? N'est-ce pas lui, qui, lorsqu'il s'agit de l'homme, doit réfléchir, raisonner et vouloir? N'est-ce pas lui qui est déjà, bien qu'à l'état de développement imparfait, ce que nous appellerons ultérieurement du nom d'âme?

Mais, si les âmes sont déjà présentes aux spermes ou du moins aux ovules fécondés, d'où viennent-elles, ces nouvelles arrivées? Où est-ce qu'elles ont pris naissance, ces travailleuses actives dont la vocation est de tirer l'ordre du chaos? Il faut bien ou que chacune d'elles soit l'objet d'une création spéciale, ou qu'elles soient comme des parcelles de la substance des parents? Mais la première de ces deux explications paraît tout à fait invraisemblable, disent les tenants de la matière. On ne peut croire que Dieu descende de son ciel, chaque fois qu'il s'agit d'animer un embryon. Outre qu'une telle intervention est contraire à la dignité de la souveraine Providence, elle répugne aux données actuelles du savoir humain. Plus nous allons, plus nous constatons qu'entre le Créateur et nous il y a des causes secondes et que c'est par leur intermédiaire que tout se fait, au moins d'ordinaire. Dieu a soumis la nature à des lois; et ce sont ces lois qui

---

(1) Voir Ch. Debierre, *Manuel d'embryologie*, p. 130 et suiv., Octave Doin, Paris, 1886; — W. Preyer, *Physiologie spéciale de l'embryon*, 9ᵉ part., trad. Wiet, F. Alcan, Paris, 1887; — Abbé C. Piat, *la Personne humaine*, p. 180-181, F. Alcan, Paris, 1897.

traduisent à nos yeux son gouvernement. Reste donc que la parole du poète soit plus qu'une métaphore : reste que nos parents nous transmettent « le flambeau de la vie » avec la parcelle de matière d'où notre organisme doit sortir.

Cette hypothèse, ajoute-t-on, paraît d'autant plus probable qu'elle trouve une confirmation dans les phénomènes d'hérédité. On peut admettre à la rigueur que l'hérédité n'est pas encore une loi ; on peut admettre aussi que ses effets sont d'autant moins précis qu'elle s'éloigne davantage des propriétés organiques. Mais il est difficile aujourd'hui de soutenir qu'elle est étrangère de tous points à la vie psychologique elle-même. Les parents influent certainement par la génération sur l'intelligence, le cœur et la volonté de leurs enfants. Du moins, n'est-il pas contestable qu'ils leurs transmettent généralement, sous une forme ou sous l'autre, les défectuosités de leur être mental. Les passions, l'idiotie, la criminalité, la faiblesse et l'imbécillité morale viennent le plus souvent de la même source que la vie organique : on les reçoit avec le sang. Or, comment rendre compte de cette empreinte native, si profonde d'ordinaire qu'elle ne s'efface jamais entièrement ? Comment expliquer cette sorte de « prédestination naturelle » des âmes, si les parents restent étrangers à leur formation, s'ils ne font que leur livrer les fragments de matière qu'elles ont à transformer ?

Cette seconde argumentation me paraît plus précise, sinon plus pressante que la première, et il est bon de s'y arrêter.

Je reviens d'abord, pour y répondre, aux principes formulés plus haut. Toute conscience est absolument simple, toute conscience est indivisible. Et, par conséquent, il est impossible que l'âme d'un embryon quelconque provienne par scissiparité de l'âme même des parents. Une âme, si pauvre qu'elle soit de vie psychologique, ne peut se former à la manière dont une planète se sépare de son foyer : elle ne peut être l'effet d'un partage.

D'autre part, il est difficile d'admettre, quand il s'agit des espèces vivantes qui nous sont inférieures, que le Créateur intervient directement toutes les fois qu'il s'agit de l'éclosion d'un individu nouveau. Il faut donc que la matière recèle en ses profondeurs comme un germe de vie consciente, qui s'y trouve toujours à l'état virtuel et s'y développe sous l'influence de certaines conditions physiologiques; il faut que de telles conditions soient fournies par l'ovule une fois fécondé. C'est le même principe, c'est la même substance, comme l'a vu Aristote, d'où procèdent à la fois et l'extension et la vie sensitive qui se révèlent chez les animaux. Elle est au moins vraie de nos frères à quatre pattes, cette théorie indoue, d'après laquelle il y a dans la nature une âme immense, où s'alimente toute vie individuelle, qui pénètre dans chaque cerveau comme l'Océan dans les sinuosités de son rivage.

Mais en va-t-il ainsi de l'homme lui-même? Là est le point vif de la question et aussi son point délicat. Et, si la vie intellectuelle n'était qu'un perfectionnement de la vie sensitive, comme le pensent la plupart des évolutionistes; s'il n'y avait entre nous et les animaux qu'une différence de développement; si l'homme, en apparaissant dans le monde, n'y introduisait pas quelque chose d'absolument nouveau, d'irréductible aux formes inférieures de la conscience, on ne verrait vraiment pas pourquoi nos âmes ne pourraient point sortir, comme les autres, des énergies potentielles de la matière. Mais une telle supposition est diamétralement contraire aux données de l'expérience. Autant qu'on le peut savoir jusqu'ici, c'est brusquement et tout d'un coup que l'homme a paru sur la terre; on ne trouve pas d'ancêtres qui en aient annoncé et comme ébauché l'organisme; et cette rupture physique de continuité n'est que le symbole de la différence spécifique qui se manifeste entre l'activité des sens et celle de la raison. L'homme sait et se sait lui-même. Il transforme et dépasse les phénomènes; il atteint l'absolu et en emplit son âme. Son idéal intellectuel est un progrès infini, et son idéal moral la réalisation de la sainteté. Et ce seul fait change tout. Si l'homme est un être à part dans l'univers, si par le côté le plus noble de sa nature il ne se compare à rien autre, s'il possède une sorte de transcendance par rapport à tout le reste, pourquoi Dieu, qui fait tout avec poids et mesure, ne l'aurait-il pas distingué? Pourquoi n'aurait-il pas élevé son origine au-dessus de la loi commune? Et même, est-il possible qu'une pensée semblable à la nôtre jaillisse, comme la conscience sensible, des puissances de la matière? La matière est-elle assez riche de réalité pour envelopper à l'état latent un principe quelconque de vie rationnelle?

Il se peut donc, comme l'enseigne saint Thomas d'Aquin, que le fœtus humain traverse les degrés inférieurs de la vie, en vertu d'un principe qui se développe par l'influence du générateur ; il se peut qu'il soit d'abord seulement végétatif, ensuite tout à la fois végétatif et sensitif, et qu'enfin Dieu intervienne pour achever l'œuvre de la nature et crée dans l'organisme encore naissant une âme raisonnable qui devient l'unique source de sa vie [1]. « La créature est un instrument dans les mains de Dieu, et elle n'agit que dans certaines limites ; au delà de ces limites, elle ne peut rien, et l'Auteur suprême y supplée par son efficace toute-puissance [2]. »

Mais je mets les choses au mieux pour le plaisir des partisans de la matière : je suppose qu'ils viennent à démontrer qu'au point de vue de l'origine, il en est de l'âme humaine comme de l'âme animale ; qu'elle aussi se dégage à la longue des virtualités de l'embryon, qu'en pourront-ils conclure en faveur de leur système ? Rien encore de décisif. Il y a dans la nature une sorte de hiérarchie de formes. Ces formes, au fur et à mesure qu'elles s'élèvent, acquièrent une prédominance de plus en plus accusée sur le principe contraire qui leur est uni. Purement physiques dans le caillou, elles deviennent organisatrices dans la plante, conscientes dans l'animal et réfléchies dans l'homme : elles tendent vers un état d'émancipation complète. Mais, si tel est l'effort de la nature, pour-

[1] I, cxviii, 1.

[2] D. Mercier, *Cours de philosophie*, p. 454, F. Alcan, Paris, 1892 ; — voir aussi sur ce point A. Guibert, *les Origines*, p. 178-186, Letouzey, Paris, 1898.

quoi l'âme humaine, après avoir franchi tous les degrés
d'être qui lui sont inférieurs, ne monterait-elle pas plus
haut? Pourquoi n'arriverait-elle pas, après s'être conquise
elle-même, à conquérir une totale et définitive indépendance? Il n'est pas même nécessaire qu'elle atteigne à
cette pureté de vie, pour se retrouver elle-même après la
mort. Il se peut que, lorsque cette maison d'argile tombera, elle s'échappe de ses ruines traînant encore avec
elle comme une sorte de poussière lumineuse, dernier
indice de son esclavage. C'est là une hypothèse qu'avait
émise Origène, à laquelle Leibniz est revenu. Et pourquoi
non? Que pourrait inventer un matérialiste, pour montrer
la fausseté d'un tel sentiment?

### III

Les matérialistes s'appuient également, pour établir
leur thèse, sur l'intime union de l'âme et du corps. Et de
ce fait fondamental, ils tirent trois chefs de preuves, qui
ne sont pas nouveaux, mais qu'ils ont rajeunis, comme
les précédents, au contact des sciences expérimentales.

Ils observent, en premier lieu, qu'il existe une sorte de
parallélisme entre le développement de l'activité mentale
et celui de l'activité organique; et ils infèrent de là que
l'âme a dans la matière et son support et sa cause.

Mais le malheur veut que ce parallélisme n'ait rien
de rigoureux. On remarque bien, il est vrai, dans la
série ascendante que forment les invertébrés, une certaine
proportion entre le progrès de l'activité consciente et celui

du système nerveux. Les zoophytes n'ont guère que le sens du toucher. Les mollusques ajoutent à ce sens la vue, des rudiments d'odorat et d'ouïe et un commencement de vie instinctive, dont les manifestations ont parfois quelque chose d'assez surprenant. L'activité psychologique s'accroît ou du moins paraît s'accroître, lorsqu'on passe aux articulés ; et, dans cet embranchement lui-même, elle se développe de pair avec le ganglion cérébral. Les sangsues sont moins avisées que les écrevisses, et les écrevisses moins industrieuses que les araignées et surtout que les abeilles et les fourmis [1]. Mais cette proportion, que l'on ne connaît d'ailleurs que d'une manière approximative, ne se maintient pas quand on compare les vertébrés aux invertébrés. Les poissons par exemple, sont loin d'avoir l'ingéniosité des arachnides et des insectes.

On constate de même, dans chacune des cinq classes de l'embranchement des vertébrés, l'existence d'une certaine relation entre la grandeur du cerveau et le développement des facultés mentales. « Ainsi les poissons sont connus comme étant, en général, les moins intelligents de tous ces animaux ; et ce sont aussi ceux dont le cerveau est le plus petit, comparativement au volume total du corps. Chez les batraciens et les reptiles, le poids relatif de l'encéphale s'élève ; cette progression terme moyen se prononce davantage dans la classe des oiseaux ; enfin,

_____

(1) Fr. Leuret, *Anatomie comparée du système nerveux considéré dans ses rapports avec l'intelligence*, p. 7-211, J.-B. Baillière, Paris, 1839.

dans la classe des mammifères, la part du poids total de l'organisme qui est représentée par l'encéphale est encore plus grande. Ainsi Leuret, en réunissant toutes les données fournies par les observations de ses devanciers ou par ses recherches personnelles, trouva que terme moyen le poids de l'encéphale des mammifères constitue environ 1/186 du poids total de l'animal, tandis que chez les poissons le premier de ces poids n'atteint pas la 5000e partie du second. Mais, chez les diverses espèces appartenant à une même classe zoologique, il n'y a entre cette proportionnalité et le développement de la puissance mentale aucune relation constante. Le poids total du corps varie beaucoup plus que le poids de l'encéphale ; et d'ordinaire, plus l'animal est petit, plus son encéphale est grand comparativement au volume du corps. Ainsi, chez la souris, le corps entier ne pèse que quarante-trois fois autant que pèse l'encéphale, tandis que chez le chien cette proportion est comme 1 est plus à 300 ; que chez le cheval elle est dans le rapport de 1 à 700, et que chez le bœuf elle est parfois comme 1 est à 860[1]. »

Si l'on compare les cerveaux humains entre eux, l'on s'aperçoit aussi qu'ils donnent une mesure assez inexacte de l'activité mentale. A voir certains faits, on serait tenté de croire qu'il existe réellement une sorte d'équation entre le développement de l'encéphale et celui de la pensée. En général, les Blancs sont plus intelligents que les Nègres, et les Nègres à leur tour plus intelligents que

_______________

(1) Milne Edwards, *Leçons sur la physiologie et l'anatomie comparées*, p. 190-191, t. XIV, Masson, Paris, 1880-1881.

les Australiens. « Or, c'est aussi la race caucasique qui possède le cerveau le plus volumineux ; les races nègres lui sont inférieures à cet égard ; et ce sont les Australiens, qui, autant qu'on en peut juger par le petit nombre de faits connus, ont l'encéphale le moins développé [1]. » Les cerveaux des hommes célèbres sont le plus souvent d'un poids supérieur à la moyenne, qu'on fixe ordinairement à 1.326 grammes ; celui de Cuvier en pesait 1.830, et celui de Schiller 1.785. Au contraire, les idiots ont généralement un encéphale inférieur à la moyenne.

Mais ces observations ne suffisent pas à fonder une loi : elles se heurtent à d'autres observations du même ordre, qui en réduisent la portée. Raphaël et Voltaire avaient l'un et l'autre une petite tête. Le cerveau du minéralogiste Haussman ne pesait que 1.226 grammes ; celui de Gambetta ne dépassait pas 1.160 grammes, et se trouvait ainsi sur la limite où devrait, d'après certains savants, commencer l'idiotisme.

L'activité mentale ne correspond donc pas toujours au développement du cerveau ; et, de plus, elle ne lui est pas totalement contemporaine. « L'épanouissement de l'organe cérébral est prodigieux dans les premières années de l'enfance, alors que le progrès intellectuel est presque insignifiant. Six mois après la naissance, le poids a doublé ; à l'âge de deux ans, il a triplé. Il s'en faut que l'intelligence du petit enfant progresse d'un pas égal ; elle commence à poindre et à se développer sensiblement vers

_______________

(1) Milne Edwards, *Ibid.*, p. 185.

l'âge de sept ans, lorsque la croissance du cerveau semble au contraire se ralentir et se modérer [1]. » C'est de quatorze à vingt ans que cet organe atteint son maximum de développement. A partir de ce moment, il reste stationnaire pendant quelques années, pour commencer ensuite une évolution rétrograde qui ne se termine qu'avec la vie. Or, chacun le sait, la puissance intellectuelle a une manière assez différente de croître et de décroître : son apogée ne coïncide pas avec celui de la masse nerveuse qui lui est unie.

Ce qui semble encore plus significatif, c'est qu'on peut enlever aux oiseaux une très grande partie de leurs lobes cérébraux sans que leurs facultés mentales soient définitivement compromises. L'opération une fois faite, la partie de l'encéphale restante se tuméfie ; et, aussi longtemps que dure la congestion, toutes les facultés d'ordre psychologique demeurent suspendues comme dans les cas d'ablation complète du cerveau. Mais, quand la mutilation n'a pas été trop grave, l'animal ne tarde pas à se rétablir. La conscience s'adapte au nouveau milieu qui lui est fait et recommence à s'exercer à peu près comme auparavant. « On connait aussi des cas pathologiques dans lesquels une portion considérable de la substance cérébrale avait été détruite chez des personnes dont les facultés intellectuelles n'étaient pas beaucoup amoindries [2]. »

Impuissants à démontrer que l'activité mentale suit le

_______

(1) Albert Farges, *le Cerveau*, p. 144, A. Roger, Paris, 1892.

(2) Milne Edwards, ouvr. cité, p. 188 ; — Longet, *Anatomie et physiologie du système nerveux*, t. I, p. 668 et suiv.

développement du cerveau, les physiologistes ont entrepris d'établir qu'elle est en rapport avec l'abondance de la substance corticale. Et le problème, ainsi posé, devient plus intéressant, parce qu'il devient plus précis ; il a peut-être aussi plus de chance d'aboutir à une solution vraiment scientifique. Mais jusqu'ici les recherches, auxquelles on s'est livré, n'ont pas donné de résultats bien nets. L'enquête dure encore ; et, par conséquent, l'on n'est pas en droit de conclure.

On réussira peut-être un beau jour à montrer que la conscience est corrélative à la substance grise du cerveau ou bien encore à quelques-uns des organites que cette matière renferme. Et c'est le résultat auquel tendent, comme par degrés, les pesées et cubages qu'on a faits. Mais, quand même on arriverait à pareille découverte, la cause matérialiste n'en serait pas beaucoup plus solide. On pourrait toujours soutenir, dans ce cas, que l'âme humaine vient « du dehors », mais qu'elle s'unit au cerveau de manière à le compénétrer, qu'elle le façonne du dedans et par ce travail intérieur réalise peu à peu les conditions organiques qui préparent son propre développement. Une telle hypothèse, d'après laquelle la pensée et la matière se combinent sans s'identifier, expliquerait parfaitement la connexité de leur évolution. Et de plus, elle a l'avantage de ne pas être tout à fait gratuite : elle se fonde en partie sur les données les plus récentes de la physiologie.

Cl. Bernard affirmait que le développement du protoplasme suppose la présence d'une *idée directrice*, qui en est tout à la fois la cause et la fin. C'était, pour lui, une théorie fondamentale, sans laquelle on ne pouvait rien expliquer. Chevreul admettait également une force hyper-organique, qui produit et maintient le balancement des cellules innombrables, dont se composent les êtres vivants ; et telle est aussi l'opinion de Milne Edwards. « L'organisation du corps vivant, dit-il, n'est pas la cause de la puissance vitale que celui-ci possède, mais une conséquence des propriétés de cette force dont la modalité varie suivant la nature de l'être procréateur qui la fournit et dont la manifestation est subordonnée à son association avec de la matière organisable ; ou, en d'autres termes, la vie est une force organisatrice de la matière pondérable, et ses manifestations sont indépendantes du mode d'arrangement qu'elle y détermine [1]. » Voilà, de fait, l'interprétation la plus probable des cas observés jusqu'à ce jour ; et, cette interprétation une fois admise, on ne voit réellement pas pourquoi l'âme humaine sortirait de la matière : on ne voit pas sur quelles raisons l'on pourrait se fonder pour affirmer l'identité du physique et du mental. Cette identité est métempirique ; la science ne nous en dit rien, et la métaphysique nous laisse libres de la nier. Les scientistes seuls, les scientistes qui sont les pires ennemis de la science, s'arrogent le droit d'affirmer que tout est matière. Ils ont suivi le travail des savants par-dessus l'épaule ; ils l'ont observé à travers leurs lunettes « de dévots de la chair » ; puis, ils se sont présentés devant la galerie, en criant d'un air de triomphe : « Enfin, c'est fini

(1) Ouvr. cité, p. 265-266.

cette fois ; les faits parlent pour nous, la thèse est démontrée. » Et les naïfs les ont crus sur parole.

Le second argument que les matérialistes fondent sur l'union de l'âme et du corps, c'est que la vie mentale dépend tout entière de la vie organique. « Voici un homme qui, étant constipé, a des hallucinations, nous dit Emile Ferrière : comment expliquer ou même comprendre que l'âme, substance spirituelle, logée dans le cerveau, ait le délire et voie des fantômes, en un mot qu'elle perde son essence, à savoir, la raison, parce que certains résidus de la digestion séjournent dans le tube intestinal ? Cela est absolument incompréhensible ; c'est le comble de l'absurdité. Cinquante grammes de sulfate de magnésie sont introduits dans l'intestin ; et voilà la substance spirituelle, logée dans le cerveau, qui recouvre ses perceptions exactes, ses idées raisonnables, en un seul mot, son essence. Nouveau phénomène non moins étrange que le premier, aussi incompréhensible et aussi absurde [1].» Et il en va de même, toutes les fois que, pour une raison ou pour une autre, il se produit dans le cerveau un phénomène d'hyperhémie ou d'ischémie : quelques bulles d'oxygène en moins, un caillot de sang ou quelques granulations graisseuses en plus ; et voilà que notre conscience qui tout à l'heure s'exerçait à son aise, s'obscurcit, se trouble et disparaît. Pas une représentation, pas une émotion, pas un désir, pas une volition, pas un seul mode de notre vie intérieure, pour élevé qu'il paraisse, dont l'intensité et

____

[1] *La vie et l'âme*, p. 214, F. Alcan, Paris, 1888.

même l'existence ne s'expliquent par un état organique.
Il faut donc bien que l'âme n'ait qu'une activité d'emprunt ;
il faut qu'elle tire de son corps tout ce qu'elle a d'énergie.
Ainsi l'exige « la force de fer de la logique » : toute idée est
enchaînée à quelques figures matérielles. La foi et l'amour
ne sont que des distillations subtiles de ce qui se trouve à
l'état de dilution dans la bière et les côtelettes de mouton.
La voix de celui qui criait dans le désert n'était qu'une
métamorphose de sauterelles et de miel sauvage ; et toutes
les luttes morales de l'humanité se peuvent comparer aux
grincements d'une machine. La vraie réalité, c'est la
matière.

Tel est le langage que tiennent un très grand nombre
de psycho-physiciens. Et il faut bien l'avouer avec M. Balfour, on est loin, à l'heure actuelle, de Descartes et de
Malebranche ; « la marche des découvertes a prodigieuse-
ment accru notre sentiment de dépendance à l'égard de la
matière [1] ». Mais il ne reste pas moins vrai que, si intime
et si perpétuelle que soit cette dépendance, l'on n'en peut
rien inférer d'efficace au profit de l'hypothèse matérialiste.

Ceux qui arguent de l'influence du physique sur le mental se placent à un point de vue trop exclusif. Partis de
cette idée qu'il n'y a de connaissable que ce qui se mesure,
ils s'en tiennent à la méthode objective : ils n'étudient la
conscience que dans ses équivalents organiques, ils ne
cherchent la pensée que dans le mouvement. Et alors,
quelle merveille à ce qu'ils n'en puissent découvrir ni la

(1) *Les Bases de la croyance*, p. 282, Montgrédien, Paris, 1897.

réalité, ni la nature, ni la surprenante fécondité ? quelle merveille à ce qu'ils finissent par n'y plus voir qu'un simple « épiphénomène » ? S'ils appliquaient leur procédé avec rigueur, s'ils étaient conséquents, ils devraient conclure qu'elle n'existe à aucun titre, qu'il n'y en a pas plus en nous que dans un caillou. Que l'on élargisse un peu cette méthode, qu'on la fasse aussi vaste que la réalité, que l'on consente à se regarder du dedans en même temps que du dehors, et l'on verra peut-être que nous portons en nous-mêmes une énergie sans cesse en travail, qui tient, il est vrai, à certaines conditions physiques, mais qui, une fois ces conditions données, vit, pense, souffre et jouit, délibère, veut et meut d'elle-même et pour son propre compte. On verra peut-être que, si cette énergie qui fonde notre personnalité dépend de l'organisme, l'organisme à son tour dépend d'elle ; on trouvera peu à peu que, si la matière est active, la pensée l'est aussi et infiniment plus.

C'est donc un fait que l'on ne nie qu'en vertu d'un sous-entendu systématique, où la science n'a rien à voir : il existe en nous deux principes qui sans cesse agissent et réagissent l'un sur l'autre ; l'âme et le corps sont choses profondément distinctes. Et dès lors, qui pourra nous dire si c'est l'âme qui vient du corps ou le corps qui vient de l'âme ? Bien plus, qui pourra savoir s'il existe entre ces deux réalités si étrangement hétérogènes un rapport quelconque d'origine ? n'est-ce pas contre les nues que l'on se bat, quand on essaie de pénétrer de tels problèmes à la lumière de la métaphysique ? Et ne serait-ce pas un vrai progrès que de renoncer une bonne fois pour toutes à les résoudre par voie purement déductive? On est encore beaucoup trop rationaliste, me semble-t-il, dans ce siècle d'hypercritique ; et il serait bon de se souvenir plus souvent que la dernière démarche de notre esprit est toujours un aveu d'impuissance. Il y a des limites que notre pensée ne dépasse pas : il y a une région du mystère qui est immense. Et les chercheurs perdront d'autant moins de temps qu'ils en prendront plus nettement leur parti.

C'est sur la division du travail mental que les matérialistes édifient leur troisième preuve psycho-physiologique ; et cette preuve a une signification spéciale : elle porte moins sur la réalité que sur la simplicité du principe conscient.

« Le monde de la pensée se subdivise en provinces dont chacune a ses attributions caractéristiques [1]. » C'est ce que nous révèle l'étude du sommeil. Ce phénomène, si familier et si mystérieux tout à la fois, peut être général ou partiel ; « et d'ordinaire c'est progressivement que son influence s'étend sur des facultés mentales différentes. Certaines d'entre elles sont déjà plus ou moins complètement suspendues lorsque d'autres continuent encore à se manifester ; et quand le sommeil est accompagné de rêves, l'indépendance relative des diverses aptitudes de l'esprit devient encore plus évidente, car l'être endormi, tout en ayant ni volonté ni conscience des excitations pro-

(1) Auguste Laugel, *les Problèmes de l'âme*, p. 38, Germer Baillière Paris, 1868.

duites sur lui par les agents extérieurs, est susceptible
d'éprouver des sentiments variés, et son imagination peut
travailler d'une manière très active. » « Le pouvoir psychique dont dépendent la formation des idées et leur
association est distrait de la raison aussi bien que de la
volonté. Chez le dormeur qui fait un rêve, de même que
chez les aliénés, le cerveau semble n'être apte qu'à travailler partiellement, comme si quelques-unes des parties
de cet appareil étaient hors de service, tandis que d'autres
fonctionnent sans contrôle et plus activement même que
dans l'état normal[1]. » Il arrive aussi, dans la folie, que
le tissu logique des pensées se rompt et de la manière
la plus étrange. Il y a des monomanes qui raisonnent à
souhait, chaque fois qu'il s'agit de réaliser leur idée
favorite et qui sont fous sur tout le reste : c'est ce que
Maudsley a bien fait voir[2]. Par contre, certains aliénés
pensent et parlent comme le commun des hommes,
excepté sur un point d'où vient tout leur mal. Dès qu'ils y
touchent, ils se mettent à divaguer de la plus belle façon.
Il y a des fous qui sont capables de faire visiter leur
maison de santé avec une présence d'esprit et une cour-
toisie irréprochables; puis, arrivés à la conciergerie, ils
vous disent tout d'un coup et avec le plus grand sérieux :
« Monsieur, vous savez que je suis roi » ; ou bien encore :
« Je ne veux pas vous laisser ignorer que je suis le Fils de
Dieu. » Et, si l'on y regardait de bien près, on constate-
rait dans le sommeil lui-même des anomalies analogues,

_________

(1) Milne Edwards, ouvr. cité, t. XIV, p. 160-161.
(2) *Le Crime et la folie*, p. 196-206, F. Alcan, Paris, 1885.

bien que moins accusées. Le sommeil est un état normal où s'ébauchent toutes les formes de la folie.

La division du travail mental apparaît sous un nouveau jour et d'une manière plus précise, lorsqu'on étudie les fonctions du cerveau. « On trouve par l'embryogénie, disait déjà Broca, que les cinq lobes de chaque hémisphère (le frontal, le pariétal, le temporal, l'occipital, l'insula) sont des organes distincts et indépendants. Or je ne puis me défendre de croire que des organes distincts ont des fonctions distinctes[1]. » Cette vue de l'esprit est devenue un fait. On sait aujourd'hui que l'écorce cérébrale se divise en un certain nombre de zones fonctionnellement distinctes et qu'à chacune d'elles correspond une forme spéciale de la vie consciente. Visions et visions verbales; auditions et auditions de mots; sensations du goût et sensations de l'odorat; langage articulé; écriture; mouvements du tronc; mouvements conjugués de la tête et des yeux; mouvements de la face; mouvements de la bouche; mouvements de la langue; mouvements de la cuisse; mouvements du genou; mouvements de la cheville; mouvements du gros orteil; voire même mouvements des petits orteils : autant de catégories de phénomènes ou qui se passent tout entiers dans la conscience ou qui, du moins, y prennent leur point de départ; autant de catégories de phénomènes aussi, qui trouvent dans les circonvolutions du cerveau leurs conditions d'existence. Il y a un centre cérébral pour chaque

(1) *Bulletin de la Société d'anthropologie*, vol. II, p. 195.

espèce de sensations; il y a un centre cérébral pour chaque
espèce de mouvements. Qu'on excite l'un de ces centres
et l'excitation retentit dans tous les phénomènes corres-
pondants; qu'on le supprime, et ces phénomènes sont
supprimés du même coup, sinon pour toujours, du moins
pour un certain temps; et, quand ils réapparaissent, ce
n'est jamais avec la même sûreté et dans la même harmonie[1].

Entre ces aires fonctionnelles, qui sont ou sensorielles
ou psycho-motrices, Flechsig a découvert tout récemment
des aires d'un ordre supérieur, dont le rôle serait de concourir soit à la formation, soit à la synthèse des idées
générales. Ces centres nouveaux, distincts des autres par
leur caractère histologique et leur caractère embryogé-
nique, ont pour sièges principaux les lobes frontaux, l'insula de Reil, une partie du lobe temporal et une partie du
lobe occipital[2]. Ainsi la pensée rationnelle dépendrait
directement de certains organes, aussi bien que la
sensibilité ou l'effort musculaire. Quand nous raisonnons
bien, quand nos idées se développent dans la lumière,
c'est que certaines cellules qui leur sont liées se prêtent
par leur mouvement à ce bel ordre intérieur. Au contraire,
sommes-nous atteints de ramollissement ou de démence,
c'est que les mêmes cellules ont subi quelque influence

(1) Voir M. de Fleury, *Introduction à la médecine de l'esprit*,
p. 191, F. Alcan, Paris, 1897 ; — Dr Ferrand, Annales de philosophie
chrétienne, *les Localisations cérébrales*, septembre 1897.

(2) Flechsig, *Gehirn und seele*, rede gehaltenam 31 october 1893,
in der universitätkirche zu Leipzig, Leipzig, 1896 ; — Van Gehuchten,
professeur à l'Université de Louvain, *Système nerveux*, 32e leçon,
p. 697-705, A. Uystpruyst, Louvain, 1897.

perturbatrice et n'exécutent plus leur ronde accoutumée.

En outre, les fonctions qui se rattachent à ces centres cérébraux ne sont pas absolument unes, comme on serait tenté de le croire à première vue ; on a déjà constaté que la plupart d'entre elles se démontent pièce par pièce, comme une boîte à musique.

Les cas d'aphasie totale sont rares ; d'ordinaire, cette maladie est partielle, et c'est à des degrés indéfiniment divers qu'elle s'accuse comme telle. Il y a des aphasiques qui ne sont arrêtés que par quelques lettres de l'alphabet ou quelques chiffres. D'autres ont perdu toute une classe de mots, par exemple, les noms propres, les substantifs, ou les verbes ; d'autres ne savent plus prononcer que les termes techniques de la profession qu'ils exerçaient. On en trouve qui de toute la richesse du passé n'ont gardé qu'un mot piqué comme une ruine dans le champ désert de leurs souvenirs. Il y avait autrefois, à la Salpêtrière, une vieille femme qui ne savait plus que dire : « Queue, queue » ; c'est par ce monosyllabe qu'elle exprimait toutes ses pensées, toutes ses émotions, tous ses désirs. Le poète Baudelaire, atteint d'aphasie, n'avait conservé de son vocabulaire qu'un gros juron. J'ai connu moi-même une personne de la campagne qui répondait invariablement à toutes les paroles qu'on lui adressait : « Combien, oh ! combien ! »

Il existe aussi des aphasiques qui ne parlent plus du tout, et qui peuvent encore « chanter une mélodie, même avec les paroles [1] ». L'aphasie n'entraîne pas nécessaire-

(1) *L'année psychologique*, p. 878, F. Alcan, Paris, 1896.

ment l'amusie qui, à son tour, peut être plus ou moins incomplète.

Enfin, certains aphasiques ne présentent plus aucun indice de spontanéité ; ils ne parlent plus d'eux-mêmes, mais ils répétent encore ce qu'on leur dit[1]. Et ces répliques toutes réflexes déterminent parfois des associations de mots assez étranges. « A la dernière syllabe du mot entendu et répété s'ajoutent les dernières syllabes d'un mot étranger à la phrase ; entendant une phrase qui se termine par Lisbonne, le sujet reprend : Lisbonne d'enfant fan la Tulipe[2]. » Les mots, en tant que sons, ont leurs associations propres, qui se fondent sur l'allitération, l'assonance ou la rime : ils tendent par eux-mêmes à s'évoquer les uns les autres ; et lorsque la réflexion n'est plus là pour en régler le cours, cette tendance se donne libre carrière[3].

Quand les aphasiques guérissent, c'est aussi par additions successives que l'état normal se rétablit d'ordinaire. Chez les polyglottes, « dont les centres corticaux n'ont pas été réellement détruits, mais ont simplement présenté un état général d'inertie fonctionnelle, on remarque que l'amélioration suit l'ordre suivant :

1° Le malade récupère d'abord les langues qui lui étaient les plus familières ;

(1) Lichtheim, *on Aphasia*, Brain, p. 447, janvier 1885.

(2) Ch. Féré, *le Langage réflexe*, Revue philosophique, p. 40, janvier 1896.

(3) L. Dugas, *le Psillacisme et la pensée symbolique*, p. 78, F. Alcan, Paris, 1896.

2° Il commence à les comprendre avant de savoir les parler [1]. »

On constate des cas de désagrégation analogues dans le centre de l'écriture, et dans les centres d'où dépendent la vision et l'audition verbales.

Il y a des agraphiques qui ne peuvent écrire qu'un petit nombre de mots, leur nom, par exemple. Il y a des sujets, atteints de cécité verbale, qui ne reconnaissent plus les mots, et reconnaissent encore les lettres ; d'autres qui ne reconnaissent ni mots ni lettres, mais qui traitent avec la familiarité habituelle les figures et les chiffres. D'aucuns polyglottes souffrent d'une cécité verbale, qui se borne à l'une des langues qu'ils ont apprises, ou même à quelques termes de cette langue; certains malades n'ont oublié que la signification des notes musicales. Et je ne cite ici que quelques cas que je prends au hasard ; il en est d'autres qui montrent que la machine cérébrale a d'autres manières de se disloquer. Les recherches d'ailleurs, continuent, et il est très probable qu'elles nous ménagent de nouvelles surprises.

## IV

Ainsi s'accuse le progrès de la psychologie. Et les matérialistes en infèrent sur-le-champ qu'il y a autant de consciences que de cellules corticales, que l'âme est une

---

(1) Pitres, *Étude sur l'aphasie chez les polyglottes*, Revue de méde-cine, n° 11, 1895 ; — *Année philos.*, p. 881, 1896.

hiérarchie de petites pensées et que, partant, elle se fragmente comme la matière elle-même.

Mais qui ne voit qu'une telle conclusion est d'une
logique un peu simpliste ? Ce que l'expérience extérieure
exige, ce n'est pas que l'âme soit radicalement divisible ;
ce que l'expérience extérieure exige, c'est que l'âme, tout en
restant une substance, s'épanouisse en un certain nombre
de fonctions et que chacune de ces fonctions devienne
coextensive à une zone spéciale du cerveau. Or, cette multiplicité modale dans l'unité de l'être psychologique est
mystérieuse, sans nul doute. Mais elle ne l'est pas plus,
à coup sûr, que les fonctions cérébrales; elle ne l'est pas
plus que la forme bizarre des neurones et la propagation
des ondes nerveuses ; elle l'est moins, sans contredit, que
la production de l'indivisible par le divisible, de l'iné-
tendu par l'étendu. En outre, supposer que l'âme se
peut déployer et sous différentes formes à la fois, ce n'est
pas forger une hypothèse tout à fait gratuite. Cette hypothèse trouve son fondement dans la réalité elle-même. N'y
a-t-il pas et dans les cristaux, et dans les plantes, et dans
les animaux, et dans l'homme lui-même une force initiale
et directrice qui compénètre la matière, qui « l'agite » du
dedans et la pétrit, qui s'y différencie de plus en plus au
fur et à mesure que l'on s'élève d'un règne à l'autre ?
Est-ce que nous ne situons pas nos plaisirs et surtout
nos souffrances en différentes parties de notre organisme ? Est-ce que chacun de nous n'a pas des représentations étendues ? Est-ce que chacun de nous ne projette
pas ces représentations elles-mêmes à travers l'espace ?

Chacun de nous n'a-t-il pas à tout moment le sentiment de
l'étendue de son propre corps ? Et comment expliquer ces
faits, si la conscience, tout en gardant son unité fondamentale, ne tire de ses énergies plusieurs modes d'action et ne devient présente en même temps à différentes
portions de l'espace ? Comment expliquer ces faits, si
l'âme ne peut multiplier ses fonctions sans se multiplier
elle-même ? εν επι πολλοῖς : c'était la devise de Platon,
et cette devise n'a rien perdu de sa profondeur.

Non seulement l'expérience extérieure n'exige pas la
conclusion qu'en tirent les matérialistes, mais encore elle
lui donne un certain démenti. On a vu plus haut que les
pigeons et les poules, auxquels on a enlevé une partie
considérable de leurs hémisphères cérébraux, retrou-
vent au bout d'un certain temps leur activité mentale.
Les chiens, privés de leurs centres moteurs, perdent
d'abord toute conscience. Puis, quelques jours après, ils
reviennent à eux-mêmes et, au bout de quelques semai-
nes, ils recouvrent, au moins en partie, la faculté de se
mouvoir. Sans doute, ils sont moins sûrs d'eux-mêmes et
moins adroits qu'auparavant : ils vont à la manière des
coqs, ils ne savent plus se servir de leurs pattes antérieures pour ronger un os. Mais ils ont réappris à marcher,
à boire et à manger[1]. Le chien connu des physiologistes
sous le nom de Frech avait subi des mutilations si profondes, que son cerveau ne pesait plus que vingt-sept
grammes : on lui avait enlevé successivement toutes les

(1) Frederic Goltz, *Archiv für die gesammte physiologie*, xiv, 125,
2ᵉ Mémoire, 1876.

zones motrices et sensibles de l'écorce cérébrale. Or ce chien n'avait aucune partie de son corps qui fût totalement anesthésique : il n'était ni aveugle ni sourd ; il odorait et goûtait encore; on remarquait seulement que toutes les fonctions de sa sensibilité générale et spéciale étaient devenues obtuses : l'animal ne savait plus les utiliser pour l'entretien et la défense de son existence[1]. On sait aussi que, lorsque le centre fonctionnel de Broca subit une lésion, il tend à se rétablir à droite. Il y a donc une force qui ne disparaît pas avec les zones cérébrales, qui est assez indépendante pour leur survivre, assez riche d'activité pour leur créer des suppléances. Du moins, c'est là une interprétation vraisemblable et que l'on a le droit d'admettre jusqu'à concurrence d'une autre interprétation mieux établie.

On ne voit nulle part de conflit réel entre les données de la conscience et les données de la science relativement à la simplicité du *moi*. La conscience nous dit que notre esprit est indivisible en son fond, divisible en surface et coextensif à certaines parties de notre organisme; la science respecte le premier de ces témoignages et précise les deux autres. L'observation intérieure et l'observation extérieure ne se contredisent pas; elles se prêtent un mutuel concours.

Si la cause matérialiste ne gagne rien aux découvertes que l'on a faites de nos jours sur la division du travail mental, il en va tout autrement de la psychologie. D'abord,

(1) Jules Soury, *les Fonctions du cerveau*, p. 41, Bureaux du *Progrès médical*, Paris, 1892.

ces découvertes révèlent mieux jusqu'à quel point peuvent aller la multiplicité et l'indépendance réciproque des fonctions psychologiques : jamais l'activité de l'âme n'avait paru si riche de souplesse et si variée. De plus, on voit aujourd'hui dans une lumière nouvelle qu'il existe entre le physique et le mental une limite à laquelle on ne peut atteindre ni par le dedans ni par le dehors : Jamais l'inconscient n'avait pris en notre être une position aussi redoutable. Enfin, l'on a réussi à mieux circonscrire les conditions, pourtant si mystérieuses encore, d'où dépendent les défaillances de la vie rationnelle. 1° Pendant le sommeil, les images circulent assez souvent comme à l'ordinaire : elles continuent leur défilé, lorsque l'intelligence et la volonté sont déjà totalement neutralisées, ou ne conservent plus qu'une impuissante énergie. Il faut donc que ces deux facultés supérieures aient une manière à elles de s'endormir, une cause de fatigue qui ne tient pas au cours des représentations sensibles. 2° La folie consiste à ne plus se posséder soi-même. Or, cet état étrange, qui est la plus grande humiliation de l'homme, ne s'explique pas non plus par un simple désordre des fantômes qui peuplent notre imagination. Notre raison ne se trouble pas, parce que nous passons tout à coup d'une campagne ensoleillée dans le fond d'une caverne ; elle ne se trouble pas davantage, parce que nous arrêtons notre regard sur le brasier d'un haut-fourneau, ou que nous voyons tourner une roue avec une rapidité telle que nous n'en pouvons plus distinguer ni les rayons ni les jantes. Que le champ de notre sensibilité se rétrécisse ou s'élargisse, que tout s'y passe dans l'ordre ou tombe dans une sorte de chaos, nous ne cessons pas, pour ce motif, de nous appartenir à nous-mêmes. Nous disons alors : « Je ne vois pas, ou je vois moins bien ; » et, en cela, nous ne faisons qu'affirmer le plein usage de notre raison. Il faut donc que les troubles de l'entendement et de la volonté aient des conditions qui leur soient spéciales ; il faut que les causes de la folie soient quelque chose de plus profond qu'une perversion de la vie sensitive. 3° Quelles sont ces causes ? C'est une question qu'il ne semble pas encore possible de résoudre. L'étude des localisations cérébrales se poursuit et c'est de là, sans doute, que la lumière finira par sortir. Mais on peut le dire dès maintenant : il ne faudrait pas s'étonner outre mesure, si l'on venait à découvrir un beau jour et pour tout de bon que la folie dépend directement de certaines conditions cérébrales.


## V


Deux conséquences principales découlent de cette discussion métaphysique sur le dedans et le dehors de l'être humain.

La première, c'est qu'il paraît difficile, à l'heure actuelle, de prouver la spiritualité de l'âme, en se fondant sur l'analyse ontologique de ses opérations. Que l'on considère les passions, l'idée ou l'acte libre, on se heurte toujours à l'inconnaissable avant d'avoir touché la frontière de l'être mental ; et, par conséquent, l'on n'a nul moyen de savoir par une telle méthode si l'âme est radicalement distincte de tout le reste ou s'y rattache de quelque manière.

La seconde conséquence, c'est que l'on démontre encore moins la dépendance essentielle de l'âme à l'égard de la matière en faisant l'analyse ontologique des phénomènes matériels. La petitesse physique de l'homme n'empêche pas sa grandeur morale ; et l'âme, bien qu'intimement solidaire du corps, n'en est pas moins un principe de vie distinct, indivisible et permanent. Personne, par conséquent, ne peut affirmer sérieusement qu'elle ne porte pas en elle-même l'énergie voulue pour survivre à l'organisme. Il faudrait, pour légitimer une telle affirmation, pénétrer jusqu'à la division de la chair et de l'esprit. Or, l'étude de la matière, de quelque manière qu'on l'entreprenne, ne mènera jamais jusque-là.

Est-ce à dire que le spiritualisme et le matérialisme soient deux hypothèses qui se valent ? Nullement ; bien loin de là ma pensée. Le matérialisme ne se fonde que sur l'ontologie de la matière ; et cette ontologie n'aboutit pas : il est donc condamné. Le spiritualisme, au contraire, n'a pas épuisé ses ressources quand l'ontologie de l'âme est achevée. Il lui reste la finalité, il lui reste la téléologie ; et c'est de là, c'est de ce point de vue nouveau qu'on voit blanchir l'aube matinale.

# LIVRE III

## CROYANCES

---

## CHAPITRE PREMIER

### LA LOI DE FINALITÉ

« Whatever is, is right [1], » disait Alexandre Pope avec une imperturbable assurance. Et cette parole est d'une fierté toute stoïque. Mais il devient de plus en plus difficile d'y voir une fidèle expression de la réalité. Le désordre se révèle partout à côté de l'ordre : il s'y mêle sous toutes les formes et s'y fixe comme un chancre. C'en est fait pour longtemps de cet optimisme systématique, d'après lequel le monde, tel qu'il est, est le meilleur des mondes possibles.

### I

« La nature, écrit Stuart Mill, empale les hommes, les brise comme sur la roue, les livre en pâture aux bêtes féroces, les brûle vifs, les lapide, comme on fit au premier martyr chrétien, les fait mourir de faim, geler de froid, les empoisonne par ses exhalaisons comme par des

(1) *Essay on Man*, p. 42, London, 1748.

poisons foudroyants ou lents ; elle tient en réserve par centaines des genres de mort hideux que l'ingénieuse cruauté
d'un Nabis ou d'un Domitien n'a jamais surpassés. Tout
cela, la nature le fait avec la plus dédaigneuse insouciance aussi bien de la pitié que de la justice, épuisant
ses traits indifféremment sur les meilleurs et les plus
nobles comme sur les plus chétifs et les plus méchants,
sur ceux qui sont engagés dans les entreprises les plus
généreuses, et souvent comme conséquence directe des
plus généreuses actions. Elle fauche ceux dont l'existence
est le soutien de tout un peuple, et peut-être l'espérance
de l'humanité pour des générations à venir, avec aussi
peu de regret que ceux dont la mort pour eux-mêmes est
un soulagement et un bienfait pour les individus qui
subissaient leur dangereuse influence. Voilà comment la
nature traite la vie. Alors même qu'elle n'entend pas
tuer, elle inflige les mêmes tortures avec une insouciance
évidente. Dans la précaution malhabile qu'elle a prise
pour assurer le renouvellement perpétuel de la vie animale que rend nécessaire la prompte fin qu'elle met à la
vie de chaque individu, nul être humain ne vient au
monde qu'un autre ne soit à l'instant mis à la torture pour
des heures ou des jours, et assez souvent pour en mourir.
Après le meurtre, vient (ce qui, d'après une haute autorité,
est la même chose) l'acte qui ôte les moyens d'existence ;
la nature le fait sur la plus large échelle avec l'indifférence la plus endurcie. Il suffit d'un seul orage pour
détruire l'espoir de l'année. Une invasion de sauterelles,
une inondation ravagent une contrée ; une modification

chimique insignifiante survenue dans une racine alimen-
taire fait périr de faim des millions de gens. Les flots de
la mer, semblables à des voleurs de grands chemins, s'em-
parent des trésors des riches et du peu que possèdent les
pauvres, non sans dépouiller, blesser, tuer comme leurs
antitypes humains. Bref, tout ce que les pires des hommes
commettent soit contre la vie, soit contre la propriété,
s'accomplit dans de plus vastes proportions par les agents
naturels. La nature a des noyades plus fatales que celles
des Carrier; ses explosions de feu grisou sont plus destruc-
tives que celles de l'artillerie de l'homme; sa peste et son
choléra laissent bien loin derrière eux les poisons des
Borgia[1]. » Cette page poignante nous donne peut-être de
la réalité une esquisse trop assombrie : elle tend à nous
faire prendre pour la règle ce qui n'est qu'une exception.
Mais elle n'en procède pas moins d'un sentiment profond
de l'inachèvement des choses. Elle met dans un relief
puissant un fait aussi étrange qu'indéniable : c'est qu'il y
a d'immenses et multiples lacunes dans l'adaptation du
monde physique aux conditions de la vie.

Le spectacle ne devient pas plus réjouissant, lorsqu'on
regarde à la manière dont les êtres vivants se traitent
entre eux. Sur ce domaine nouveau, c'est « l'état de
nature » qui domine; c'est la guerre qui l'emporte, une
guerre permanente, universelle, inextinguible. La plante
dispute à la plante sa place à la lumière, et l'étouffe de son
étreinte. La fleur fait tomber la fleur avant qu'elle ait pu

______

(1) *Essais sur la religion*, p. 27-28; F. Alcan, Paris, 1884.

donner son fruit, et l'animal dévore l'animal. D'un bout à l'autre des vastes forêts que la main de l'homme n'a pas encore défrichées, du fond de l'immense Océan à sa surface, c'est un carnage de tous les instants, un entremangement général. Une énorme baleine agonisait un jour sur les bords de la mer; un crabe était monté sur sa tête et lui dévorait paisiblement l'œil droit, pendant qu'elle était secouée par les spasmes de la mort. Voilà l'une de ces scènes qui se passent à tout moment et dans la nature entière. Le fort se nourrit du faible, l'habile du maladroit, le valide de celui que la souffrance a déjà terrassé. Et telle est la loi : « les vivants ne subsistent qu'à condition de devenir le tombeau de milliers d'autres vivants ; leur conservation est une longue série de martyres [1]. » Belle est la voûte du ciel ; belles sont les forêts, les montagnes et les vallées ; enivrante aussi la grâce du printemps : il semble qu'il n'y ait que des fruits d'or à l'arbre de la vie. Mais, sous ces apparences qui convient au plaisir, se cachent la cruauté, l'angoisse et la souffrance. Jusques dans la corolle des fleurs qui nous sourient, jusques dans le rayon de lumière qui charme nos regards, la lutte à mort continue sans trêve ni pitié.

Il semble que l'homme, doué de raison, ait dû apporter sur la terre un principe de concorde. N'est-il pas né pour établir le règne de la paix ? Son rôle naturel n'est-il pas de faire l'harmonie en lui et autour de lui ? Mais il n'en

_________

(1) Schopenhauer, *Le monde comme volonté et représentation*, t. III, p. 392, trad. Burdeau, F. Alcan, 1890 ; I Band, II Buch, S. 166-167, Leipzig, 1844.

est rien ou presque rien pour qui prend la peine de consulter l'expérience. L'histoire de l'humanité est surtout faite de pillages que l'on a décorés du beau nom de conquêtes, d'incendies, de meurtres, d'émeutes, de larmes et de sang. C'est la force qui donna jadis à Alexandre la Grèce et une partie de l'Orient ; c'est la force, savamment et patiemment appliquée, qui a fait l'empire Romain ; c'est la force aussi qui peu à peu a formé ces grandes nations qui se partagent à l'heure actuelle le continent européen. Qui nombrera ce qu'il a fallu de tueries, de violences et de fourberies pour façonner ces vastes et puissants organismes dont les moindres mouvements retentissent dans le monde entier ? Même de nos jours, et malgré la source d'infinie mansuétude que le Christ, depuis plus de dix-huit siècles, a ouverte sur le monde, rien n'est si profondément changé à la marche des choses. Un tiers de la famille humaine vit encore dans un état perpétuel de guerre et de brigandage ; et les deux autres tiers, que l'on tient pour civilisés, ne le sont en fait qu'à fleur de peau. L'Europe ne demeure en paix que parce qu'elle est sillonnée de murailles d'airain d'où l'on peut, quand on le voudra, vomir la flamme et la mort. Que ces murailles viennent à s'ébrécher sur un point, et l'on verra une fois de plus ce que vaut la probité : on verra si les hommes manqueront d'excellentes raisons pour commencer derechef à s'entr'égorger. La même impuissance du sentiment de l'ordre se manifeste également dans la vie intérieure des peuples. Le sabre et la prison, voilà ce qui maintient le respect et la liberté ; voilà ce qui explique que la société ne devient pas un coupe-gorge et un mauvais lieu. « Ne pouvant faire que ce qui est juste fût fort, on a fait que ce qui est fort fût juste ; » et encore n'y a-t-on qu'incomplètement réussi. « Car, si la justice sans la force est impuissante, la force sans la justice est tyrannique [1]. » Dès qu'un gouvernement acquiert une puissance manifestement supérieure à celle de ses gouvernés, tous les droits de l'individu se trouvent menacés du même coup : il n'est rien de si sacré qui ne coure risque d'être un jour ou l'autre brutalement atteint et supprimé. Et il ne reste plus alors qu'à « justifier la force, afin que le juste et le fort soient ensemble et que la paix soit qui est le souverain bien [2] ». Chose étrange, plus étrange encore que tout le reste, on n'aurait pas de peine à constater une anarchie analogue dans la conscience même de chaque individu. Nous ne sommes nullement à la hauteur de notre idéal : l'humanité n'existe guère en nous que pour servir l'animalité ; et c'est là le désordre radical, celui dont tout les autres procèdent, comme de leur principe.

## II

Tout n'est donc pas pour le mieux ;

> Éléments, animaux, humains, tout est en guerre.
> Il faut bien l'avouer, le *mal* est sur la terre [3].

(1) Pascal, *Pensées*, p. 86, éd. Ernest Havet, Delagrave, Paris. 1875.
(2) *Ibid.*, p. 85.
(3) Voltaire, *Poème sur le désastre de Lisbonne*, 12, poésies, I, p. 185, Dupont, Paris, 1825.

Et ce mal est tel que l'humaine raison n'en peut fournir aucune explication pleinement satisfaisante. On peut
dire, il est vrai, que le désordre n'est pas si profond
qu'il en a l'air, puisque le monde subsiste, puisque la vie
s'y manifeste sous toutes les formes imaginables et avec
une intarissable fécondité, puisqu'il n'est pas une goutte
d'eau, pas une bulle d'air où ne fourmille comme à l'envi
tout un peuple d'infiniment petits. On peut ajouter avec
autant de raison que le caractère dominant et dominateur
de la nature, c'est la finalité ; que les cas de désordre ne
s'y produisent qu'à titre d'anomalies ; que « ces anomalies elles-mêmes concourent toujours de quelque
manière à l'harmonie générale du monde [1] ». Mais ces
remarques, qui diminuent la difficulté du problème, sont
loin de la supprimer tout entière. D'où vient que la guerre
est nécessaire à la paix, la souffrance au bonheur et la
mort à la vie ? D'où vient qu'il faut un tel débordement
d'injustices pour conduire à la justice, et tant de barba-
ries de tous genres pour faire surgir sur la terre la fleur
de la bonté ? Pourquoi « toute créature est-elle dans
l'enfantement » jusqu'à ce que se fasse la révélation de la
gloire et que commence le printemps éternel ? Il y a donc,
au fond de la nature actuelle, un principe toujours vivace
de résistance à l'ordre, une source d'énergie sauvage que
« l'idée » ne maîtrise plus ou ne maîtrise pas encore. Et
c'est là qu'apparaît pour tout de bon le mystère, dont nos
regards ne peuvent sonder la profondeur.

(1) Tilmann Pesch, *Die grossen Velträthsel,* erster Band, S. 274,
Freiburg im Brisgau, 1892.

Le moyen le plus efficace d'y projeter quelque lumière, c'est de recourir à la solution chrétienne ; c'est d'affirmer, comme l'a fait M. Renouvier dans ses *Principes de la nature*, que tout le mal vient d'une déviation originelle de l'humaine liberté [1].

Le monde, à sa première heure, sortit des mains de Dieu tout brillant de lumière, de vie et d'harmonie. Le ciel en était toujours pur ; l'on n'y connaissait ni les rigueurs de l'hiver ni les ardeurs de l'été, il ne s'y produisait ni maladies, ni déluges, ni tremblements de terre. Aucun des fléaux, qui désolent maintenant la surface de la planète, n'avait encore apparu. Exempts de tout instinct de violence et de destruction, les animaux ne songeaient pas à nuire. L'homme était le roi de ce paradis de la terre : innocent comme le cœur de Dieu dont il était l'ouvrage, doué d'une science adéquate à la nature et d'une puissance d'action adéquate à sa science, il commandait aux éléments mieux encore que chacun de nous ne commande à son corps, et se sentait né pour un bonheur sans ombre ni déclin. Mais un jour ce privilégié du Créateur devint infidèle au devoir ; et dès lors « tout alla s'aggravant », suivant la parole du poète. Le péché pénétra dans la nature de l'homme comme un dissolvant ; il diminua la force et la portée de son intelligence, restreignit d'autant sa sphère d'action et déchaîna peu à peu toutes ses tendances passionnelles. Bientôt la guerre, attisée par le heurt des instincts, éclata entre les individus ; et la mort se mit en vue de toutes parts.

(1) T. II, p. 188 et suiv., Alcan, Paris, 1892.

Telle est, sans contredit, l'explication la plus plausible
et de l'indifférence de la nature à notre égard, et de la
férocité des bêtes, et de nos misères soit physiques, soit
morales. « Le philosophe qui a pour idéal la justice et la
bonté, ne saurait accepter pour le vrai plan divin du
monde, un ordre des êtres et de leurs relations qui nous
présente Dieu comme le créateur de la chose même qui a
été la divinité monstrueuse des pires des religions, la
grande nature qui se dévore incessamment elle-même et,
ne produisant que des êtres éphémères qu'elle dévore aussitôt, n'est au fond pour tous qu'une illusion universelle,
la grande Maïa de l'Inde. » « Il convient, au contraire, à
l'idée d'un ordre de liberté, de regarder les créatures elles-
mêmes comme les agents de la subversion de ce monde ;
et il ne faut pas recourir à d'autres moyens que l'usage
pervers qu'elles auraient fait de la puissance à elles confiée
sur le milieu et les éléments normaux de leur vie, et que
l'application régulière des lois fixes et universelles de la
création à la production naturelle des conséquences de
leurs actes [1]. »

Et pourtant cette explication, si naturelle qu'elle paraisse,
n'est encore qu'une solution partielle. Comment Dieu a-
t-il permis une faute qui devait compromettre si profondément et le but et la beauté de la création, qui devait
être une source intarissable de maux pour des mil-
liards d'individus, et un principe permanent de dégra-
dation pour la race humaine tout entière ? S'il pouvait

_______________

(1) Ch. Renouvier, *Ibid.*, t. II, p. 190 et 202.

l'empêcher, que deviennent sa justice et sa bonté? Et, s'il ne le pouvait pas, que devient son omnipotence? Supposé d'ailleurs que Dieu n'ait pu ou du moins n'ait pas voulu violenter la liberté du premier homme qu'il avait placé dès l'origine « dans la main de son conseil », comment se fait-il qu'il n'ait pas enrayé par des moyens indirects les conséquences immenses, incalculables, d'une portée toujours croissante, qui devaient résulter pour tous de la faute d'un seul et les ravaler au-dessous de l'état de pure nature? Manifestement, ce sont là des problèmes en face desquels « notre misérable raison » se trouve impuissante. Ils renferment des données que nous ne pénétrons pas ou que nous ne pénétrons qu'incomplètement : c'est à l'inconnaissable que nous sommes acculés. Pascal le sentait profondément ; aussi répondait-il avec fierté : « Le péché originel est folie devant les hommes, mais on le donne pour tel[1]. » Et en fait, de quel droit veut-on que notre esprit comprenne tout le plan du Créateur? L'intelligence de Dieu nous dépasse ; mais quoi de plus divin[2]?


### III


Quoi qu'il en soit de la place que le mal occupe dans le monde, et de son inintelligibilité relative, il s'en faut que la finalité se trouve tout entière compromise : elle est à

(1) *Pensées*, p. 212.
(2) Voir abbé de Broglie, *Histoire des religions*, p. 373-374, Putois-Cretté, Paris, 1886.

coup sûr le fond de l'être vivant [1]. Et ce fait suffit au sujet que l'on se propose ici d'élucider ; il jette sur la destinée de l'homme une indéniable lumière.

On peut remarquer d'abord que chaque fonction vitale est appropriée à son milieu. Partout où l'on trouve des animaux pourvus d'yeux, il y a des ondulations lumineuses ; partout où l'on trouve des animaux pourvus d'ouïe, il y a des vibrations sonores. L'odorat appelle les odeurs ; et il n'en manque jamais où ce sens s'épanouit. L'organe génésique du mâle a toujours pour corrélatif l'organe génésique de la femelle, et réciproquement « Rien de vain » dans l'accommodation des êtres vivants aux conditions ambiantes ; rien qui s'y déploie entièrement et définitivement dans le vide.

Bien plus, on constate une sorte de proportion constante entre chaque fonction et son milieu. Ces deux choses se développent de front ; et c'est la seconde surtout, comme on l'a observé, qui provoque les variations de la première.

Les martinets ont le regard assez perçant et assez sûr pour happer au passage dans leurs chasses tournoyantes les insectes qui peuplent l'air et que nous n'apercevons même pas. Au contraire, les animaux qui, comme le Proteus, vivent dans une obscurité perpétuelle, ont des yeux rudimentaires qui ressemblent à des poings et ne sont que des prolongements du tact. Quelques-uns d'entre eux

_________

(1) Voir sur ce point Paul Janet, *les Causes finales*, ch. ii, F. Alcan, 1882 ; — Dʳ Franz Erhardt, *Mechanismus und Teleologie*, p. 50 et suiv., Leipzig, 1890.

sont mieux pourvus, il est vrai : tels certains poissons qui habitent au fond des mers; mais c'est qu'ils produisent naturellement une sorte d'éclairage électrique, qui leur permet de se mouvoir comme des comètes vivantes, à travers leurs sombres demeures, et rend à la perfection relative de leur vue sa véritable raison d'être.

Non seulement la finalité, qui se révèle entre les fonctions de la vie et leurs objets respectifs, est un fait constant, qui prend une précision et une extension toujours croissantes; mais encore c'est pour les savants une idée directrice et qui ne trompe pas : elle est le ressort fondamental de toute recherche biologique. Un phénomène quelconque une fois donné, la question n'est plus de savoir s'il a une cause, mais quelle elle peut être. De même, une fonction organique une fois constatée, la question n'est plus de chercher si elle a son but, mais quelle en est la nature. Harvey, observant les valvules des veines, se demanda quelle pouvait être l'utilité de la disposition de ces organes ; il supposa ensuite que la fonction des valvules était d'empêcher le reflux du sang; et la loi de la circulation du sang était découverte. Claude Bernard, dans ses études sur le foie, se posa d'abord la question de savoir à quoi devait servir cet organe énorme; et il finit par trouver qu'il s'en dégage un suc spécial, dont le propre est de modifier les matières grasses, « qui est l'agent principal de leur digestion [1] ». « Dans un cours

(1) *Sur le pancréas*, supplément aux *Comptes rendus* de l'Académie des sciences, 1858 ; — *Leçons sur les phénomènes de la vie*, t. II, p. 313-314, Baillière, Paris, 1879.

d'anatomie comparée, fait à l'Académie de Genève, en
1863, M. le professeur Claparède posa cette question :
« Certains animaux possèdent-ils des sens que nous
n'avons pas ? » Il répondit : « Cela est probable, » et il
ajouta : « En effet, on trouve chez certains poissons, par
exemple, des appareils spéciaux que l'homme ne possède
pas, et qui pourraient bien être les organes de sens
inconnus pour nous. » On voit ici l'observation d'un appareil organique donner lieu à une supposition dirigée par
l'idée de finalité[1]. Et ce qui demeure indécis dans cette
supposition, ce n'est point l'existence d'un objet correspondant, c'est seulement la nature de cet objet, et aussi
la fonction spéciale de l'organe découvert. On ne doute
pas un instant que, s'il s'agit réellement d'un sens nouveau, ce sens ait son corrélatif dans la nature. On sait
aussi comment les naturalistes argumentent au sujet des
organes rudimentaires. Ils n'hésitent pas à conclure que
ces organes ont servi ou qu'ils serviront à quelque chose,
qu'ils s'harmonisaient autrefois avec un milieu disparu,
ou bien qu'ils tendent à s'harmoniser avec un milieu nouveau ; et c'est là une des considérations sur lesquelles on
essaie d'édifier la théorie évolutioniste.

Il y a donc, à côté du principe de finalité qui veut que
l'ordre s'explique par l'intelligence, une loi de finalité qui
consiste en ce que toute fonction biologique ait un corrélatif dans la réalité. Et dès lors la question de notre destinée se présente sous un jour nouveau : elle se réduit

_______________

(1) Ernest Naville, *la Logique de l'hypothèse*, p. 49-50. F. Alcan, Paris,
1895.

à savoir s'il existe en nous-mêmes des formes de la vie, qui exigent un au-delà ; qui n'auraient aucune signification, qui donneraient dans le vide, si elles ne trouvaient l'immortalité pour support. Or telle est en fait la nature de notre activité supérieure ; telle est la nature de l'activité qui constitue tout l'homme en chacun de nous. Pensée, amour, effort moral demeurent foncièrement inachevés et mutilés, de plus en plus vains au fur et à mesure qu'ils se purifient davantage, si tout se termine pour nous avec « la dernière pelletée de terre ».

# CHAPITRE II

## LA PENSÉE

Notre sensibilité ne découvre que du contingent dans la nature : il n'y a pour elle que des faits et des agglutinations de faits. Quand on regarde le monde de son point de vue, on n'y trouve rien d'absolument stable : tout commence pour prendre fin ; tout ce qui est uni peut se séparer, et tout ce qui est séparé peut s'unir. C'est ce que les associationnistes font remarquer ; c'est cette universelle caducité des apparences qu'ils prennent pour point de départ. Et leurs raisonnements demeurent inattaquables, aussi longtemps qu'ils s'en tiennent au domaine des impressions et des images.

Mais la sensibilité n'épuise pas la réalité. Au dedans et au delà des sensations, il y a comme une région nouvelle, une région immense que l'intelligence seule peut explorer. Qui n'a pas vu cela, n'a jamais rien compris à la psychologie de l'homme. Qui n'a pas vu cela, n'a jamais fait que la psychologie de l'animal. Or ce qui domine en cet autre monde, ce qui en coordonne les éléments et en constitue le fond, ce n'est pas la contingence; c'est la nécessité.

## I

Il y a d'abord des idées, où l'on constate une insuffisance interne et radicale, qui ne peuvent se réaliser que
si d'autres choses se réalisent par là même : il y a des
idées qui s'appellent mutuellement en vertu d'exigences
essentielles. Il se peut qu'il n'y ait jamais eu de triangle
dans la réalité. Mais que l'on suppose un triangle dans une
portion quelconque de l'espace et du temps; et il faudra
bien qu'il entraine les propriétés que les géomètres savent
y découvrir : l'intersection de trois lignes ne peut exister
qu'elle n'enferme un certain espace, qu'elle n'enveloppe
trois angles et que la somme de ces angles ne vaille deux
droits. Il se peut, si la nature procède d'une liberté créatrice,
que la cause de l'universelle attraction soit ou modifiée ou
détruite ; mais, aussi longtemps que cette cause sera ce
qu'elle est, il faudra bien que les corps continuent à se
mouvoir comme ils se meuvent à présent. Il se peut qu'il
n'y ait jamais eu de commencements dans la nature ;
mais, si l'on vient à constater un commencement quelconque, il faudra bien que l'on y découvre un manque
d'être qui suppose autre chose. On peut imaginer, pour
un moment, que l'absolu n'existe pas ; mais, que l'on
admette son existence, et il devient impossible de le concevoir autrement que ne le veut son concept ; il devient
impossible de n'y pas voir l'harmonie consciente et vivante
de toutes les perfections. Ainsi d'une multitude d'autres

idées ; c'est sur des connexions de cette nature que se fondent toutes nos déductions, qu'elles soient mathématiques, scientifiques, morales ou métaphysiques. Notre esprit ne fait pas une démarche légitime en dehors de l'expérience, qui ne suppose un enchaînement essentiel, une dérivation de droit, une infrangible nécessité.

Outre cette nécessité qui rattache nos idées entre elles, il en est une autre qui leur est intérieure. Tout ce qui est plus qu'une fiction de mon esprit, tout ce que je conçois réellement, est éternellement concevable ; et il resterait tel quand même il n'y aurait plus dans l'univers aucune intelligence pour le penser. Tout ce qui se réalise a pu se réaliser dans le passé, et pourra se réaliser dans l'avenir ; tout ce qui se réalise est réalisable à l'indéfini dans tous les temps et tous les lieux. Au fond de chaque fait il y a une idée, et au fond de chaque idée une aptitude inaliénable à l'existence, une indéfectible supposabilité. L'entendement, dès qu'il intervient, nous jette en face de l'intelligible ; et l'intelligible, c'est l'impossibilité de ne plus être possible. L'intelligible, à son tour, nous jette en face du nécessaire.

Ainsi la nécessité se manifeste de deux manières à notre intelligence : elle se montre entre nos idées, elle se montre aussi dans nos idées elles-mêmes. Comment expliquer ce fait fondamental de la vie rationnelle ? « Pour ce qui est des vérités éternelles, il faut observer, dit Leibniz, que dans le fond elles sont toutes conditionnelles, et disent en effet : telle chose posée, telle autre chose est. Par exemple, disant : toute figure qui a trois côtés, aura aussi trois angles, je ne dis autre chose sinon que supposé qu'il y ait une figure à trois côtés, cette même figure aura trois angles[1]. » Et cette réponse suffit à rendre compte de la nécessité qui rive nos idées les unes aux autres. Mais elle ne résout pas, elle n'explique nullement celle que nous découvrons à la racine de chacune de nos idées et qui en est le fond ou tout au moins la raison dernière. La possibilité indestructible que requièrent nos concepts, est plus que rien ; « il y a de la réalité là dedans qui ne trompe pas, suivant une autre parole de Leibniz ». Or cette réalité ne dépend d'aucune condition, n'est soumise à aucune hypothèse. Si l'on ne peut la supprimer, c'est qu'ainsi le veut sa propre nature : elle est par elle-même ; elle est absolue[2]. Il faut donc bien qu'il y ait quelque part, préalablement à toute connaissance, des conditions objectives de la connaissance. Il faut qu'il y ait dans l'être, antérieurement à l'apparition des individus, des lois intemporelles qui président à leur constitution et à la position des éléments qu'ils renferment. Les existences ne s'expliquent qu'autant que l'on suppose un fond éternel d'éternelles possibilités qui leur sert de règle.

Où réside cet être primordial qui trace également à tous les autres êtres les conditions essentielles de leur passagère existence ? Est-il immanent à nos idées elles-mêmes ou transcendant ? C'est un problème que je n'ai pas à trancher ici[3] ; et peut-être ce problème est-il trop profond pour que la

<hr>

(1) *Œuvres philos.*, p. 473, éd. P. Janet, Paris, 1866.
(2) C. Piat, *l'Idée*, p. 325-330, C. Poussielgue, Paris, 1895.
(3) *Ibid.*, p. 328-332.

raison humaine en puisse donner une solution parfaitement claire. Mais, de quelque manière que l'on entende la chose, il est toujours un fait qui demeure inattaquable : c'est que cet être primordial existe. Il y a un original immuable de tout ce qui se meut ; il y a un soleil des intelligences dont la lumière ne peut souffrir de déclin : elle est, « subsistante », « la vérité qui éclaire tout homme venant en ce monde ». Ainsi ont pensé Platon, Aristote et saint Augustin. Ainsi a pensé le xvii^e siècle tout entier. Sur cette question de fond, tous les grands génies philosophiques sont d'accord : ils l'ont tous résolue de la même manière ; et y a là une de ces vues de la pensée humaine qui ne passent pas.


## II

C'est également à l'existence d'un principe éternel que l'on aboutit, lorsque l'on passe de l'idéologie à la mécanique.

La série descendante des phénomènes cosmiques peut être indéfinie ; car elle se c'mpose d'une partie réelle et d'une partie possible. Or le possible est inépuisable par nature. Mais il en va différemment de la série ascendante que constituent les mêmes phénomènes. Cette autre série ne comprend que des unités qui sont ou qui ont été réelles : elle est tout entière donnée ; et, à ce titre, elle est essentiellement finie. Il faut qu'elle ait un premier terme ; il faut qu'elle ait commencé. C'est là une chose que l'on peut établir de différentes manières.

Descartes et Spinoza soutiennent l'un et l'autre que le propre du nombre infini, c'est d'être immesurable ; que tous les raisonnements que l'on fait pour le ramener au fini, tendent à le mesurer et que par là même ils enferment autant de pétitions de principes. Ils soutiennent, en conséquence, qu'il n'y a rien d'irrationnel dans la conception, d'après laquelle la série ascendante des mouvements cosmiques est infinie [1]. Mais cette manière de rendre la question intangible, d'en faire comme une chose sacrée, me paraît un moyen de défense plus commode que solide. Sans doute, on ne peut passer en revue la totalité des termes qui constituent la série ascendante des mouvements cosmiques, si cette série est infinie. Mais, à supposer qu'elle soit telle, rien n'empêche d'y toucher ; rien n'empêche d'en retrancher au moins idéalement un certain nombre d'unités. Or cette simple opération, si bénigne qu'elle paraisse, suffit à montrer qu'il existe un premier élément, au delà duquel il n'y en a pas d'autres. On affirme que la série des phénomènes qui nous a précédés, n'a pas de point d'arrêt. Je puis donc établir l'équation suivante : Série ascendante des mouvements cosmiques $=$ l'infini. D'autre part, si je soustrais de cette série un certain nombre d'unités, j'aurai par là même :

Série ascendante des mouvements cosmiques $<$ l'infini. Car il n'y a pas de milieu, l'infini moins quelque chose, c'est moins que l'infini.

<hr>

[1] *Lettre au R. P. Mersenne,* 15 avril 1830, Éd. Cousin ; — *Lettre XV,* t. III, Éd. Charpentier, Paris.

Et si j'ajoute maintenant les unités soustraites au reste, je pourrai écrire :

Série ascendante des mouvements cosmiques $= 1 + 1 + 1... + <$ l'infini.

Ce qui met à nu le fond contradictoire de l'hypothèse dont on est parti.

On arrive à la même conclusion par une autre voie. Nous existons : c'est un fait. Chacun de nous est un terme actuel de la série complexe des mouvements cosmiques. Or, si cette série est infinie, aucun de ces termes ne s'explique : nous sommes plus que des mystères ; nous sommes des antinomies vivantes, des contradictions qui marchent. Car, pour arriver jusqu'à nous, la nature a dû parcourir un nombre infini de degrés. Et ce labeur est plus difficile encore que celui dont se plaignait le vieil Énée, lorsqu'il fallut remonter des Enfers : il est impossible par définition ; l'infini ne se parcourt pas.

Au lieu de considérer le nombre des mouvements qui nous sont antérieurs, on peut envisager leur lien causal ; et l'on découvre pour la troisième fois la conséquence déjà démontrée. Pour avoir l'explication totale d'un mouvement quelconque, il ne suffit pas de le rattacher à un moteur premier, comme l'ont fait Aristote et Spinoza ; il faut encore le rattacher à un autre mouvement qui s'est produit avant lui et que l'on appelle son antécédent.

Soit, par exemple, $F$ le moteur premier, et $abcd$ la série régressive des phénomènes. La cause totale de $d$ est $F + c$ ; celle de $c$, $F + b$ ; et ainsi de suite. Par conséquent, à supposer que cette série soit infinie, il n'est plus rien dans la nature qui ait sa raison suffisante : tout reste absurde, tout est contradictoire.

Il est donc de rigueur qu'il y ait, au sommet du monde, un être qui soit cause et ne soit point causé ; il est de rigueur que la nature soit suspendue à un être premier, dont le fond ne change pas. Mais tout n'est pas dit par là ; il faut aller plus avant, pour expliquer le branle universel. Comment l'Être premier produit-il le mouvement ? Ce n'est pas en vertu même de son essence ; ce n'est pas d'une manière nécessaire, comme l'a pensé Spinoza. Car, si tel était son mode d'action, on devrait toujours, avant tout mouvement donné, trouver un autre mouvement, puis encore un autre, la raison étant essentiellement la même ; et la série ascendante redeviendrait infinie : ce qui n'est pas, d'après ce que l'on a vu. Il faut donc qu'un événement soit venu rompre l'homogénéité de l'Éternel ; il faut qu'il se soit fait comme une ride dans l'immutabilité de la Cause des causes. L'Être premier a tiré de lui-même « un commencement absolu » ; il a produit un acte libre, acte qui sans doute persiste toujours dans la nature entière. Et voilà l'origine première du drame immense qui se déroule dans l'Univers. Ni le mécanisne, ni le dynamisme ne sont suffisamment compréhensifs. La raison dépasse ces systèmes : la nécessité, pour elle, se couronne de liberté.

Un système d'intelligibles et la liberté : voilà ce que l'on découvre au dernier plan de sa pensée. Mais ces deux choses son -elles radicalement distinctes, comme l'aurait dit Platon d'après quelques-uns de ses interprètes d'autrefois ? Non. Nous avons besoin d'unité ; et ce besoin trouve sa satisfaction dans la nature des choses. Les intelligibles et la liberté nous apparaissent comme des causes premières ; ils ont donc la même raison d'être. Et, ce que l'un de ces principes possède, l'autre le possède aussi : les intelligibles enveloppent la liberté, et la liberté les intelligibles. Il y a plus. Non seulement ces deux principes se ressemblent, mais encore ils ne font qu'un. « S'il existe vingt hommes dans la nature des choses (nous supposerons, pour plus de clarté qu'ils existent simultanément, et non les uns avant les autres), il ne suffira pas, pour rendre raison de l'existence de ces vingt hommes, de montrer en général la cause de la nature humaine ; mais il faudra montrer en outre la cause en vertu de laquelle il existe vingt hommes, ni plus ni moins, puisqu'il n'y a rien qui n'ait une cause de son existence [1]. » De même, s'il existe plusieurs êtres premiers, il faut qu'il y ait une cause de cette pluralité. Or il n'y en a pas. Le concept d'être premier enveloppe l'existence, et rien de plus. Les scolastiques ont dit de Dieu qu'il est au-dessus de tous les genres ; on peut ajouter qu'il est au-dessus du nombre. « *Ego sum qui sum,* » voilà son nom [2]. En outre, de deux choses l'une : ou bien il n'existe qu'un être premier, ou bien il en existe un nombre infini. Il faut ici que l'on se prononce pour Parménide ou pour Démocrite ; car il n'y a pas de raison de s'arrêter en route entre l'unité et l'infinité : tout arrêt entre ces termes extrêmes est un pur caprice.

(1) Spinoza, t. III, Eth., p. 0, Ed. Charpentier.
(2) Ex., III, 14.

Or il ne peut exister un nombre infini d'êtres premiers, puisque, comme on l'a montré plus haut, toute série réelle renferme un ensemble déterminé de parties, puisque toute série réelle est limitée. Il n'y a donc bien qu'un Dieu ; et le mot profond de la Bible revient : « *Ego sum qui sum.* »

Ainsi, la liberté première est immanente aux intelligibles, et les intelligibles sont immanents à la liberté première. Tout cela se fond en une même substance ; tout cela ne fait qu'un seul être ; et tout cela, cet être le possède au plus haut degré possible. Car il n'y a pas de raison pour qu'on assigne un terme au développement de son éternelle essence. Du moment qu'elle est, elle est tout ce qu'elle peut être ; elle s'actue tout entière, elle épuise en quelque sorte toutes ses puissances et ne peut avoir d'autre limite que le contradictoire. Pensée pleine de tous les intelligibles, pensée de la pensée, liberté parfaite et par là même causalité, autant de doigts indicateurs qui marquent le même point à l'horizon, autant d'attributs qui s'harmonisent dans l'unité vivante de « Celui qui est ».

Et voilà l'intarissable source d'où découle sans trêve tout ce que la nature contient à l'état épars de vérité et de bonté, de puissance et de beauté.


### III


On pourrait continuer cette analyse. Mais conduite à ce point, elle suffit à notre objet.

Ce qui s'en dégage avec évidence, c'est que l'horizon de la conscience humaine dépasse infiniment celui de la conscience animale. Notre pensée n'est pas close, comme celle des bêtes, dans une portion déterminée du temps et de l'espace ; son élan natif l'emporte plus loin ; elle franchit toute limite et se meut dans l'absolu : de quelque manière qu'elle s'exerce, de quelque côté qu'elle se tourne, c'est toujours de l'Éternel qu'elle a en perspective. Or il y a quelque chose de significatif dans cette excellence de notre esprit. En face de l'éternité, le temps ne compte pour rien. Si longtemps que nous ayons vécu, tout nous a encore manqué lorsque nous venons à mourir, si nous mourons tout entiers. Quand nous sortons de la vie, l'adaptation de notre pensée à son milieu connaturel n'a pas commencé ; il reste entre notre idéal et nous une disproportion radicale. Il faut donc, pour que la finalité soit satisfaite, que notre existence se prolonge à l'indéfini ; il faut que nous puissions aller toujours « d'ascensions en ascensions ». C'est là une idée que Kant a formulée dans sa *Critique de la raison pratique* [1] ; et cette idée ne fait que s'affermir de plus en plus, au fur et à mesure que la biologie se développe.

Le désordre ne s'arrête pas à la raison, si l'éternité se révèle à nous pour se dérober ensuite ; elle se propage jusqu'à la sensibilité et de la manière la plus naturelle. La mort, pour celui dont le regard enveloppe l'avenir, est une cause perpétuelle de tristesse. Il l'a tou-

_______________

(1) Pages 222 et suiv., trad. Picavet, F. Alcan, Paris, 1888.

jours devant ses yeux, à moins qu'il ne s'étourdisse : elle
est toujours là comme une menace, elle s'insinue comme
un poison dans ses joies les plus pleines et les plus douces.
Guido Reni, dans son lever de soleil du palais Pospigliosi,
a orné de guirlandes et de fleurs les nymphes qui accompagnent Apollon dans sa course à travers l'espace. Mais il
a mis dans l'expression de leur physionomie je ne sais
quel mélange de joie et de tristesse. Elles ont l'air de se
dire les unes aux autres : « C'est beau, l'empire de la
lumière ; mais hâtons-nous, car il est court ; bientôt la
nuit va revenir. » Il y a là un symbole de l'état moral des
personnes qui ne croient plus à l'Au-delà. C'est un malaise
inexorable qui fait le fond de leurs âmes. Et ce malaise
grandit au fur et à mesure que leur pensée devient plus
forte et plus profonde. Quand elles ont une certaine portée
d'esprit, elles finissent par ne plus voir dans la vie qu'une
série de « plaisanteries odieuses et de farces sinistres » ;
et il faut qu'elles ne pensent à rien « pour ne pas ressen-
tir cruellement la tragique absurdité de vivre [1] ».

C'est donc de toutes parts et par la force des choses que
les antinomies éclatent au dedans de nous, s'il n'y a pas
une autre vie après celle-là. Supposez que tout se termine
au néant ; et notre pensée n'a plus aucun moyen de s'égaler à son objet essentiel. Par là même la tristesse éclôt
dans notre cœur et s'y fortifie toujours davantage. Plus
nous avons de vigueur de pensée, plus le sentiment de
l'universelle vanité nous étreint, plus nous éprouvons de

(1) Anatole France, *le Jardin d'Épicure*, p. 67. Calmann Lévy,
Paris, 1895.

satiété et de dégoût. A mesure que notre raison s'approche de son but qui est la vérité, notre sensibilité
s'éloigne du sien qui est le bonheur. Croire, par conséquent, voilà l'unique moyen de croître dans l'harmonie.
Pour trouver la paix intérieure, il faut avoir le courage
d'affirmer que celui qui est assez grand pour concevoir
l'immortalité est assez grand pour en jouir. « *Confidite.* »

---

# CHAPITRE III

## L'AMOUR

La nature de notre pensée exige une autre vie ; et il en va de même de la forme spéciale que l'amour revêt au dedans de nous.

L'un de nos sentiments les plus profonds, c'est celui de l'insuffisance de cette vie ; il apparaît partout, et comme indéracinable, dans les diverses conceptions que l'homme s'est faites de l'univers : il en est toujours ou le point de départ ou le point d'arrivée, ou l'un et l'autre à la fois.

### I

A l'heure actuelle il y a, sur le globe 429.710.000 chrétiens ; 422.900.000 bouddhistes, ou bouddhisants ; 163 millions de brahmanistes ; 228.500.000 païens et inconnus ; 200 millions de musulmans, et 6.990.000 israélites ; en tout, 1.442 millions d'hommes [1]. Il existe donc

(1) Chiffres donnés par M. Valérien Groffier dans son *Planisphère des croyances religieuses et des missions chrétiennes*. Secrétariat des Missions étrangères, Paris, 1890. — On ne parle pas ici de la croyance juive, bien qu'elle ait joué un rôle immense dans la vie de l'humanité ; car elle se retrouve à la fois dans le christianisme et dans l'islamisme. On peut dire toutefois que, chez les Juifs, l'idée

quatre grandes religions : le christianisme, le bouddhisme, l'islamisme et le brahmanisme, qui comprennent les douze quatorzièmes de la population de notre planète, et en dehors desquelles on compte surtout des êtres dégradés, des déshérités de la famille humaine. Or, le fond de chacune de ces grandes religions, c'est, à des degrés divers, le sentiment du néant de tout ce qui naît et meurt, la conscience intime de la vanité du devenir.

Le Coran contient un idéal assez vulgaire, au moins par plus d'un endroit ; et cependant Mahomet y déclare à différentes reprises que « Dieu est le terme de toutes choses [1] ».

« L'amour du plaisir éblouit les mortels, dit le Prophète. Les femmes, les enfants, les richesses, les chevaux superbes, les troupeaux, les campagnes, sont les objets de leurs ardents désirs [2]. » Mais ce n'est pas là que se trouve « la vraie félicité. » « La vie humaine n'est qu'une jouissance trompeuse [3]. » « Les biens de la terre sont passagers [4]. » Ils « ressemblent à des ombres fuyantes [5] ». Et de plus, ils nous apportent la douleur avec le plaisir : innombrables sont les maux « qui assiègent l'humanité [6] ».

de l'insuffisance de la vie n'a été pendant longtemps qu'assez implicite. C'est dans Daniel qu'elle apparaît pour la première fois en termes formels (Voir M. Touzard, *la Doctrine de l'immortalité*, Revue biblique, 1er avril 1898).

(1) Ch. XL, p. 185, Trad. Savary, Bureau de Courval et Cie, Paris, 1826.

(2) *Ibid.*, ch. III, p. 59.

(3) *Ibid.*, ch. III, p. 83.

(4) *Ibid.*, ch. XLII, p. 206.

(5) *Ibid.*, ch. LXXVI, p. 337.

(6) *Ibid.*, ch. CXIII, p. 393.

Et pourquoi donc cette imperfection radicale des choses ?
Pourquoi la fragilité de la vie ? Pourquoi la souffrance ?
Pourquoi la mort ? C'est que nous sommes des êtres
déchus.

Dieu plaça le premier homme dans l'Eden et lui dit avec
une tendresse infinie : « O Adam ! habite le paradis avec
ton épouse. Mangez à discrétion de tous les fruits qui y
croissent ; mais ne vous approchez point de cet arbre, de
peur que vous ne deveniez coupables. » Le précepte divin
ne fut pas respecté. Trompés par l'esprit rebelle, Adam
et son épouse « mangèrent du fruit défendu ». Aussitôt
ils virent leur nudité. Ils se couvrirent avec des feuilles.
« Ne vous avais-je pas interdit l'approche de cet arbre leur
dit le Seigneur? ne vous avais-je pas averti que Satan était
votre ennemi ? — Seigneur, nous sommes coupables et si ta
miséricorde n'éclate pas en notre faveur, notre perte est certaine. — Descendez, leur dit Dieu ; vous avez été ennemis l'un
de l'autre. La terre sera votre habitation jusqu'à temps [1]. »

Nous sommes donc maudits, d'après Mahomet, et ce
monde est un lieu d'exil. Mais cet exil ne doit pas durer
à l'indéfini : il n'est que passager ; car Dieu, qui est
« clément », mêle le pardon à la vengeance. C'est dans
l'au-delà que notre destinée doit se fixer à jamais. Le
Seigneur a « mis l'homme sur la terre pour l'éprouver [2] » ;
il « a créé la mort et la vie pour voir qui de nous en ferait
le meilleur usage [3] ». Et l'expérience finie, toutes les

(1) Trad. Savary, Bureau de Courval et C<sup>ie</sup>, Paris, 1826, ch. VII,
p. 164 165.
(2) *Ibid.*, ch. LXXVI, p. 336.
(3) *Ibid.*, ch. LXVII, p. 308.

actions seront jugées : « ceux qui craignent le Seigneur habiteront les jardins de délices ; ils y demeureront éternellement ; ils seront les hôtes de Dieu [1] ». Au contraire, « le prévaricateur, qui aura préféré les plaisirs terrestres, aura l'enfer pour réceptacle [2] ». Cette vie n'a donc par elle-même qu'une valeur apparente. Elle n'a de prix réel qu'autant qu'elle répare le passé et prépare l'avenir ; elle n'a de sens véritable que comme expiation et rédemption. Et tout est perdu sans ressource pour qui n'a pas compris cette vérité capitale [3].

L'insuffisance des biens de cette vie ressort avec beaucoup plus de force dans les Évangiles. Mais ce n'est pas que ces biens y soient totalement condamnés ; c'est qu'ils ne comptent plus pour rien en face du principe infini de pur bonheur qui leur est opposé.

Le Christ a senti et aimé les beautés de la nature. Fondateur de la plus élevée des morales, modèle parfait de justice et de bonté, il avait aussi l'âme d'un poète. C'est sur les bords du lac de Tibériade qu'il a prêché tout d'abord ; et cette contrée était l'une des plus gracieuses du monde. « La grève, composée de rochers ou de galets, est bien celle d'une petite mer et non celle d'un étang, comme les bords du lac Huleh. Elle est nette, propre, sans vase, toujours battue au même endroit par le léger mouvement des flots. De petits promontoires, couverts de lauriers roses, de tamaris et de câpriers épineux, s'y dessinent ; à deux

(1) Trad. Savary, Bureau de Courval et C<sup>ie</sup>, Paris, 1826, ch. III, p. 84.
(2) *Ibid.*, ch. LXXIX, p. 345.
(3) Voir sur l'islamisme Abbé de Broglie, *les Origines de l'islamisme*, Amiens, 1890.

endroits surtout, à la sortie du Jourdain, près de Tarichée, et au bord de la plaine de Génésareth, il y a d'enivrants parterres, où les vagues viennent s'éteindre en des massifs de gazon et de fleurs. Le ruisseau d'Aïn Tabiga fait un petit estuaire, plein de jolis coquillages. Des nuées d'oiseaux nageurs couvrent le lac. L'horizon est éblouissant de lumière. Les eaux, d'un azur céleste, profondément encaissées entre des roches brûlantes, semblent, quand on les regarde du haut des montagnes de Safed, occuper le fond d'une coupe d'or. Au nord, les ravins neigeux de l'Hermon se découpent en lignes blanches sur le ciel; à l'ouest, les hauts plateaux ondulés de la Gaulonitide et de la Pérée, absolument arides et revêtus par le soleil d'une sorte d'atmosphère veloutée, forment une montagne compacte, ou, pour mieux dire, une longue terrasse très élevée qui, depuis Césarée de Philippe, court indéfiniment vers le sud. La chaleur sur les bords est maintenant très pesante[1]. » Mais une végétation abondante tempérait autrefois ces ardeurs excessives. D'après le témoignage de Joseph, le pays était d'un climat fort tempéré.

Voilà le théâtre des premières prédications du Christ. Et cette belle nature, il la mettait sans cesse à contribution. Ses touchantes paraboles reflètent tour à tour et avec une grâce infinie les fleurs des champs, les tamaris, les câpriers, les eaux bleues du lac, les oiseaux du ciel, les bergeries qui paissaient dans les montagnes, les chœurs des jeunes filles et la joie des fiancés. On peut dire de la

_________

(1) Ern. Renan, *Vie de Jésus*, p. 143-144. Calmann Lévy, Paris, 1863.

parole du Sauveur ce que le vieil Isaac disait du vêtement d'Esaü : elle sent l'odeur des champs. Il voyait la
vérité; mais de son intelligence elle passait dans son âme
et tombait de ses lèvres, douce comme le miel de l'Hermon, belle comme un matin de printemps. « Ne vous
inquiétez pas pour votre vie de ce que vous mangerez, ni
pour votre corps comment vous le vêtirez. La vie n'est-
elle pas plus que la nourriture, et le corps plus que le
vêtement? Regardez les oiseaux du ciel: ils ne sèment ni
ne moissonnent, ni n'amassent dans les greniers, et votre
Père céleste les nourrit. N'êtes-vous pas beaucoup plus
qu'eux? Et pour le vêtement, de quoi vous inquiétez-vous?
considérez comment croissent les lis des champs. Ils ne
travaillent pas, ils ne filent pas. Or, je vous dis que Salomon même, dans toute sa gloire, n'était pas vêtu comme
l'un d'entre eux. Si Dieu rêvet ainsi l'herbe des champs,
qui aujourd'hui est, et qui demain sera jetée dans le four,
combien aura-t-il plus soin de vous vêtir, hommes de peu
de foi [1] ?»

Et pourtant, aux yeux du Christ, ni les joies de cette
vie, si pures et si douces qu'on les rêve, ni le charme
esthétique de la nature ne sont capables de nous satisfaire. Notre cœur est plus grand que tout cela : il est fait
pour l'infini et ne peut avoir de repos qu'il ne l'ait trouvé.
Le monde passe; et il nous faut un bien qui demeure.
Les plaisirs de la terre s'épuisent; elle se vide et bien vite,
la coupe qui les contient. Et il nous faut une source de

_______________

(1) S. Matth., vi. 25-31.

contentement qui ne tarisse jamais. Les jouissances d'ici-bas sont mêlées d'adversités, et il nous faut un dernier refuge, « une cité permanente » au seuil de laquelle s'arrêtent la douleur, les gémissements et les larmes. « Connaître le seul vrai Dieu », l'aimer sans borne et sans fin, s'y perdre en une extase dont il faut l'éternité pour revenir : voilà l'action pleine dans l'apaisement; voilà « le torrent de volupté », vers lequel nous aspirons du fond de notre âme et souvent sans le savoir; voilà la vie véritable, « hæc est autem vita æterna[1] ». Or, qu'arrive-t-il, quand cette immense perspective s'ouvre à notre pensée? Qu'arrive-t-il lorsque l'on s'est élevé soi-même jusqu'à l'espérance de posséder Dieu? On sent immédiatement que cela seul est vraiment quelque chose. Les biens de cette vie disparaissent, comme les étoiles au lever du soleil, quand on considère Celui qui remplit l'éternité de son être. Ils n'ont plus rien qui soit capable de les distinguer du néant : ils sont comme s'ils n'étaient pas, en face de ce qui est. Que servirait à l'homme d'avoir tous les plaisirs que peut nous procurer la créature, s'il venait à perdre son Créateur? « Que servirait à l'homme de conquérir l'univers, s'il venait à perdre son âme? Par quel échange pourrait-il la racheter[2]? » « Quærite primum regnum Dei et justitiam ejus[3]. »

Ainsi la nature, qui est déjà indigente par elle-même, le devient plus encore, dès qu'apparaissent la bonté et la

(1) S. Joann., xvii, 3.
(2) S. Matth., xvi, 25.
(3) S. Matth., vi, 33.

beauté absolues de notre fin. Et c'est là, me semble-t-il, c'est dans cette opposition profonde de l'Être et du devenir que se trouve la racine première de la morale du Christ.

Conquérir Dieu : voilà le but. Or conquérir Dieu, c'est l'aimer. Et l'aimer, c'est lui devenir de plus en plus semblable; c'est imiter sa justice et sa bonté; c'est vivre de sa vie. « Soyez parfaits, vous autres, comme votre Père céleste est parfait[1]. » Le passage du chrétien dans ce monde est donc un combat perpétuel de l'homme contre l'homme. Il y a dans nos membres une loi qui lutte sans cesse contre la loi de l'esprit; il y a dans le fond de nos âmes une légion d'inclinations brutales et de passions aveugles, qui s'opposent à la réalisation de l'ordre. Ce sont là autant de forces hostiles, autant « d'ennemis domestiques », qu'il est nécessaire de vaincre et de soumettre au joug de la sainteté. « Le royaume du ciel » ne s'acquiert que par la royauté de l'intelligence; et cette royauté, à son tour, « s'emporte de violence ». Il y faut une longue thérapeutique, patiemment et virilement appliquée : il y faut une mort de tous les jours. « Si quelqu'un veut venir après moi, qu'il renonce à soi-même, qu'il se charge de sa croix et qu'il me suive[2]. » « Entrez par la porte étroite parce que la porte de la perdition est large, et le chemin qui y mène est spacieux et il y en a beaucoup qui y entrent[3]. » « Bienheureux

(1) S. Matth., v, 48.
(2) S. Matth., xvi, 24.
(3) S. Matth., vii, 13.

les pauvres d'esprits; » « bienheureux ceux qui souffrent violence pour la justice. » Car ceux-là trouveront dans leurs peines un moyen d'éteindre la « concupiscence » et de secouer la vassalité de la chair; ils trouveront dans cette vie la paix de l'ordre voulu et dans l'autre la paix de l'ordre réalisé; ils sont bienheureux, « parce que le royaume des cieux est à eux[1] ».

Il est même meilleur, au moins en certains cas, de rompre totalement avec « le monde ». Car il importe par-dessus tout de ne pas manquer sa vocation suprême. Or, cette grande et unique affaire est souvent très difficile, quand on reste aux prises avec les préoccupations et les séductions de la vie. C'est ce que Jésus-Christ fait entendre, lorsqu'il dit au jeune homme qui lui demande le chemin de la perfection : « Si vous voulez être parfait, allez, vendez ce que vous avez, et le donnez aux pauvres, et vous aurez un trésor dans le ciel; puis venez et suivez-moi[2]. » Et cette parole a exercé une influence considérable sur l'évolution du christianisme. Elle a retenti, comme un avertissement divin, aux oreilles des Antoine, des Pacôme, des Paul et des Hilarion; elle a peuplé de moines et de cénobites les déserts de la Lybie, de l'Egypte et de l'Ethiopie : c'est la source d'où est sorti tout l'ascétisme chrétien[3].

Toutefois, fuir le monde n'est qu'un simple conseil; et

(1) S. Matth., v, 3-10.
(2) S. Matth., xix, 21.
(3) D<sup>r</sup> Funk, *Lehrbuch der Kirchen geschichte*, p. 166-167, Rotten burg, 1886.

ce conseil ne peut être suivi que lorsqu'il n'y a ni obligation familiale, ni obligation sociale qui s'y oppose. Ce serait un déserteur de la vie, celui qui s'arracherait au devoir pour aller camper comme un ange au fond d'une solitude. Imiter le « Père céleste », vivre de sa vie, ce n'est pas seulement réaliser l'ordre en soi-même; c'est aussi travailler et avec une égale ardeur à sa réalisation dans les autres. « Vous aimerez le Seigneur votre Dieu de tout votre cœur, de toute votre âme et de tout votre esprit. C'est là le plus grand et le premier des commandements. Et voici le second qui est semblable à celui-là vous aimerez votre prochain comme vous-même[1]. » Le commandement, que je vous donne, est « de vous aimer les uns les autres comme je vous ai aimés[2] ». « Et moi je vous dis : aimez vos ennemis, faites du bien à ceux qui vous haïssent, et priez pour ceux qui vous persécutent et qui vous calomnient, afin que vous soyez les enfants de votre Père qui est dans les cieux, qui fait lever son soleil sur les bons et sur les méchants et fait pleuvoir sur les justes et sur les injustes[3]. » Les Évangiles sont pleins de semblables paroles. L'amour divin y est comme un fleuve impétueux qui descend du ciel vers la terre, et dont les eaux purifient les âmes de leurs tendances égoïstes. La mansuétude, la bienveillance, le pardon, le dévouement, la charité, en un mot, la charité qui dépasse et enveloppe la justice : voilà ce qu'exige la vie chrétienne, au

(1) S. Math., xxii, 37-39.
(2) S. Joann., xv, 12 et 17.
(3) S. Matth., v, 44-45.

même titre que la sainteté personnelle et comme partie essentielle de cette sainteté elle-même. On ne vit que dans la mesure où l'on aime ses frères en Dieu qui sont tous les hommes. On est mort, on n'est plus qu'un cadavre, quand on a cessé de les aimer. Ainsi, lorsque le Christ a dépris l'homme de la terre et tourné ses regards vers l'idéal éternel de tout bien, il n'a pas seulement posé un principe de progrès moral pour l'individu, ce qui est déjà d'une importance capitale; mais encore il a posé le principe foncier de tout progrès social et humanitaire. Solidarité, nous dit-on de toutes parts. Charité, répond le chrétien; et cette dernière devise est encore plus vraie, plus pleine de vie et de beauté.

D'après le christianisme, la nature n'est qu'insuffisante. D'après le bouddhisme, elle est essentiellement mauvaise; et, par là même, ce n'est pas au développement de la vie, c'est à son anéantissement qu'il faut tendre.

« Voici, ô moines, la vérité sainte sur la douleur : la naissance est douleur, la vieillesse est douleur, la maladie est douleur, la mort est douleur, l'union avec ce qu'on n'aime pas est douleur, la séparation d'avec ce qu'on aime est douleur, ne pas obtenir son désir est douleur. Pour abréger, le quintuple attachement aux choses terrestres est douleur [1]. » Ce ne sont pas seulement des ombres que la souffrance projette sur la vie; il n'est pas une étape de notre éphémère existence, pas une forme de notre activité, qui ne lui soit indissolublement

(1) H. Oldenberg, *le Bouddha*, p. 214 F. Alcan, Paris, 1894.

liée. Tel a été dès l'origine le misérable état de l'humanité ; et tel il sera dans toute la suite des siècles, « aussi longtemps qu'il y aura de l'impermanence, aussi longtemps qu'il y aura du désir, aussi longtemps qu'il y aura de la connaissance [1] ». Car c'est de la connaissance que procède le désir, du désir que procède l'impermanence, et de l'impermanence que procède la douleur. « Il ne se produit rien autre chose que de la douleur ; il ne se dissipe rien autre chose que de la douleur [2]. »

« Que pensez-vous, ô disciples, qui soit plus, l'eau qui est dans les quatre grands océans ou les larmes qui ont coulé et que vous avez versées, tandis qu'en ce long voyage vous erriez à l'aventure de migration en migration et que vous gémissiez et que vous pleuriez, parce que vous aviez en partage ce que vous haïssiez et que vous n'aviez pas en partage ce que vous aimiez ?... La mort d'une mère, la mort d'un père, la mort d'un frère, la mort d'une sœur, la mort d'un fils, la mort d'une fille, la perte des parents, la perte des biens, tout cela, à travers de longs âges, vous l'avez éprouvé. Et pendant qu'à travers de longs âges vous subissiez ces épreuves, il a coulé, il a été versé par nous plus de larmes — tandis qu'en ce long voyage vous erriez à l'aventure de migration en migration et que vous gémissiez, et que vous pleuriez, parce que vous aviez en partage ce que vous haïssiez et que vous n'aviez pas en partage ce que

<hr>

(1) H. Oldenberg, *le Bouddha*, p. 127.

(2) *Ibid.*, p. 263 ; — E. Burnouf, *le Lotus de la bonne loi*, ch. II, p. 35 et ch. III, p. 50-54, Paris, 1852.

vous aimiez, — plus de larmes qu'il n'y a de l'eau dans les quatre grands océans [1]. » Et il en sera plus versé de nouveau dans la suite des générations à venir, à moins que l'homme, par la science de « la délivrance, ne mette un terme à la douleur ». Car où est le Dieu, où est le Marà, où est le Brahmà qui puisse faire que « ce qui est sujet à la vieillesse ne vieillisse pas, que ce qui est sujet à la maladie ne soit pas malade, que ce qui est sujet à la mort ne meure pas, que ce qui est sujet à la ruine ne tombe pas en ruine, que ce qui est sujet à passer ne passe pas [2] » ? Impossible de découvrir le commencement de la souffrance ; impossible aussi de lui assigner un terme, tant que sévira « la soif de plaisirs, la soif d'existence, la soif de puissance ».

« Voici (donc), ô moines, la vérité sainte sur la suppression de la douleur : l'extinction de cette soif par l'anéantissement complet du désir, en bannissant le désir, en y renonçant, en s'en délivrant, en ne lui laissant pas de place [3]. »

« De la joie naît la douleur ; de la joie naît la crainte. Celui qui est affranchi de la joie, pour celui-là il n'y a pas de douleur ; d'où lui viendrait la crainte ? »

« De l'amour naît la douleur ; de l'amour naît la crainte. Celui qui est affranchi de l'amour, pour celui-là il n'y a pas de douleur ; d'où lui viendrait la crainte ? »

(1) *Samyuttaka-Nikâya,* vol. I, fol. tho.
(2) *Anguttara-Nikâya,* vol. II, fol. khaï.
(3) H. Oldenberg, *le Bouddha,* p. 212 ; — E. Burnouf, *le Lotus...,* ch. III, p. 30 et 58.

« Celui qui abaisse les yeux sur le monde comme s'il voyait une bulle d'écume, comme s'il voyait un rêve, celui-là échappe aux yeux de la souveraine mort. »

« Celui qui a surmonté le chemin mauvais, impraticable du Samsâra, de l'égarement; celui qui, passé à l'autre bord, a atteint la rive, riche de contemplation, sans désir, sans défaillance; celui qui, affranchi de l'existence, a trouvé l'extinction, voilà celui que j'appelle un vrai brahmane [1]. »

Mais à quoi mène « cette extinction de la soif d'existence » ? est-ce à l'anéantissement de toute vie consciente ? ou bien, au contraire, à la contemplation d'un idéal éternel, comme le voulaient les brahmanes, et comme le pensait Aristote lui-même ?

Sur ce point, il faut l'avouer, le Bouddha s'est toujours refusé à toute réponse directe et précise ; il s'en est tenu à la négative ou à des formules vagues : « Les sages, disait-il, qui ne font de mal à aucun être, qui tiennent perpétuellement leur corps en bride, marchent au séjour éternel; quiconque y est parvenu ne sait plus ce que c'est que la douleur. »

« Celui qui est pénétré de bonté, le moine attaché à la doctrine du Bouddha, qu'il se tourne vers le royaume de la paix où l'impermanence trouve son repos, vers la béatitude [2]. » Et ce sont toujours et partout des réticences analogues, lorsqu'il s'agit de définir le terme auquel aboutit « la suppression de la douleur ».

Mais, en même temps que le Bouddha s'abstenait de

(1) *Dhammapada*, stances 212, 213, 170, 414.
(2) *Ibid.*, stances 225, 368.

toute expression trop nette sur le fond de sa doctrine, il philosophait ; et sa philosophie nous permet de voir la solution qu'il ne voulait point donner à ses moines. « Si donc, ô disciples, disait le Bouddha, un Moi (attâ) et quelque chose appartenant au Moi (attanya) ne se peut concevoir en vérité et en certitude, ce n'est pas alors, ô disciples, la croyance qui vient dire : « Ceci est le monde, « ceci le Moi ; voilà ce que je deviendrai à la mort, ferme, « constant, éternel, immuable : ainsi je serai là-bas dans « l'éternité. » N'est-ce pas là une pure et vaine folie[1] ? — « Comment, Seigneur, ne serait-ce pas une pure et vaine folie ? » Il n'y a donc pas de Moi d'après le bouddhisme. Toute âme est, aussi bien qu'un char, un assemblage de parties. Et par là même ne faut-il pas que tout s'anéantisse avec cette existence illusoire qui nous constitue ? En outre, d'après un principe incontestable de la morale du Bouddha, il s'agit de supprimer la douleur. Mais la douleur vient, à son sens, de l'instabilité des choses ; cette instabilité vient du désir, et le désir suit nécessairement la connaissance elle-même ; il s'agit donc aussi de supprimer la connaissance, car là réside la cause première et fatale de tous les maux.

On le peut donc inférer et de la psychologie et de la métaphysique du Bouddha : « la suppression de la douleur », c'est la suppression de toute conscience ; si le nirwana est le séjour de la félicité, c'est parce qu'on n'y sent plus rien. Le Bouddha est parti d'un sentiment pro-

(1) H. Oldenberg, *le Bouddha*, p. 278.

fond des désordres et des maux de cette vie ; et il en a
tiré deux conclusions principales, qui sont comme les
deux pièces maîtresses de son vaste système : 1º le mal,
c'est la vie ; 2º si telle est la vie, il n'y a qu'un moyen
de l'améliorer, c'est d'en tarir à jamais la source. Sa
religion est donc un pessimisme aigu : la sagesse, à ses
yeux, commence par la haine de l'être et se consomme
dans le néant [1].

Le brahmanisme est moins radical. D'après cette conception religieuse dont l'origine remonte si haut dans le
cours des âges, il y a, derrière les phènomènes, un Moi
impersonnel et éternel, qui contient et perçoit l'idéal du
Bien. C'est de là que les consciences individuelles sont
descendues ; c'est là qu'elles doivent retourner. La contemplation de l'immuable : voilà le but de la vie, voilà la
félicité. Mais le sentiment de la perversité du devenir
n'est pas moins profond dans cette autre doctrine que dans
le bouddhisme. A cet égard, Çakya-Mouni n'a guère fait
que reproduire les idées fondamentales des brahmanes.
« Comme l'a très bien observé M. Oldenberg, tout un côté
du vieux dualisme brahmanique, les vues sur le monde
des sens engagé dans la naissance, la disparition et la
douleur, ont été adoptées sans réserve [2]. »

Il y a donc, sur la terre, 585.900.000 individus qui non
seulement croient que la vie présente, considérée en elle-
même, ne vaut pas la peine de vivre, mais encore que,

---

(1) Voir aussi, sur le bouddhisme, Abbé de Broglie, *l'Histoire des
religions*, ch. vi, Putois-Cretté, Paris, 1886.

(2) *Le Bouddha*, p. 218.

prise de ce seul point de vue, elle est irrémédiablement mauvaise : c'est presque la moitié de la population du globe. Et il en a toujours été ainsi, on le peut dire sans exagération, de l'Orient tout entier. O progrès, que deviens-tu ?... Et comme les philosophes de l'Occident ont la foi facile !

## II

Las de chercher l'Absolu, l'homme a fini par se tourner tout entier vers la terre et s'est pris pour elle d'une sorte de passion doublée de désespoir. Dieu n'a qu'un nom, s'est-on dit : c'est l'introuvable. Est-il ou non ? Et s'il est, qu'est-il ? que veut-il de nous ? Autant de questions qu'il faudrait résoudre pour s'orienter vers l'Au-delà et qui resteront toujours insolubles. Garde donc le fond de ton temple, ô, Éternel,

> Garde ta grandeur solitaire.
> Ferme à jamais l'immensité.

Désormais, c'est le monde que nous voulons ; c'est la nature qui est notre ciel. Ce ciel, il est vrai, n'est encore qu'un enfer ; la souffrance « presse l'univers dans sa serre cruelle[1] ». Mais ce n'est pas pour jamais qu'elle embrasse de sa rage son éternel aliment. L'homme est armé de science et d'amour, et de telles armes triomphent de tout. Il a de quoi s'adapter à son milieu ; il peut par son labeur y faire l'harmonie.

(1) Lamartine, *Méditations poétiques*, p. 58, Ch. Gosselin, Paris, 1828.

Conquérir notre place sur la planète que nous habitons, l'assujettir de plus en plus à nos besoins, y réduire le champ de la douleur et ouvrir autour de nous de nouvelles sources de joie ; rendre la vie à la fois plus pleine et mieux ordonnée : voilà « l'unique affaire ». Couper court à toute question sur la substance, sur les causes finales et les puissances occultes, puisque ce sont là autant de choses « inaccessibles et finalement jugées vides de sens pour nous qui ne saurions réellement connaître que les faits appréciables à notre organisme » ; s'en tenir à l'étude des phénomènes et des « lois naturelles invariables » qui président à leur apparition ; accroître notre connaissance, afin d'accroître notre puissance d'action : voilà le premier commandement [1]. Ne pas se prendre soi-même pour le centre de l'univers, renoncer à son bien pour le bien ; travailler pour l'espèce, comme le fait la nature ; se dévouer à l'humanité qui est désormais l'unique Dieu : voilà le second commandement ; et il n'y en a pas d'autres que ces deux-là. « Science, d'où prévoyance ; prévoyance, d'où action [2] » ; amour prépondérant de l'ordre [3] : c'est toute la loi nouvelle, la troisième loi, celle qui doit demeurer à jamais, parce qu'elle est une œuvre d'adultes.

Telle est la théorie de l'univers qui s'est élevée, de nos jours, en face des croyances métaphysiques et religieuses depuis longtemps affaiblies. Et cette théorie a exercé dans le monde entier une immense influence. Forte du pres-

_________________________

(1) A. Comte, *Cours de philosophie positive*, vi, 701 [598].
(2) *Ibid.*, i. 63, [51] ; ii, 10, [57].
(3) *Catéchisme positiviste*, p. 53.

tige de la science, qui fait des miracles à notre époque et sur laquelle on prétendait l'appuyer, elle a séduit un moment jusqu'aux esprits les plus nobles. On a cru tenir le chemin qui devait nous ramener à l'âge d'or. Le progrès par le savoir et l'amour, le sacrifice désintéressé de l'homme à l'homme dirigé par une connaissance de plus en plus exacte des lois de la nature et de la vie, la perspective de l'immortalité du bien que chacun peut faire au tout ! Quel vaste et pur idéal ouvert tout à coup aux intelligences troublées ! N'y a-t-il pas là, se disait-on, de quoi satisfaire les âmes généreuses et provoquer de leur part un efficace concours ? N'est-ce pas le commencement de la vraie rédemption ?

« Vivre ainsi, c'est le ciel, dit George Eliot ;
C'est produire dans le monde une harmonie qui ne meurt pas,
Où respire l'ordre merveilleux qui règle,
Avec un pouvoir grandissant, le progrès de l'humanité.
Puissions-nous recevoir en héritage cette douce pureté
Pour laquelle nous avons combattu, gémi, agonisé,
Les yeux perdus dans le vaste passé qui n'enfanta que le désespoir !
Notre être, ainsi meilleur, vivra jusqu'à ce que le temps humain
Ait fermé sa paupière et que les cieux humains
Soient repliés, comme un rouleau, dans la tombe,
Où nul jamais ne les lira. C'est la vie à venir
Qu'ont rendue pour nous plus glorieuse ces martyrs,
Dont nous tâchons de suivre les pas. Puissé-je atteindre
Ces cieux très purs ! Être pour d'autres âmes
Le calice de vaillance en quelque grande agonie,
Allumer de généreuses ardeurs, allumer de purs amours,
Engendrer des sourires exempts de cruauté,
Être la douce présence du bien partout diffus,
Et dans sa diffusion toujours plus intense [1] ! »

Mais cette ivresse des premiers jours n'a pas duré long-

(1) Mathilde Blind, *George Eliot*, p. 8, London, 1883 ; -- William Hurrel, Mallock, *Vivre : la vie en vaut-elle la peine ?* p. 81-82, Firmin-Didot, Paris, 1882.

temps. Au bout de quelques années, l'insuffisance du système qui provoquait tant d'enthousiasme a éclaté à tous les yeux ; et il en est sorti le pessimisme le plus profond, le plus amer et le plus irrémédiable qui ait jamais tourmenté le cœur de l'homme. Le pessimisme moderne « ne trouve plus seulement la douleur dans l'union avec ce que l'on n'aime pas, la séparation d'avec ce qu'on aime ; il la découvre même dans l'union avec ce qu'on aime, ou il va jusqu'à contester qu'on aime. Il ne reproche pas seulement au bonheur humain d'être rare, instable et fragile : il le nie ou le raille. S'il n'y avait pas de maladie, de vieillesse et de mort, la vie semblerait bonne à Joasaph [1] : Obermann n'y trouverait même alors aucune saveur. Tout travail est vain, toute jouissance est fade, toute connaissance est erronée, toute affection est illusoire. L'inutilité absolue de la vie, le mensonge des apparences, s'imposent à la pensée et paralysent le sentiment et l'action. Tel est le travail accompli par l'âme moderne repliée sur elle-même. Les notions scientifiques qui ont transformé l'univers sont venues d'autre part enlever à l'homme son orgueil et son espoir, comme la réflexion lui avait enlevé sa joie. La terre n'est plus le centre de l'univers, mais un grain de sable dans le tourbillon des mondes visibles, qui n'est, sans doute, lui-même qu'une poussière perdue dans l'infinité d'un mouvement aveugle et éternel. Sur ce grain de sable, l'homme

(1) On a découvert que ce *Joasaph* n'est autre chose que le *Bouddha*. Voir *Revue de Paris*, Gaston Paris, *Saint Josaphat*, 1<sup>er</sup> juin 1895.

n'est plus un être à part : animal à peine distinct des autres, sorti de leurs foules pour son malheur, il n'ose plus séparer sa destinée de la leur et s'attribuer une persistance contraire à la loi de formation, d'évolution et de destruction des autres organismes, ni s'imaginer qu'il a au ciel un Père qui l'a créé à son image et qui lui porte un intérêt particulier. Il doute même de son individualité : ce *moi* qu'il avait élevé si haut s'évanouit dans une agglomération de cellules momentanément associées. Mille fois plus vide le ciel, mille fois plus triste la terre apparaissent au penseur d'aujourd'hui qu'au rêveur d'il y a vingt-cinq siècles : il n'espère même plus trouver, comme l'oiseau de *Barlaam* et *de Joasaph*, une branche verte où se poser, un creux de roche où se blottir. Rien ne saurait le protéger ou le reposer de lui-même, du tourment qu'il porte en lui, de la lassitude qui l'accable. En contemplant l'univers, il n'y voit rien qui puisse l'attacher, le charmer ou le distraire : dans l'immense écoulement des choses, il ne discerne rien de stable, il ne trouve rien de réel, excepté la souffrance, et le miel même des abeilles a perdu pour lui sa douceur [1] ».

Vivre n'est pas un bien ; vivre est le pire des maux : telle est la conséquence qui s'est dégagée des dithyrambes de l'évangile positiviste. Et Schopenhauer prend le soin de nous avertir que ce mal ne peut qu'augmenter avec le progrès ; car la douleur, à son gré, croît en raison directe de la conscience elle-même. Mais, si c'est là tout le prix

---

(1) Gaston Paris, *Ibid.*, p. 544-545.

de l'existence, à quoi bon la perpétuer ? A quoi bon la développer ? *To be or not to be,* disait Hamlet. Le second terme de l'alternative est d'emblée le meilleur pour tout homme qui raisonne. Détruire la machine cosmique : voilà la solution suprême. Et il s'est trouvé un chef d'école pour théoriser cet étrange dénouement.

Dieu, d'après Eduard von Hartmann, était malheureux dans son éternité ; et, pour sortir de son enfer, il a créé le monde, il a produit la série sans fin des phénomènes qui constituent cet univers. Mais il n'a fait par là que multiplier son infortune. « L'existence réelle est l'incarnation de la divinité ; le processus de la nature est l'histoire de la passion du Dieu fait chair et en même temps la voie qui mène à la libération du Crucifié. » Et alors en quoi consiste la moralité ? « A coopérer à l'abrévation de ce chemin de souffrance et de rédemption [1]. » Un jour viendra, où cette coopération sera plus efficace que le Bouddha ne l'a pu prévoir. A force de recherches et de découvertes, les hommes finiront par concentrer en leurs mains une puissance assez grande pour faire sauter la planète. Et, ce résultat une fois obtenu, ils seront pris d'un beau désespoir qui terminera pour toujours le règne du gémissement. Au signal de l'électricité, ils réuniront tous leurs efforts pour le grand acte de l'universelle délivrance : la terre tombera en poussière, toute vie s'éteindra d'un seul coup : et le grand Crucifié sera descendu de sa croix.

C'est donc un fait qui ressort avec force de l'histoire de

_______

(1) *Phänomenologie des sittlichen Bewusstseins,* p. 866-871, Berlin. 1879.

notre pensée : la nature est trop pauvre pour que l'homme s'y puisse tenir ; il lui faut toujours avouer que, si elle a de quoi l'affamer, elle n'a rien qui soit capable de le satisfaire. Quand ce n'est pas au début de ses réflexions, c'est à leur terme qu'il en reconnaît et sent l'insuffisance radicale. Et, dans le second cas, lorsqu'il a commencé par choisir la terre pour paradis, son désenchantement et sa lassitude de vivre deviennent si profonds qu'il ne trouve plus aucune signification à l'existence : tout se décolore à ses yeux et perd son prix ; tout lui devient une source de souffrance, de tristesse et d'ennui. Notre âme ne peut pas plus se soustraire au sentiment du rien de la vie qu'un corps ne peut se soustraire à la force de gravitation qui fait tourbillonner l'univers. De quelque côté qu'elle se tourne, de quelque façon qu'elle s'ébatte, ce sentiment est toujours là ; et elle y retombe : son influence est irrésistible.

Voilà du moins ce que nous révèlent le passé et le présent : et l'on ne voit pas qu'il en puisse aller autrement dans l'avenir.


## III

Il est plus que probable que l'on ne supprimera jamais la mort. Elle s'embusque partout, sous des formes variées à l'infini, et dans les forces sans nombre au milieu desquelles nous nous mouvons, et dans les bulles d'air que nous aspirons du dehors, et dans les aliments à l'aide desquels nous sommes contraints de régénérer notre énergie, et dans les profondeurs de notre organisme où elle a répandu à profusion ses germes destructeurs : elle nous guette à chaque instant et par des myriades d'issues, de telle sorte que le miracle n'est point que nous mourions, c'est que nous puissions vivre. Vaine utopie, chimère incompréhensible que l'espoir des Bacon et des Descartes. Ils sont arrivés trop tard pour expulser la mort de son empire : la terre sera toujours le tombeau des enfants qu'elle aura produits.

Quant à la souffrance, on réussira peut-être de plus en plus à la chasser de quelques-uns de ses domaines. Il y a des maladies qu'on sait déjà mettre en quarantaine, d'autres dont on étouffe à temps le germe mortel, d'autres enfin que l'on a totalement supprimées : et il est difficile à l'heure actuelle, grâce à la multiplicité des moyens de transports, que la famine fasse de grands ravages dans notre monde occidental[1]. Mais, malgré ces conquêtes heureuses, dont le nombre peut s'accroître, la souffrance gardera toujours le plus grand nombre de ses positions. Elle s'est installée partout dans le milieu ambiant; elle « coule intarissable de notre pauvre substance d'homme[2] ». En outre, tandis que le progrès ferme quelques sources de douleur, il en est d'autres plus profondes qu'il ouvre ou agrandit. Plus l'homme se civilise, plus son organisme devient délicat, moins il

(1) Voir Jules Rochard, *la Tuberculose et les doctrines contemporaines*, Revue des Deux Mondes, juillet 1891 ; — *la Science sociale*, t. XXV, 4ᵉ livraison, ⁜⁜⁜; — *la Crise morale des temps nouveaux*, p. 292, 293.

(2) M. Blondel, *l'Action*, p. 328, F. Alcan, Paris, 1893.

a de puissance de réaction pour résister aux attaques incessantes des forces brutales de la nature; et de là toute une germination d'accidents morbides et de maladies, qui sont spéciaux aux peuples raffinés. De plus, le progrès accroit à l'indéfini les besoins de l'individu : il aiguise les anciens, il en crée de nouveaux et nous jette ainsi, par deux issues différentes, sur le chemin de l'infortune. D'abord, il n'y a qu'un petit nombre de ces besoins toujours plus impérieux qui puissent trouver satisfaction; et les autres, restant inassouvis, sont autant de causes additionnelles d'inquiétude, de malaise et de douleur. En second lieu, on se tend à chaque instant et de toutes manières pour sortir de cette gêne intérieure, pour obtenir du dehors qu'il s'adapte aux exigences du dedans. On est pris peu à peu d'une sorte de fièvre de travail intellectuel, industriel et commercial, dont l'intensité ne fait que s'accroître avec le temps : on se surmène de plus en plus; et de là l'épuisement physique et moral, qui est la source de tous les maux.

Ce n'est pas seulement la sensibilité physique, c'est aussi la sensibilité morale qui accroit sa tourmente en se développant. La grâce et la grandeur des scènes de la nature, les beautés de l'art, la recherche et la découverte scientifiques, la douce paix d'un heureux foyer : autant de causes de joies intimes qui nous reposent en nous améliorant. Mais ces joies sont telles que celui qui est capable de les goûter, sent aussi davantage tout ce qui leur manque ou les traverse. On souffre d'autant plus de la laideur qu'on est plus esthète, de l'injustice qu'on est plus noble et des froissements inévitables de la vie qu'on a l'âme plus délicate, les séparations sont d'autant plus cruelles que l'on a plus aimé. Ce qui n'est qu'une piqûre d'épingle pour une Pahouine, est un coup d'épée pour une Parisienne.

Que l'on soit donc aussi optimiste qu'on le voudra, il y a quelque chose de vrai dans le Paradoxe de Schopenhauer : vu les conditions qui nous sont faites ici-bas et la nature de notre être psychologique, il est difficile de croire que la civilisation puisse accroître le total de notre bonheur : la souffrance et la mort ont pris possession de la terre, et c'est pour jamais. Bien plus, il y a des raisons de penser que la griserie du progrès ne fera que leur fournir un aliment de plus en plus riche, aussi longtemps que l'on n'aura, pour discipliner les instincts, que la morale positiviste [1].

Mais j'imagine que la souffrance soit un jour à peu près totalement bannie de la terre ; je suppose aussi que l'on soit arrivé en même temps à un état social assez parfait pour que la plupart des hommes aient ce qu'ils semblent désirer le plus : à savoir la fortune, l'admiration de l'opinion publique et la paix entre eux, une paix inaltérable : Je fais cette hypothèse, qui est la plus colossale et la plus invraisemblable de toutes celles qui peuvent hanter une cervelle humaine. La vie de ces hommes privilégiés serait encore foncièrement triste; elle le serait d'autant plus que leur raison serait plus développée : elle le serait

(1) Voir C. Piat, *la Personne humaine*, p. 318 et suiv., Alcan, Paris, 1897.

d'autant plus qu'ils seraient plus hommes. Les biens de la vie ne nous suffisent qu'autant qu'ils tuent la pensée et nous ramènent à la condition de l'animal. Dès que la réflexion se dégage de la jouissance qu'ils nous procurent, elle les traverse d'un bond et nous laisse en face du vide. Et plus nous avons, plus nous savons, plus nous sommes, plus nous prenons conscience de n'avoir encore rien de ce que nous voulons. Le succès et l'insuccès, la possession et la privation, le plaisir et la souffrance nous acculent également à la même constatation finale : il n'y a rien sur la terre où notre volonté puisse s'égaler à elle-même ; il n'y a rien dans le monde que notre amour ne dépasse de l'infini.

Et ce besoin essentiel de franchir les limites du devenir, cet élan invicible vers l'au-delà, qui part du fond même de notre nature, ce ne sont pas seulement les Augustin, les Gerson et les Pascal qui l'ont mis en lumière. Les penseurs les plus remarquables de notre siècle de positivisme en ont aussi affirmé l'indélébile et vivace réalité.

« Supposé, se dit un jour Stuart Mill, que tous les objets que tu poursuis dans la vie, soient réalisés, que tous les changements dans les opinions et les institutions dans l'attente desquels tu consumes ton existence, puissent s'accomplir sur l'heure, en éprouveras-tu une grande joie, seras-tu bienheureux ? » — « Non ! » me répondit nettement une voix, que je ne pouvais réprimer. Je me sentis défaillir ; tout ce qui me soutenait dans la vie s'écroula. Tout mon bonheur, je devais le tenir de la poursuite incessante de cette fin. Le charme qui me fascinait était rompu ; insensible à la fin, pouvais-je encore m'intéresser aux moyens ? Il ne me restait plus rien à quoi je pusse consacrer ma vie.

Au premier moment, j'espérai que le nuage qui venait d'obscurcir mon existence se dissiperait de lui-même ; il n'en fut rien. Une nuit de sommeil, ce remède souverain contre les petits ennuis de la vie, n'eut aucun effet sur mes souffrances. Je fis un nouvel appel à ma conscience. J'entendis encore la néfaste réponse. Je portais ma tristesse partout avec moi, je la trouvais dans toutes mes occupations. C'était à peine si parfois un objet avait le pouvoir de me la faire oublier quelques minutes. Durant plusieurs mois, le nuage sembla s'épaissir encore davantage. L'expression exacte de ce que je souffrais se trouve dans ces vers de l'Abattement de Coleridge, que je ne connaissais pas encore ; c'était :

> « Une douleur sans angoisse, vide, sourde,
> lugubre, — une douleur lourde, étouffée, calme, —
> qui ne trouve aucune issue naturelle,
> aucun soulagement dans les paroles, ni
> dans les sanglots, ni dans les larmes [1]. »

« C'est chose manifeste, écrit de son côté George John Romanes :

« Dieu a décidé que la gloire ne peut satisfaire nos aspirations les plus hautes. »

« Il m'a été donné de connaître un assez grand nombre d'hommes illustres de notre génération, et j'ai toujours observé que cette parole est profondément vraie. Comme

_______________

(1) *Mes Mémoires*, p. 127-128, F. Alcan, Paris, 1894.

toutes les autres jouissances morales, le plaisir de la
gloire s'efface sous l'action de l'habitude. A peine a-t-on
obtenu un certain genre de distinction que l'on s'efforce
d'en avoir un autre ; et, de fait, il n'y a pas de raison de s'y
arrêter, puisque la tristesse et la mort en sont l'arrière-
fond. La coutume peut toujours nous aveugler sur notre
propre misère, aussi longtemps qu'elle nous pousse à
réaliser notre désir. Mais ce désir réalisé, c'est le néant
qu'on y trouve. Je le tiens donc pour incontestable :
cette impuissance de l'homme à se satisfaire atteste qu'il
y a dans son âme un vide que la foi en Dieu peut seule
combler [1]. »

Hartmann a exprimé une opinion analogue, en la fondant sur une observation plus large et peut-être plus pénétrante : « Plus l'humanité, dit-il, voit se multiplier les
moyens dont elle dispose pour se rendre l'existence
agréable, plus elle se convainc de l'impossibilité de surmonter de cette manière l'angoisse de la vie et d'atteindre au
bonheur ou même seulement au contentement. Une période
ascensionnelle des choses humaines peut être optimiste
tant qu'elle garde l'espoir de trouver le bonheur au terme
et d'en jouir ; mais à l'instant où le but est atteint, le peuple
qui y tendait s'aperçoit qu'il n'a pas progressé dans le bonheur, et qu'il a seulement accru les besoins qui le ron-
gent et le tourmentent. Aussi l'optimisme n'est-il jamais
qu'un intermède chez les nations qui se trouvent engagées
dans l'essor de l'activité mondaine. *Le pessimisme est la*

_______

(1) *Thoughts on religion*, p. 151-152, Longmans, London, 1896.

*disposition foncière de l'humanité qui se connaît ;* et chaque fois que se clôt une époque d'essor mondain, il se fait jour avec une énergie redoublée. Attendons-nous donc à voir l'aspiration de l'homme à surmonter la misère du monde, quand ce ne serait que par l'idée et dans la sphère de la conscience, se faire sentir avec une intensité toujours plus marquée à l'issue des périodes où le monde a pour ainsi dire célébré ses triomphes et où les intérêts terrestres ont tout absorbé ; attendons-nous à voir la question religieuse devenir la plus brûlante de toutes quand l'humanité aura atteint tout ce qu'elle peut atteindre en fait de civilisation sur la terre, et embrassera d'un coup d'œil toute la misère lamentable de cette situation[1]. » Cette seconde solution, moins violemment désespérée que celle dont on a parlé plus haut, vient aussi d'une connaissance plus profonde de la vie.

L'éternelle illusion de l'homme dont la foi se borne au progrès, c'est aussi ce que M. Guyau a peint avec autant de force que de grâce dans son *Esquisse d'une morale sans obligation ni sanction.* « Il y avait une femme dont l'innocente folie était de se croire fiancée et à la veille de ses noces. Le matin, en s'éveillant, elle demandait une robe blanche, une couronne de mariée, et, souriante, se parait. « C'est aujourd'hui qu'il va venir, disait-elle. » Le soir, une tristesse la prenait, après l'attente vaine ; elle ôtait sa robe blanche. Mais le lendemain, avec l'aube, sa confiance revenait : « C'est pour aujourd'hui, disait-elle. »

(1) *La religion de l'avenir*, p. 138-139, F. Alcan, Paris, 1894.

Et elle passait sa vie dans cette certitude toujours déçue et toujours vivace, n'ôtant que pour la remettre sa robe d'espérance. L'humanité est comme cette femme : oublieuse de toute déception, elle attend chaque jour la venue de son idéal ; il y a probablement des centaines de siècles qu'elle dit : « c'est pour demain » ; chaque génération revêt tour à tour la robe blanche. La foi est éternelle comme le printemps et les fleurs. Toute la nature en est là peut-être, du moins la nature consciente et intelligente. Peut-être, il y a une infinité de siècles, dans quelque étoile maintenant dissoute en poussière, espérait-on déjà le fiancé mystique. L'éternité, de quelque façon qu'on la conçoive, apparaît comme une déception infinie[1]. »

Jamais l'on n'avait si bien vu, on n'avait pas encore aussi fortement senti que le présent ne nous satisfait pas, « que l'espérance nous pipe, et de malheur en malheur nous mène jusqu'à la mort, qui est un comble éternel[2] ».

Il faut donc ou que l'homme soit dans la nature un monstre incompréhensible ou qu'il y ait pour lui quelque chose de plus que la nature[3]. Il faut ou que la vie de l'homme n'ait aucun sens et n'en puisse jamais avoir ; qu'elle ne soit faite que pour engendrer la satiété et le

(1) P. 46-47, F. Alcan, Paris, 1890.
(2) Pascal, *Pensées*, p. 146.
(3) Voir sur ce point C. Léon Tolstoï, *De la vie*, p. 44-45, Marpon, Paris.

dégoût; qu'elle devienne de plus en plus intolérable au fur et à mesure, que se déployant davantage, elle enferme plus de raison; il faut que la vie de l'homme soit impossible en droit ou qu'on la conçoive comme la première étape d'une évolution commencée qui doit s'achever ailleurs. Si tout finit avec le dernier soup'r, l'homme est un être manqué : il est tel par nature; il l'est d'autant plus qu'il touche de plus près à son point de maturité. Or il n'est pas rationnel de croire à une antinomie aussi profonde : on ne peut admettre que cette même finalité qui s'accuse si visiblement dans toutes les espèces inférieures, s'arrête brusquement au plus haut degré de la vie, et y fasse à jamais défaut. Si l'amour, qui fait le fond de nos âmes, exige l'existence de l'Absolu, c'est que l'Absolu existe et comme notre fin; c'est qu'il est à la fois le principe qui nous meut et le terme auquel nous tendons; c'est que notre être est suspendu tout entier à son être. « Il y a quelque chose en nous qui ne meurt pas, » et dont la vie est Dieu lui-même[1].

(1) Bossuet, *Sermon sur la mort*, Carême du Louvre, t. IV, p. 175. Éd. de l'abbé J. Lebarq, Descléo, Paris, 1892.

# CHAPITRE IV

## L'ACTION

L'action : telle est la troisième et dernière forme de notre énergie, celle à laquelle aboutissent les deux autres. Et là encore s'ouvrent des perspectives qui dépassent de toutes parts les limites de la nature. L'action aussi est comme une avenue qui mène jusqu'à Dieu et nous laisse entrevoir qu'en lui seul se trouvent la lumière, la force et la paix du juste.

L'action suppose un but ; il lui faut une règle ; elle exige aussi des motifs assez puissants pour se soutenir et se développer dans l'harmonie. Or, de ces trois conditions essentielles il n'en est aucune que le positivisme puisse réaliser. La métaphysique et la religion sont seules à les pouvoir fournir. « O Devoir ! où trouve-t-on la racine de ta noble tige [1] ? » Dans le Noumène ; dans Celui qui est par essence la vérité, la voie et la vie.

## I

Le bonheur par le progrès, nous dit-on : voilà le but. Belle devise, à coup sûr. Mais qui nous dira si elle est

(1) Kant, *Critique de la raison pratique*, p. 155. Trad. Picavet, F. Alcan, 1888.

réalisable? qui nous dira si le progrès que nous rêvons est réellement possible ? Pourquoi les choses, après avoir marché en avant, ne se mettraient-elles pas un beau jour à marcher en arrière ?

Sans doute, l'humanité a sensiblement grandi depuis les premiers sages de la Grèce jusqu'à nous. Les sciences exactes et les sciences expérimentales ont pris peu à peu des développements considérables, à la lumière desquels on a déjà transformé la surface de la terre. L'horizon de notre pensée s'est élargi de toutes parts ; et l'on a des méthodes précises pour pousser plus avant l'œuvre du savoir. A cette évolution scientifique s'est ajouté un certain raffinement moral, qu'on ne trouve plus seulement à l'état d'idée, mais qui aussi se révèle dans la vie pratique. Il y a dans notre civilisation comme une fleur de respect et d'exquise bonté que les Anciens n'ont pas connue. Mais qui sait si ce mouvement ascensionnel vient d'un état antérieur qu'il n'a fait que continuer en le perfectionnant? qui sait s'il n'a pas commencé après une longue et profonde décadence de sociétés puissantes et savamment organisées, qui peut-être succédaient elles-même à un arrêt plusieurs fois séculaire de la vie intellectuelle et morale ? En outre, si l'on observe la manière dont la civilisation indo-européenne s'est formée, on n'a pas de peine à remarquer qu'elle comprend deux périodes très distinctes : la période païenne et la période chrétienne. Or, la première eût-elle suffi, sans l'intervention du Christ, à faire naître la seconde? On le peut mettre en doute. Il n'est pas sûr que la société gréco-romaine se

soit jamais relevée de son effroyable corruption, si le
Christ n'était venu lui donner du dehors le coup de
baguette magique. De plus, comment l'ordre serait-il
jamais sorti, sans l'Évangile, du chaos des invasions ?
qui aurait discipliné ces hordes·de barbares qui de tous
côtés fondaient sur l'empire des Césars, si l'Église n'avait
été là, industrieuse et patiente à l'infini, pour humaniser
les âmes en les christianisant ?

Je suppose, d'ailleurs, qu'à travers les arabesques qu'a
décrits jusqu'ici la vie humaine se dégage nettement une
ligne centrale qui n'a pas de rupture : comment établir que
cette ligne doit se prolonger à l'infini dans le temps ? A
l'aide de la philosophie positive ? Mais c'est chose radicalement impossible. De ce côté-là, le chemin est barré. On
comprend le « progrès à l'infini », s'il y a un Dieu qui
dirige le monde d'après l'idée du meilleur et que ce Dieu
ait dit lui-même qu'un jour viendra où « les loups vivront
au milieu des brebis sans les dévorer ». Mais le propre
du positivisme, c'est d'exorciser de telles solutions. Il
n'y a, d'après ce système, ni révélation, ni volonté transcendante, ni finalité quelconque. Tout est dans la nature
et tout s'y réduit à la causalité : l'univers n'est qu'un
tourbillon d'atomes d'où la vie est sortie en vertu d'un
choc heureux. Et alors, pourquoi n'y aurait-il pas dans
l'avenir un choc malheureux qui peu à peu ou brusquement produirait juste l'effet contraire ? Pourquoi le jeu
aveugle des forces, qui, d'après le positivisme, nous a
élevés graduellement vers l'ordre, ne pourrait-il pas un
jour nous ramener au désordre ? N'y a-t-il pas visible-

ment, dans une semblable théorie, autant de chances pour la décadence que pour le progrès? N'y en a-t-il pas cent mille fois plus encore?

Est-ce à l'histoire que l'on aura recours pour établir que tout ira toujours s'améliorant? Mais, en face d'une pareille question, cette autre muse est muette comme la première : elle est aussi frappée d'aphasie. Le progrès, tel que nous le revèlent et le passé et le présent, enveloppe un principe de décadence : comme tout ce qui vit, il porte un germe de mort en son sein. Jusqu'ici le progrès a toujours fini par se détruire lui-même. Les Grecs ont péri sous le poids de leur civilisation. A peine avaient-ils atteint le point culminant de leur culture, que l'on remarquait déjà dans leur vie sociale des indices multiples de dissolution. C'est à partir de ce moment que les croyances généreuses se sont mises à décliner; c'est alors que l'on a vu disparaître peu à peu ce sens de l'universel, qui est l'âme du respect, de la justice et du dévouement. Et, le mouvement en arrière une fois commencé, rien n'a pu l'arrêter pour tout de bon. Les Socrate, les Platon, les Aristote et les grands patriotes du temps ont vainement tenté d'opposer une digue au torrent toujours plus fort des instincts égoïstes. Tel a été aussi le sort des Romains, et plus tard celui des républiques italiennes. A Venise et à Florence, on croyait surtout en la puissance de l'art et en celle du luxe dont l'art a besoin. On n'y comptait plus avec la morale; il s'y commettait de « beaux crimes », des crimes esthétiques. Et le résultat auquel ont abouti ces cités si florissantes et si fières, c'est

que leur gloire leur a servi de linceul. A l'heure actuelle
nous tendons, je crois, vers un dénouement analogue.
Le plaisir surmène nos nerfs, la pensée nos cerveaux, et
le travail industriel nos muscles : le progrès nous épuise
et toujours davantage. En outre, tandis que nos forces
physiques se désagrègent, nous perdons ce que nous avons
en nous de plus humain et par là même de plus sociable,
à savoir la moralité. La science et la vertu sont loin
d'aller de pair si l'on en croit les statistiques qui arrivent
de tous les côtés et toujours plus alarmantes. Le développement de l'intelligence ne profite au bien que chez quelques hommes d'élite ; généralement, il ne sert qu'à fortifier
l'égoïsme. L'idéal moral, que prônent les scientistes, ne
suffit pas à brider les passions excitées par des appâts
nouveaux : elles l'emportent comme un fétu. Et la conséquence la plus nette de tant de belles théories que l'on a
inventées de nos jours, c'est que les masses se pervertis-
sent au fur et à mesure qu'elles savent mieux réfléchir.

La splendeur de la vie, qui est l'effet naturel de la civilisation, développe donc toujours une soif insatiable de
jouissance qui finit par tout perdre. Et quand tout est
perdu, rien ne renaît tout seul. On ne connaît pas de
peuples qui, descendus à un certain degré de barbarie,
en soient remontés par eux-mêmes. Il faut à de tels
retours un choc du dehors, une régénération du sang qui
se fait ordinairement par l'invasion. Cette soif de jouissance, d'où vient la mort, sera-t-elle jamais domptée ? ou,
du moins, sera-t-elle jamais suffisamment tempérée pour
ne plus nuire ? C'est une question qu'il est difficile de

résoudre, comme chacun le sent ; nous n'avons pas une connaissance assez profonde de nous-mêmes pour y voir clair. Or, si cet assujettissement de la sensibilité à la raison n'a pas lieu, s'il ne réussit pas à se fixer d'une manière durable, voici l'événement qui se produira tôt ou tard à la surface de la terre. Quand le progrès aura conquis le monde entier ; quand la civilisation, devenue œcuménique, aura fait de tous les peuples un seul et même peuple, il s'y manifestera des causes de déclin qui ne pourront que s'accentuer avec le temps. Et la ruine une fois consommée, ce sera fait pour toujours ; car, il n'y aura plus de peuples jeunes pour tout rajeunir ; le progrès ne recommencera pas.

Quand même on parviendrait à discipliner ces appétits mortifères que la civilisation a toujours déchaînés jusqu'ici, on n'aurait pas supprimé par là même toute cause de « rétrogradation ». Supposé que le progrès finisse par continuer dans l'harmonie, que la science et la vertu s'y développent de pair, au lieu de se combattre, comme elles l'ont fait dans le passé et le font encore sous nos yeux ; on ne serait pas encore assuré de la permanence indéfinie d'un si bel état de choses. Pourquoi la vie humaine ne formerait-elle pas une sorte de cycle qui doit avoir sa fin, comme il a eu son commencement ? Elle va du moins au plus, nous dit-on ; pourquoi ne se mettrait-elle pas un jour à aller du plus au moins ? Quelle raison de croire qu'elle ne s'use pas à la longue et par elle-même, indépendamment des causes ambiantes de désordre qui peuvent accélérer son dépérissement ? Pour établir que le progrès, une fois arrivé à l'harmonie, n'en redescendra jamais et comme de son propre poids, il faudrait démontrer que le trésor d'énergie que renferme notre nature est inépuisable. Or personne n'osera dire, je crois, qu'une telle démonstration soit possible.

La philosophie positive et l'histoire n'ont donc rien à nous apprendre sur l'indéfinité du progrès. Et alors, où se trouve la preuve demandée ? Est-ce la science qui va la fournir ? Tout au contraire. Non seulement la science ne se prononce pas pour la théorie du progrès qui n'a pas de terme ; mais elle la combat nettement. « Supposons, dit Huxley, que nous revenions à la période glaciaire et que les conditions de climat qui sont celles des pôles deviennent celles de tout notre globe. Dans ces circonstances, l'action de la sélection naturelle tendrait en fin de compte à la ruine de tous les organismes supérieurs et à la prospérité des formes inférieures de la vie [1]. »

« Lorsque l'on parle du développement du règne animal et du règne végétal, écrit de son côté M. A. Weismann, on pense le plus souvent à un développement dirigé de bas en haut, se continuant sans interruption. Telle n'est pas la réalité. La régression y joue, au contraire, un rôle très important ; et, à bien considérer les phénomènes de retour en arrière, ils nous permettent presque encore plus que ceux de la marche en avant, de pénétrer les causes qui déterminent les transformations de la nature vivante [2]. »

---

(1) *L'évolution et l'origine des espèces*, p. 80. J.-B. Baillière, Paris, 1892.

(2) *Essais sur l'hérédité et la sélection naturelle*, p. 381. Reinwald, Paris, 1892.

Telle est la manière dont parient les « savants »; et l'on pourrait fournir nombre d'autres témoignages aussi caractéristiques.

La croyance au progrès indéfini est donc l'acte de foi le plus gigantesque, et le plus gratuit, et le plus irrationnel qu'on ait jamais demandé aux hommes. On consent à croire ce que l'on ne voit pas, lorsqu'on peut le fonder par ailleurs sur des preuves solides. Et encore y faut-il du courage dans de pareilles conditions : la raison et l'orgueil tendent déjà à protester contre le sacrifice qu'on leur impose. Mais admettre un mystère immense comme celui de l'avènement futur de l'universelle harmonie, l'admettre sur l'autorité de quelques prophètes laïques qui ne fournissent aucune raison sérieuse à l'appui de leur dire, l'admettre à l'encontre des données mêmes de la science : non, jamais; c'est chose impossible; et l'abdication de notre raison ne saurait aller jusque-là. L'hypothèse du progrès à l'indéfini ne sera jamais que l'un de ces rêves généreux auxquels l'humanité se laisse séduire un moment, mais qu'elle abandonne sur sa route, dès qu'elle se prend à réfléchir. Le but de la vie humaine est plus haut que ne l'ont dit les positivistes; ou elle n'en a pas.

La théorie du progrès à l'indéfini ne paraît même pas possible. Mais le serait-elle et viendrait-elle à se réaliser que le bonheur qu'elle nous promet n'en resterait pas moins entaché d'une essentielle insuffisance. Vos ambitions sont grandes, ô philosophes; et pourtant elles ne le sont pas encore assez. Il vous faut les hausser au niveau de notre nature; nos âmes d'hommes se révoltent contre l'étroitesse de vos systèmes. Tout meurt dans les individus, dites-vous. — C'est donc seulement par métaphore que l'on peut dire qu'ils se survivent dans leurs actions. Plaisirs et douleurs, vices et vertus, actes de dévouement et lâchetés : tout n'a donc été qu'une vaine parade, tout se ramène à rien, quand le corps succombe. « L'événement détruit la conséquence ; » et de la vie entière il ne reste qu'un peu de boue dont la nature s'empare pour son trafic et qu'elle jette à tous les vents. Mais alors que nous parlez-vous de bonheur ? Ce qu'il vous faut dire, pour être fidèles à la rigueur de la logique que vous prêchez d'ailleurs en si beaux termes, c'est que l'infortune est entrée dans notre cœur avec la vie et qu'elle n'en peut sortir qu'avec la vie. Un bonheur que la mort menace à chaque instant et qu'elle finit par briser pour toujours n'est que tristesse lorsqu'on y pense. « L'homme est produit pour l'infinité, » comme l'a dit Pascal ; et il tombe dans un désaccord irrémédiable avec lui-même, il devient foncièrement malheureux, dès qu'on réussit à confiner sa croyance aux limites du temps. Il le devient d'autant plus qu'il s'élève davantage vers l'idéal de son être. Si tout se dissipe avec le dernier souffle, il n'y a plus de place pour les sages sur la terre,

« Et tous nos jours d'hier n'ont éclairé que pour des fous
Le chemin qui conduit à la poussière du tombeau. »

## II

Les positivistes sont incapables de résoudre le premier problème que soulève la science morale, et qui est d'assigner un but à l'action. Et il me semble aussi qu'ils sont impuissants à lui tracer une règle.

Qui déterminera jamais les moyens qui concourent à l'œuvre du progrès ? La justice et le dévouement y peuvent servir sans doute ; et c'est-là ce qu'a vu Aug. Comte. Mais la force y est d'un emploi bien plus efficace. Le principe du progrès, c'est la sélection : il s'agit, si l'on veut l'obtenir, d'assurer la survivance des races supérieures et la disparition des races inférieures. Or, la méthode la plus expéditive et par là même la meilleure pour arriver à tel résultat, c'est l'extermination, c'est la guerre et la ruse. Les païens décrétaient la mort de leurs enfants débiles, et ils avaient raison : ils travaillaient avec intelligence à la purification de l'humanité. Les solitaires de Mahomet sortent à certains jours du creux de leurs rochers pour prêcher aux foules qu'il faut marcher le cimeterre à la main contre les giaours ; et l'on ne peut les blâmer d'un si beau zèle, car ils tiennent qu'il n'y a rien au monde qui surpasse en excellence la foi du prophète. Les Américains sont en train de faire la chasse aux Peaux-Rouges ; et ils empoisonnent de leurs alcools vainqueurs ceux que leur fer n'atteint pas. Les Anglais viennent d'inventer les balles *dumdum*, dont les blessures causent des douleurs atroces et déroutent l'habileté des plus fameux chirurgiens. Et ce sont là autant de procédés éminemment philanthropiques aussi longtemps que l'on ne s'en sert que contre les noirs, les jaunes ou les bronzés ; car où trouver un moyen plus sûr de hâter le triomphe des mieux doués, de ceux qui doivent par

leur vigueur multiplier la vigueur des générations fu-
tures ?

La bonté, la douceur et la clémence ont une vertu per-
suasive qui pénètre peu à peu jusqu'aux plus pervers et
tire de leurs âmes tout ce que la nature y a déposé de
meilleur. « Si quelqu'un veut plaider contre vous pour
vous prendre votre robe, disait le Christ, abandonnez-lui
encore votre manteau ; et si quelqu'un veut vous con-
traindre de faire mille pas avec lui, faites-en encore deux
mille [1]. » Et il posait là, sans nul doute, un principe d'harmonie. Mais il en est un autre, qui produit le même effet
d'une manière à la fois plus sûre et moins coûteuse à la
nature : c'est la résistance obstinée, et la vengeance
quand il le faut. Les hommes sont égoïstes et pleins d'orgueil ; généralement, ils poussent leurs prétentions aussi
loin que leur force : de telle sorte que celui qui leur
cède toujours ne peut qu'être victime de leurs injustices
coutumières. Essaie-t-on, au contraire, de défendre har-
diment ses droits, y va-t-on d'estoc et de taille, ils se
tiennent pour satisfaits : c'est le respect qui succède aux
attaques, et la contrainte devient pour eux le commencement du bien.

La chasteté vaut-elle mieux que la volupté, d'après la
théorie du progrès ? Toute la question se réduit à savoir
si la volupté habilement entendue apporte en général plus
de peines que de plaisirs. Et qui pourra jamais le savoir
d'une façon bien précise ? Où est le savant, où est le

(1) S. Matth., v, 40-41.

psychologue qui se sent à même d'éclaircir un sujet si complexe et si délicat? Reviens donc, ô Vénus, sors de la mer pour aborder au monde, « comme il convient à une divinité qui aime les hommes, toute nue et toute seule ». Parais encore, « le pied sur ta conque de nacre et soutenant de ta blanche main les flots de tes beaux cheveux où le vieux père Océan a semé ses perles les plus parfaites ». Ton règne n'est peut-être pas encore fini. Peutêtre s'en ira-t-elle loin de nous, la Madone à l'ovale amaigri, aux joues « nuancées d'une couleur sobre et virginale, plus tendre que la fleur du pêcher ».

Qui pourra même nous dire, s'il s'agit d'une fin aussi lointaine que la réalisation du progrès, quels sont ceux de nos actes qui concourent au bien et ceux qui le contrarient? Il faudrait, pour opérer une telle sélection, prévoir toutes les conséquences que peut avoir notre conduite dans la suite infinie des siècles à venir. Or, évidemment, une pareille anticipation dépasse les bornes de notre faible intelligence. Nous sommes tous myopes, lorsqu'il est question de mesurer les effets de nos actions : Ce que nous avons jugé bon finit souvent par produire du mal; au contraire, ce que nous avons tenu pour mauvais, aboutit parfois à d'heureux résultats. De nos jours, on a cru améliorer la vie humaine, en développant le savoir, le commerce et l'industrie. Et les faits sont déjà venus démentir cette vue généreuse. « Visitez quelque cité industrielle ou descendez dans une mine, et dites si ce que vous voyez ne passe pas tout ce que les théologiens les plus féroces ont imaginé de l'enfer. Pourtant, on doute, à la réflexion, si les produits de l'industrie ne sont pas moins nuisibles aux pauvres qui les fabriquent qu'aux riches qui s'en servent et si, de tous les maux de la vie, le luxe n'est point le pire. J'ai connu des êtres de.toutes conditions : je n'en ai point rencontré de si misérables qu'une femme du monde, jeune et jolie, qui dépense à Paris chaque année cinquante mille francs pour ses robes. C'est un état qui conduit à la névrose incurable [1] ». L'action est donc impossible, si elle n'a d'autre but que le progrès, et parce qu'elle n'a pas de loi. Le seul parti, qui reste au positiviste conséquent, c'est de fumer de l'opium ; et encore est-il probable que le grand Tout ne s'en trouvera pas mieux.

Les tenants du progrès réussiraient-ils à esquisser une morale, qu'un tel succès serait assez inutile. Cette morale une fois trouvée, resterait à l'enseigner aux foules, à la leur persuader. Et les foules ne croient pas aux arguments subtils qu'elles ne comprennent pas : il leur faut des affirmations ; il faut pouvoir leur parler avec une autorité qui s'impose de soi. Autrement on les trouble, au lieu de les convaincre. « Je ne savais pas que la chose était discutée, disait un saint homme en sortant d'une conférence sur l'existence de Dieu où l'on avait déployé tout l'appareil des preuves et des objections. » De plus, cette morale trouvée, il faudrait en maintenir la pureté primitive ; il faudrait l'élever à l'état de charte intangible, en faire une sorte de chose sacrée que les hommes n'au-

_______________

(1) Anatole France, *Le jardin d'Epicure*, p. 290-291.

raient plus jamais le droit de méconnaître ou d'altérer. Or
qui ne sent qu'une pareille tâche est impossible à des philosophes, plus impossible encore aux coryphées de la
philosophie positive. Pas de tribunal extérieur, d'après
cette théorie, qui soit à même de défendre la morale
contre les hardiesses et les fluctuations de l'esprit humain ;
pas « d'instance sans appel qui puisse en fixer l'interprétation [1] ». Pas de tribunal intérieur non plus, pas de souverain justicier dont le regard toujours ouvert maintienne
sans cesse la conscience en éveil.

> « Enfermés dans les îles de la vie,
> Séparés par d'infranchissables détroits,
> Émergeant sur l'inabordable étendue des eaux,
> Myriades de mortels, nous y vivons solitaires [2]. »

L'homme n'a pas de témoin de ses pensées intérieures,
et ne répond de lui-même que devant lui-même. Mais,
dès lors, tout n'est-il pas compromis d'avance ? Qu'est-ce
qui pourra résister au travail dissolvant de la conscience
individuelle ? qu'est-ce qui fixera le jeu de cet « instrument maniable et contournable à loisir » ? « Supposons,
dit M. Balfour, que tout homme et toute femme, ou plutôt tout garçon et toute fille (car la raison serait-elle pri-
vée de ses droits chez des personnes de moins de vingt et
un ans), que tout être intelligent enfin a la capacité et

---

(1) Hartmann, *La religion de l'avenir*, p. 16. F. Alcan, Paris. Le
philosophe allemand a vivement exprimé en cette partie la nécessité d'une autorité suprême en matière de morale et de religion ;
on peut trouver aussi des considérations analogues dans *Vivre...* de
William Hurrel Mallock, p. 319.

(2) Matthew Arnold, cité par William Hurrel Mallock dans *Vivre...*,
p. 103, trad. Salomon.

la discipline requises pour s'attaquer aux questions morales. Armons-le des méthodes critiques les plus récentes et assignons-lui pour tâche d'estimer avec pleine liberté d'esprit les titres que la charité, la tempérance et l'honnêteté, le meurtre, le vol et l'adultère ont à l'approbation ou à l'improbation de l'humanité. Quel serait le résultat d'une telle expérience ? Quel chaos d'opinions sortirait de là ? Mais même il se pourrait faire qu'avant que nos jeunes critiques fussent arrivés à refondre les dix commandements, ils demeurassent embourbés dans la question préliminaire de savoir si les jugements important approbation ou improbation morale sont de ceux qu'on doit attendre d'être raisonnables; si les termes « bien » et « mal » représentent quelque chose de plus durable et de plus important que certaines prédilections et certaines répugnances largement répandues, et qui se trouvent par hasard soumises plus ou moins arbitrairement à des sanctions sociales et légales. Je crois fort probable que les conclusions auxquelles ils arriveraient ici auraient un caractère purement négatif[1]. » Et ces paroles, si contraires aux tendances ambiantes, ne font que traduire notre passé, et plus encore notre présent. La raison, qu'elle porte sur la spéculation ou sur la science de la vie, se ressemble toujours quand elle n'a pas d'autre appui qu'elle-même : c'est la plus puissante des machines pneumatiques.

(1) *Les bases de la croyance*, p. 156.

## III

L'échec du positivisme est peut-être plus manifeste encore, lorsqu'il s'agit de fournir à l'action des motifs pratiquement suffisants.

Qu'y a-t-il, dans cette doctrine, qui puisse ajuster la conduite de l'homme à l'idéal du devoir? L'intérêt peut-être. Mais, quelque forme que revête l'intérêt, si bien qu'il se raffine sous l'effort de la réflexion, il ne sera jamais de nature à produire un effet si salutaire : il a son code, comme la morale a le sien, et ce n'est que par hasard que ces deux codes se rencontrent.

Le désir de posséder est intense chez la plupart des hommes; il touche à la satisfaction de leurs instincts les plus impérieux. Et je crois bien que, si l'on pouvait faire de la vertu l'unique chemin qui mène à la richesse, on aurait trouvé le moyen de sanctifier le monde entier. Mais chacun sent trop la vanité d'une pareille tentative. L'expérience de tous les temps, et plus encore celle du nôtre, sont là pour nous apprendre que ce n'est point la vertu qui donne la supériorité dans la course au « veau d'or ». Une active et tenace habileté : voilà le secret de la victoire en pareille escrime; et ce talent à mille faces diverses réunit d'autant plus de chances de réussir qu'il garde moins de scrupules et secoue plus complètement les entraves de la morale. « L'injuste peut entrer dans tous les desseins, trouver tous les expédients, ménager tous les intérêts. A quel usage peut-on mettre cet homme si droit, qui ne parle que de son devoir? il n'y a rien de si sec, ni de moins souple, ni de moins flexible; et il y a tant de choses qu'il ne peut pas faire », qu'il finit par devenir inférieur dans la lutte. Et parce qu'il est tel, parce qu'il « n'est bon à rien », les autres hommes l'abandonnent sur la route. « Il n'est pas propre à notre commerce, disent-ils, il est trop attaché à son droit chemin pour entrer dans nos négoces ». « Ainsi, étant inutile, on se résout facilement à le mépriser, ensuite à le laisser périr sans en faire bruit, et même à le sacrifier à l'intérêt du plus fort et aux pressantes sollicitations de cet homme de grand secours qui ne ménage rien, ni le saint, ni le profane, pour nous servir[1]. »

Même insuccès pour les braves gens, quand il est question de la chasse aux postes en vue. Vous voulez être du nombre des arrivés; laissez donc là vos préoccupations morales : ce sont des armes trop lourdes. Ayez du talent d'abord; c'est un bel atout, lorsqu'on ne le gâte pas par trop de dignité. Et si le talent vous fait défaut, ne vous désespérez point de cette infériorité naturelle; on peut lui trouver des équivalents. Donnez de votre personne, intriguez, flattez avec adresse et persévérance, « mettez dans vos voiles des soupirs de vieilles dames ». L'avenir est à ceux qui se remuent de cette sorte. Bienheureux les adroits : c'est la première devise du monde. — Vous niez qu'il en soit ainsi; et votre âme généreuse ne veut

---

(1) Bossuet, *Fragment sur l'ambition*, t. V, p. 129-130, Ed. Lebarq.

point croire à tant de désordre. Mais alors, laissez-vous instruire par la réalité ; regardez autour de vous : et dites-moi si l'on a jamais vu, et dans tous les ordres, pareille recrue de fortunes scandaleuses et de médiocrités empanachées.

Le prix que nous attachons à l'opinion publique est généralement plus moral que le besoin de ramasser de l'argent ou de conquérir des places. Et ce motif exerce une influence profonde : c'est peut-être le plus irrésistible de tous ceux qui mènent la masse du genre humain. Dès que l'homme a ce qu'il lui faut pour vivre, il ne garde plus d'ordinaire qu'une préoccupation dominante, celle d'acquérir de la considération ou, tout au moins, de ne pas être méprisé. Il n'est point satisfait s'il n'est dans l'estime de ses semblables. « C'est pour lui la plus belle place du monde : rien ne peut le détourner de ce désir, et c'est la qualité la plus ineffaçable du cœur de l'homme[1]. » En outre, le pouvoir de l'opinion publique est comme un centre autour duquel gravitent toutes nos passions les plus fortes, à l'exception de celles qui sont purement animales. C'est de ce principe que dépendent le désir de la louange, la peur de la mauvaise réputation, le sentiment de l'honneur et l'amour de la gloire ; c'est à ce principe que se rapportent en bonne partie la honte que nous attachons à certaines actions et l'estime que d'autres nous inspirent, le respect et la déférence que nous accordons au prochain, le courage et le dévouement.

(1) Pascal, *Pensées*, p. 21.

L'ambition, pourtant si puissante, perdrait les neuf dixièmes de son influence si elle n'entrait dans l'orbe d'attraction de l'opinion publique. Ordinairement, les objets de cette passion n'ont d'autre valeur que celle qu'y ajoute la société ; c'est grâce surtout aux dispositions sympathiques de nos semblables que nous pouvons les acquérir ; et nous ne les désirerions que bien peu, n'était la considération qu'ils nous valent.

On peut même ajouter que le pouvoir de l'opinion publique est ce qui résiste le plus longtemps dans une conscience qui se corrompt. Quand un homme en est venu au point de ne tenir aucun compte des appréciations que les autres peuvent faire de ses actes, quand il n'a plus aucun souci ni de leurs éloges ni de leurs blâmes, ni de leur estime ni de leur mépris, c'est d'ordinaire qu'il a décidément perdu tout sentiment de moralité : il ne respecte plus les autres, parce qu'il a cessé de se respecter lui-même. Si l'on veut surprendre ce fait sur le vif, on n'a qu'à suivre les diverses phases de décadence par lesquelles passe la vie des criminels : on verra d'ordinaire que leur perversité se mesure à leur effronterie.

Et cependant, si vaste que soit la zone d'action de l'opinion publique, il s'en faut qu'elle enveloppe toute notre conduite : nous la dépassons de mille manières. D'abord, nos semblables ne peuvent saisir la série entière de nos actes extérieurs. Nous ne sommes pas toujours sur la scène sociale ; à certaines heures, nous rentrons dans la coulisse, et c'est là que s'écoule pour la plupart d'entre nous la plus grande partie de notre existence. L'opinion n'est donc plus là, lorsqu'il s'agit de nos devoirs à l'égard de la famille et de nos devoirs à l'égard de nous-mêmes. L'opinion n'est plus là, lorsqu'il s'agit des obligations les plus sacrées et les plus importantes, même au point de vue social, de celles qui font presque tout le bonheur du présent et d'où découlent, comme de leur source première, la vigueur et la moralité des générations à venir. L'opinion fait défaut au moment même où l'homme a le plus besoin de prendre conscience de sa responsabilité. Et il est bon qu'il en soit ainsi : il est bon que le public ne pénètre pas plus avant dans le domaine privé. On conviendra, je crois, que les interviewers, qui livrent au public les secrets du foyer, ne font pas une besogne qui soit très digne d'encouragement.

De plus, le public ne saisit de nos actes extérieurs qu'une trompeuse apparence. Il ne les voit que du dehors. Or, du dehors au dedans, il est bien difficile de conclure, généralement du moins. L'homme déploie une ingéniosité surprenante à mettre le masque de la vertu. La sincérité n'est assez souvent « qu'une fine dissimulation pour attirer la confiance des autres ». La clémence « se pratique tantôt par vanité, quelquefois par paresse, souvent par crainte, et presque toujours par tous les trois ensemble ». « Ce n'est pas toujours par valeur que les hommes sont vaillants, et par chasteté que les femmes sont chastes. » L'égoïsme parle toutes sortes de langues, joue toutes sortes de personnages, même celui de désintéressé[1]. Aussi

_________

[1] La Rochefoucauld, *Maximes*. Ed. L. Aimé-Martin, 182..

éprouve-t-on un désenchantement perpétuel au fur et à
mesure que l'on pénètre mieux l'histoire. Le xvii° siècle
a perdu de sa grandeur depuis qu'on le connaît mieux ;
et le Napoléon de la critique a fait tort au Napoléon de la
légende. Nos semblables ne savent donc presque rien
des intentions qui nous font agir. Et cependant c'est là
ce qu'il faudrait sanctionner ; c'est dans ce dernier retran-
chement qu'il faudrait atteindre l'homme pour redresser
peu à peu sa nature.

Enfin il y a, derrière nos actes extérieurs, un monde
interne et toujours en travail, où jaillissent nos pensées,
où elles se fortifient et se transforment en desseins, où
elles trouvent leurs moyens de réalisation, d'où le crime
et la vertu sortent tout armés. Là réside le principe de la
moralité ; là s'élève la redoute centrale, dont il faut
chasser les ennemis de l'ordre. Or, il est inutile de le
faire observer : la force de l'opinion publique restera toujours radicalement impuissante en face de cette œuvre de
fond. Le cœur de l'homme est clos ; il demeure solitaire,
dès qu'il n'a plus de porte ouverte sur l'infini. Et il n'y a
rien au monde qui en puisse éclairer les tours et les
détours.

Non seulement l'opinion publique n'est pas adéquate à
notre activité morale ; mais encore il est très dangereux
de s'abandonner, sans autre règle, à ses inspirations.
Sans doute, elle a de quoi stimuler les passions les plus
puissantes. Mais aussi faut-il remarquer que, lorsqu'elle
les a mises en émoi, elle n'est plus à même d'en arrêter
le funeste élan. N'est-ce pas le sentiment de l'honneur qui

allume la vengeance dans les âmes? N'est-ce pas l'ambition qui crée les factions politiques et les arme les unes
contre les autres? N'est-ce pas l'amour de la gloire qui a
fait les conquérants, ces grands tueurs d'hommes? Qui
dira tous les maux, qui racontera tous les crimes qui sont
dus au désir de s'implanter ou de grandir dans l'estime
d'autrui?

Il y a d'ailleurs, dans l'opinion publique, d'autres
indices de désordre. Elle est mobile à l'infini : elle a des
engouements étranges, des crises sanglantes et des périodes interminables de décrépitude morale. Elle se laisse
séduire par ceux qui la flattent et s'en fait d'odieuses
idoles, qu'elle encense durant des siècles entiers sans
savoir pourquoi. Ce n'est point la bonté, c'est la force
qu'elle béatifie : elle élève des statues aux Danton et
oublie les saint Vincent de Paul. Elle supprime le génie,
quand il est trop pur pour s'arranger de sa médiocre routine. Délivrez Barrabas, et crucifiez Jésus. Enlevez-le : il
détruit la loi et les prophètes. Débarrassez la ville de la
présence de Socrate. Qu'il boive la ciguë : c'est un
sophiste. Encore ces vicissitudes imbéciles et ces iniques
sanctions ne sont-elles que les manifestations acciden-
telles d'une indifférence morale qui est constante. L'opinion publique charrie toujours avec elle une foule de
maximes qu'une conscience droite ne peut que réprouver.
On emprisonne un pauvre diable, parce qu'il a pris une
pièce de cinq francs; et cet autre, qui a détourné des
millions, échappe aux mailles de la justice : il court
poser sa candidature à la députation et reparaît au bout

de quelque temps parmi ceux qui font la loi au peuple.
On se croirait déshonoré, si l'on recevait à sa table un
voleur d'occasion, et l'on va sans cesse de compagnie avec
des adultères. Cette jeune fille s'est laissé séduire. Elle
est donc impardonnable, et c'en est fait de sa réputation
et de son avenir. Au contraire, voilà un jeune homme qui
dépense en débauches la fortune de ses parents et sa santé.
C'est un galant, pourvu qu'il sache mettre quelque forme
à sa passion errante. Vous vous vengez par un assassinat:
c'est une action indigne. Mais ç'a été par un beau combat ;
vous avez appelé des témoins : alors le monde vous
applaudit et vous couronne à l'encontre du *non occides*.
La société est pleine de pareils errements, et ils se comprennent. L'opinion publique, c'est l'opinion de la masse ;
et la masse est ignorante, fantaisiste et brutale. Elle contient un fond de barbarie que sa raison vacillante ne parvient pas à dominer.

Pauvre guide spirituel que l'opinion publique ! et l'on
ne saurait assez plaindre celui qui n'a pas d'autre motif
d'action : *sicut stella errans*. Mais, nous crie-t-on de
toutes parts, la solidarité ; la solidarité : voilà le moyen
de montrer aux gens qu'en travaillant pour le bien ils
travaillent aussi pour leur bien. La société est un vaste
organisme dont toutes les parties sympathisent ; et ce
qui profite à l'ensemble du corps social, profite du même
coup aux unités qui le composent. Belle théorie, qui sert
à faire des thèses et des discours, mais que la brutalité de
la vie dément de plus en plus. Les ouvriers qui retournent
le sol de la terre, qui peuplent nos établissements indus-

triels et descendent dans nos mines : tels sont ceux qui payent le plus de leurs personnes, tels sont ceux qui souffrent le plus pour le Tout. Or, qui recueille le principal fruit de tant de labeurs ? Celui qui possède déjà. « On donnera encore à celui qui a » : c'est la devise du Léviathan. Et l'on ne voit guère comment on pourrait changer un tel état de choses. Car ou bien l'on établira le socialisme, et alors le remède sera pire que le mal : on aura la tyrannie au lieu de la liberté, et toute initiative personnelle sera détruite. Ou bien l'on gardera le fond du système social en vigueur ; et, alors, l'inégalité du talent fera toujours plus ou moins, qu'on le veuille ou non, l'inégalité des fortunes. On pourra, sans doute, améliorer les conditions existantes. Mais, quoi qu'on fasse, le mal que l'on tend à supprimer restera. Pour l'extirper, il faudrait changer la nature de l'homme elle-même.

Reste donc la vieille théorie stoïcienne : la vertu est le bonheur ; la vertu se suffit. Mais qui ne sent qu'un intérêt si subtil est incapable d'agir sur les foules? Qui ne voit qu'une telle morale n'est faite que pour des esthètes? Et encore la trouveront-ils insuffisante, s'ils se mettent à réfléchir, et surtout s'ils se demandent ce qu'elle vaut dans la philosophie positiviste. Le bonheur, d'après cette philosophie, n'est pas une hiérarchie, c'est une synthèse de plaisirs. Toutes les émotions se valent ; il n'y a que leur intensité qui compte ; et la question se réduit à chercher comment on obtiendra la plus grande somme de jouissance possible. Stuart Mill, il est vrai, parle de la qualité du plaisir, et il faut l'en féliciter : il a raison au

point de vue psychologique. Mais sa distinction ne modifie en rien le problème moral, tel que le posent ses
consorts. Il montre que nos plaisirs diffèrent comme le
blanc et le rouge ; mais il n'établit point qu'ils diffèrent
comme un penny et un sterling : il n'établit point qu'ils
ont plus de valeur les uns que les autres. Et la vieille thèse
demeure tout entière : la quantité de la jouissance, voilà
l'unique élément du bonheur. Or, s'il en est ainsi, qui
voudra de la vertu que l'on paie si cher, qui ne s'acquiert
en général que par un combat quotidien de l'homme
contre l'homme? Assurément, il se trouvera toujours des
âmes d'élite qui la prendront pour leur partage : il y
aura toujours des stoïques parmi nous. Mais n'est-il pas
évident que la plupart des humains choisiront des joies
moins coûteuses et moins austères? Apportez des parfums,
des roses et du falerne; buvons et chantons, car demain
nous mourrons. Coulez, ô plaisirs enivrants de la vie ;
coulez à pleins bords. C'est Grillus qui personnifie la
morale du peuple ; c'est Grillus qui a raison.

Laissons là les calculs de l'intérêt, répliquent certains
philosophes à l'âme généreuse. L'homme est capable
d'aimer et l'amour peut tout : l'amour est le vrai moteur
de l'activité morale.

Et il faut en convenir : ce sentiment est une omnipotence. Il a soulevé le monde aux premiers âges du
christianisme; il le remue encore d'un bout à l'autre,
bien qu'il se soit momentanément affaibli. C'est lui qui
a répandu dans la vie humaine tout ce qu'elle a de beauté
morale. Et pourtant ce levier d'Archimède perd son

efficace, dès que l'on conçoit le monde à la manière des positivistes. Qui aimera-t-on, si leur système est le vrai ? — « Le grand Fétiche » ? Mais le « grand Fétiche » n'est qu'un agglomérat immense de forces aveugles et brutales ; il ne se sait pas lui-même ; il n'a pas d'âme : le « grand Fétiche » n'est personne et ne peut être aimé. — « Le nouvel être suprême », « le grand Être », l'humanité ? Et pourquoi donc ? On comprend l'amour de l'humanité, lorsqu'il se rattache à un principe supérieur qui est « la charité » par essence, qui est infiniment aimable et souverainement aimé ; car, alors, les injustices et les ingratitudes pourront s'entasser comme des montagnes, et l'on aura toujours la même raison de se donner. Mais si l'amour ne prend pas sa source au-dessus de la vie, comme la vie déborde d'iniquités, il finira par se lasser dans son noble effort, et c'est l'égoïsme qui l'emportera derechef. On comprend aussi, dans une certaine mesure, l'amour de l'humanité, si l'homme a une valeur intrinsèque, s'il possède une excellence naturelle, qui le distingue de tout le reste. Mais il n'y a rien de cela, dans la théorie positiviste. L'homme, d'après cette théorie, n'est qu'une rencontre fortuite d'atomes errants, au même titre que le ver de terre, au même titre que les grains de sable que le vent fait tourbillonner. Il est de la même famille que les autres phénomènes, plus durables que lui. Il est plus fort que l'univers à certains égards ; car il le domine par sa pensée. Mais il n'est pas meilleur : tout se vaut. Et alors quelle raison de se prendre pour lui de respect et d'amour plutôt que pour un ciron ? Quelle raison de dire à cette étrange divinité : *fiat voluntas tua, adveniat regnum tuum ?* Il n'y a qu'une ligne de conduite à prendre, si telle est la nature de l'homme : il faut le traiter avec ménagement comme on fait une bête, pour n'en pas trop souffrir ; et, quand il devient méchant, le traquer sans pitié jusqu'à ce qu'il soit dans l'impuissance de nuire.

Le dévouememt sans retour, le dévouement pour lui-même, c'est l'unique ressource qui demeure. Mais une morale, qui n'a que ce principe pour mouvoir l'action, ne conviendra jamais qu'à des héros. Elle n'est, pour la masse, qu'un mât de cocagne bien savonné et bien lisse auquel personne d'ordinaire n'essaiera de monter. En général, le désintéressement n'a qu'une puissance très relative. On ne se dévoue que lorsqu'il s'agit pour les autres d'un avantage exceptionnel, et encore faut-il alors que la perte qu'on a soi-même à faire se trouve singulièrement réduite. Dans les autres cas, qui forment la trame ordinaire de la vie, c'est l'égoïsme qui domine. Un matelot se jette à la mer pour sauver une femme qui se noie ; mais, s'il trouve la même personne sur son passage dans un bazar en feu, il l'écrasera pour échapper aux flammes. Dans une ville ouverte et bien approvisionnée, on consent à partager son pain avec ceux qui n'en ont pas. Mais que cette ville soit assiégée et menacée de la famine, tout change à vue d'œil : c'est le *tout pour soi* qui l'emporte. Cet homme est amoureux de la femme de son ami et il s'est engagé à la conduire au théâtre. Evidemment, il ne tiendra pas parole, s'il sait qu'en donnant suite à son projet il doit faire brûler vifs tous les spectateurs de la galerie. Mais il est probable aussi qu'il n'y renoncera pas, parce qu'il sait que son exemple peut avoir quelques résultats fâcheux pour la moralité publique. Allons donc ! dira-t-il, si toutefois il est assez sérieux pour avoir cette pensée : supposez que le plaisir qui m'attend vaille un million de livres, le dommage qu'il peut causer à la société ne vaut pas un liard ? Et il se trouvera au rendez-vous [1]. Encore une fois, il ne suffit pas d'inventer des systèmes; il faut encore les éprouver au contrôle de la vie. Et cette opération est plus nécessaire encore quand il s'agit de la science de l'action.

La morale du pur dévouement trouve donc une résistance insurmontable dans les instincts de l'homme ; et, de plus, elle est contraire aux exigences de notre raison. Vous voulez que je m'immole sans compensation. Je proteste, au nom de la justice, contre ce nouvel « impératif ». Si mes efforts pour l'intérêt du Tout n'obtiennent de rémunération nulle part, si je sors de la vie diminué ou sacrifié pour avoir mieux fait, si je ne finis pas par trouver mon bien dans le bien, c'est que le monde est radicalement mauvais, c'est que le Tout est inique. Sans doute, la collectivité vaut mieux que chacune de ses unités ; et qui le nie ? Sans doute aussi, et par là même, il faut savoir se dépenser jusqu'au dernier souffle pour le progrès de l'ensemble. Mais il n'y a là, très sûrement, qu'une partie de l'ordre universel. C'est un désordre révoltant qui fait le fond des choses, si l'individu est d'autant plus maltraité

(1) Voir William Hurrel Mallock, *Vivre...*, p. 70-75.

qu'il a été meilleur, s'il n'y a pas un « Père céleste » pour
essuyer les larmes du juste au sortir de la mêlée de la vie.
Dans ce cas, la vertu n'est qu'une duperie et tellement
décevante, que l'on perd tout courage quand on l'a une
fois découverte ; car on ne réussit pas à comprendre
qu'injustice et vertu ne fassent qu'un. La morale positiviste est d'autant plus amorale, d'autant plus déprimante
et dissolvante que l'on en pénètre mieux l'idée fondamentale.

On a donc de solides raisons de le conclure : le positivisme ne résout aucun des problèmes de l'action. Le but
qu'il assigne à notre énergie morale, est plus qu'incertain :
l'histoire ne justifie nullement l'hypothèse du progrès indéfini et la science expérimentale tend de plus en plus à la
contredire. En outre, supposé que cette hypothèse fût établie, il resterait impossible d'en faire sortir une règle de
conduite suffisamment précise. Tous les chemins mènent
à Rome, et tous les moyens conduisent au progrès : la violence y sert aussi bien que la justice et la charité, la
volupté aussi bien que la continence, et l'orgueil aussi
bien que l'humilité. On se demande même comment on
pourrait déduire de l'idée du progrès continu un précepte
quelconque de morale. Pour faire une déduction de ce
genre, il faudrait connaître les effets que peuvent avoir nos
actes à travers toute la suite des temps. Or, chacun sent
que nos prévisions ne portent pas et ne porteront jamais
aussi loin. Enfin, le positivisme n'enferme aucun stimulant qui puisse faire prédominer en nous l'amour du bien.
Les motifs, qu'il nous propose, sont tous ou trop vils, ou

trop subtils et trop vides pour nous déterminer à la vertu : ou bien ils marchent de pair avec l'égoïsme, ou bien ils demeurent impuissants à surmonter ses inspirations. Et c'est peut-être, en ce dernier point, le plus important de tous, que la faiblesse du comtisme se manifeste avec le plus d'éclat. Il n'avait jamais raisonné qne dans sa tête, il n'était jamais entré en contact avec la vie humaine, celui qui a inventé la morale du progrès : Comte fut le plus chimérique des optimistes.

Aussi est-ce à l'influence de son système qu'il faut attribuer en grande partie la baisse morale, dont souffre notre époque troublée et qui effraye si fort les criminalistes. D'un côté, le positivisme a ébranlé toutes les croyances, qui faisaient autrefois les héros de la sainteté ; et de l'autre, il ne leur a fourni aucun équivalent. Qu'est-ce que le bien, se sont demandé les âmes inquiètes en face de cette nouvelle conception de la vie ? Comment et pourquoi faut-il le pratiquer ? Et à ces questions redoutables, elles n'ont plus trouvé de réponse satisfaisante. Comment dès lors n'auraient-elles pas perdu quelque chose de ce noble courage qu'exige à chaque instant le respect de l'ordre ? Les instincts ne sont-ils pas déchaînés, quand la conscience ne les condamne plus ? Désarmer l'homme pour le bien, n'est-ce pas du même coup l'armer pour le mal ?

Et cette décadence, si bien commencée, ne pourra que s'accélérer dans l'avenir, aussi longtemps que l'on ne retournera pas à des idées plus saines.

A l'heure actuelle, ceux qui ne croient plus au christianisme, restent toujours chrétiens de quelque manière : ils gardent un fonds d'idées, de sentiments et d'habitudes qui leur viennent de l'Évangile. C'est la religion du Dieu fait homme qui a pétri leurs âmes, et elle y travaille encore comme de vitesse acquise. « Arrive que pourra de nos croyances intellectuelles, de notre éducation même, dit le professeur Huxley ; les charmes de la sainteté, les laideurs du mal demeureront pour ceux-là qui ont des yeux pour les voir, non point de simples métaphores, mais des sentiments réels et profonds. » Tyndall nous déclare de son côté que, tout en ayant renoncé à la foi de sa jeunesse, « il n'est aucune des expériences spirituelles qu'il connaissait alors, aucun accomplissement du devoir, aucune œuvre de miséricorde, pas un acte d'abnégation, pas une pensée solennelle, pas une joie dans la vie ou dans les aspects de la nature, qu'il ne veuille garder encore ». On trouve à chaque instant des professions de même genre dans les écrits des positivistes. Or, d'où procèdent ces hymnes à la beauté morale ? N'est-il pas clair que c'est le christianisme qui les inspire et les pénètre ? Le Christ a pris la vie d'assaut, et sa pensée est encore là comme une vertu cachée, qui élève et purifie notre être moral. « C'est comme une liqueur puissante, comme un stimulant actif, injecté dans tout notre organisme [1]. »

Mais que cette divine et secrète influence vienne à disparaître de tous points ; que le positivisme acquière un

_______

(1) William Hurrel Mallock, *Vivre...*, p. 91.

empire assez puissant pour s'implanter à l'état pur. Et l'on
pourra voir alors tout ce que ce beau système renferme
d'attrayantes conséquences : les faits se chargeront de
dire par eux-mêmes ce que vaut « l'âge d'or » dont nous
parlent les représentants de la nouvelle morale. Ils seront
heureux en ce temps, ceux qui n'auront pour se défendre
de la force que la force de la justice.

« Dans certaines nuits d'automne, dit M. Guyau, se produisent au ciel de véritables pluies d'aérolithes : on voit,
par centaines à la fois, ces petits astres se détacher du
zénith. Il semble que la voûte même du ciel éclate, que
rien ne soutient plus les mondes en train de s'effondrer
sur la terre, que toutes les étoiles vont descendre à la
fois et laisser une nuit sans tache au firmament devenu
opaque ; mais bientôt le tourbillon d'astres passe, les
lueurs d'une seconde s'éteignent, et alors, toujours à leur
place sur la grande voûte bleue, on voit reparaître la
clarté sereine des étoiles fixes : tout ce désordre se passait bien au-dessous d'elles et n'a point troublé l'éclat
tranquille de leurs rayons, l'incessant appel de leur
lumière. L'homme répondra toujours à ces appels : devant
le ciel ouvert et l'interrogation posée dans la nuit par les
grands astres, on ne se sent las et faible que quand on
ferme lâchement les yeux. L'humanité ne perdra rien de
sa force intellectuelle à voir, *par la disparition de sa foi
religieuse*, l'horizon s'agrandir autour d'elle et les points
lumineux se multiplier dans l'immensité. Le vrai génie
est spéculatif et, dans quelque milieu qu'on le place, il
spéculera toujours; il a spéculé jusqu'ici en dépit de ses

croyances, il spéculera encore mieux en dépit de ses doutes, parce que telle est sa nature. Et il ne faut pas croire que cette puissance spéculative de l'esprit humain, en s'augmentant, *paralyse sa puissance pratique*[1]. »

Illusion de poète ! vaines métaphores, dont un mot suffit à dissiper l'équivoque ! Ce n'est point par accident, c'est en vertu de son principe fondamental que le positivisme déprime les âmes : il les déprime, parce qu'il y fait le vide. Son action funeste n'est donc point passagère : ce n'est point « l'effet d'une transition ». Elle durera autant que lui et s'accusera de plus en plus au fur et à mesure que le trésor de moralité emmagasiné dans les consciences par la foi religieuse ira s'épuisant. Le même arbre porte toujours les mêmes fruits, et ces fruits sont d'autant plus drus que le milieu ambiant leur oppose moins de résistance.

## IV

Sans doute, nous répondent les disciples de M. Spencer, la religion a été et sera longtemps nécessaire à l'homme. Mais l'harmonie est la loi dominante de l'être : tout tend et tout doit aboutir à l'ordre. Un jour viendra, où la famille humaine sera parfaitement adaptée à son milieu; un jour viendra, où le règne de la justice et de l'amour se trouvera réalisé sur notre planète. Et alors toute contrainte, tout impératif catégorique, toute obligation deviendront

_______

(1) *L'irréligion de l'avenir*, p. 320, F. Alcan, Paris, 1895.

superflus. L'homme fera le bien comme l'abeille fait son alvéole : il sera l'artiste infaillible de la vertu. De plus, cet idéal une fois atteint, on n'en redescendra plus ; car la dernière forme de la raison, c'est l'instinct. Et l'instinct, une fois consolidé par les siècles, n'a plus la spontanéité voulue pour se défaire lui-même. Le dernier progrès de l'évolution, ce sera de « confirmer en grâce » l'humanité tout entière.

Hypothèse aussi gratuite que brillante ! Oui, et je l'accorde volontiers : la nature manifeste une sorte de tendance à l'harmonie. Mais comment savoir, à moins qu'un Dieu ne nous l'apprenne, si cette tendance aura quelque jour son plein effet ? Le mal est partout, en nous et autour de nous : il éclate à tous les degrés de l'immense hiérarchie des êtres ; c'est le mystère des mystères pour ceux qui réfléchissent. Il y a donc au fond des choses un principe tenace de résistance à l'ordre. Et alors qui nous montrera que ce principe doit être complètement vaincu ? qui nous fera voir en toute lumière que la forme doit au bout du compte l'emporter sur la matière et la soumettre pour jamais « à la loi de l'esprit » ? Encore une fois, l'hypothèse de l'eurythmie finale n'est pour nous qu'un rêve « mal fondé ». Il est plus grand qu'Abraham, M. Spencer, au moins par la puissance de sa foi.

Supposons d'ailleurs que le progrès doive réellement aboutir à l'universelle harmonie ; imaginons que l'eschatologie évolutioniste est chose démontrée. Dans ce cas, la morale qui s'y ajoute, arrive beaucoup trop tôt. Cessez de philosopher, ô sages ; retirez vos livres du commerce,

et mettez-les sous double et triple clef, car ils sont trop forts
pour nous : ils ne peuvent nous faire que du mal et un mal
irréparable. Il nous faut croire pendant de longs siècles
encore à cette religion que vous démodez. Nous avons
besoin de nos pieuses légendes pour devenir meilleurs et
même pour ne pas tourner au pire. Laissez-nous notre
Bible et notre Évangile, car telle est la condition du salut.
Si vous nous dites la vérité, elle nous tuera : nous sommes
trop jeunes pour être instruits de toutes choses. *Non
possumus portare modo.*

Elle n'est pas encore venue, l'heure de prêcher la morale
évolutioniste, et l'on peut ajouter qu'elle ne viendra
jamais. A quelque étape du progrès qu'apparaisse un tel
système, il produira toujours un mouvement de « rétrogradation ». L'humanité se serait-elle élevée jusqu'à
cette idéale adaptation qu'on lui donne pour but, qu'il
aurait encore assez de puissance destructive pour l'en
faire redescendre.

Ce n'est pas ce qui se produirait à la vérité, si l'idée
que M. Spencer s'est faite de la raison se trouvait fondée.
La raison, d'après ce philosophe, a d'autant moins de
spontanéité et tourne d'autant plus à l'automate qu'elle se
développe davantage ; elle s'enlise peu à peu dans les
habitudes qu'elle se crée et finit par n'avoir plus aucun
mouvement qui lui soit propre. Or, l'on comprend, s'il en
est ainsi, que l'œuvre de la sainteté une fois consommée
ne dépende plus de nous : quand nous serons parfaitement bons, nous serons aussi parfaitement idiots. Mais
outre qu'une semblable conception n'a rien qui soit de

nature à provoquer l'enthousiasme, on peut dire qu'elle est contraire de tout point aux données les plus claires de l'expérience. Le propre de la raison, c'est de se posséder elle-même, c'est de savoir ce qu'elle fait. Et parce que telle est sa nature, elle ne perd jamais la maîtrise de ses idées ; elle demeure toujours capable de sonder derechef ses convictions, d'opérer des analyses et des synthèses nouvelles, de se façonner un autre idéal. Bien plus, et par là même, elle exerce une influence profonde sur l'activité de nos organes dont elle peut à la longue changer plus ou moins l'orientation. Et cette double activité de la raison ne fait que s'accroître au fur et à mesure qu'elle s'exerce davantage. Qui donc ressemble plus à un automate, d'un Newton ou d'un Papou? Et, de deux peuples donnés, quel est le plus avancé dans la voie de la civilisation? est-ce celui qui se traine dans une routine séculaire, ou celui dont la réflexion féconde aboutit sans cesse à de nouvelles découvertes ? il n'y a aucun moyen d'en douter : la raison reste toujours à même de tout remettre en question, à quelque étape de l'évolution qu'on la prenne : elle reste toujours à même de croire autre chose que ce qu'elle a cru et de défaire ce qu'elle a fait. Par conséquent, à supposer que la morale areligieuse ne se propage que lorsque le règne de l'harmonie aura commencé, elle sera encore assez forte pour le détruire. Elle produira juste les mêmes effets qu'elle produit sous nos yeux, bien que plus lentement peut-être : tout s'ébranlera peu à peu sous son influence dissolvante, et il faudra à la faute *originelle* ajouter la faute *finale*.

Que l'éthique positiviste s'applique à l'avenir ou au présent, le résultat est le même : elle est toujours insuffisante, et parce qu'elle l'est en droit. D'un côté, la morale est nécessaire à la vie présente : elle est la condition indispensable et de son progrès et de son maintien. D'un autre côté, la vie future est nécessaire à la morale. Impossible que l'homme acquière de son idéal de conduite une connaissance assez précise et pratiquement certaine, s'il n'est aidé d'une lumière supérieure ; l'histoire de la philosophie est là tout entière pour témoigner de ce fait. Impossible aussi que l'homme conserve la pureté native de cet idéal, à travers les oscillations passionnelles du dedans et du dehors, s'il ne sent en lui-même la présence d'un souverain justicier à qui rien n'échappe et dont l'œil scrutateur le tient sans cesse en éveil : rien ne s'altère et ne se fausse comme la conscience morale, quand elle est abandonnée à elle-même. Enfin et surtout, pour que l'homme ait la force d'accomplir le devoir une fois connu, il faut qu'il y ait quelque part une patrie de l'équité où l'amour du bien *quand même* puisse cueillir le fruit de son libre effort. Autrement, ce sont les habiles coquins qui l'emportent définitivement sur les bons ; et personne, je crois, ne voudra en pratique d'une vertu qui aboutit à pareille injustice. Ainsi, la morale veut que nous soyons immortels, comme notre nature veut que nous soyons moraux. Vie humaine, vie morale, autre vie : trois idées qu'enchaîne une étroite finalité, trois idées qui ont entre elles une sorte de « corrélation organique ».

# CONCLUSION

## I

Il faut observer en premier lieu que le matérialisme n'a
pas de preuves à son acquis.

Il semble, il est vrai, qu'on le puisse fonder et sur la loi
qui préside à la propagation de la vie et sur celle qui
préside à l'œuvre de la mort. On a remarqué que, chez
tous les animaux qui nous sont inférieurs, l'ovule une
fois fécondé révèle un principe d'activité qui produit du
dedans ses diverses métamorphoses et finit par s'élever
lui-même jusqu'à la vie sensitive : la conscience, chez les
autres espèces, sort à un moment donné des virtualités de
la matière. Et alors, pourquoi en irait-il différemment de
nous ? Pourquoi la vie rationnelle ne serait-elle pas aussi
le résultat d'un état organique ? Et si telle est son origine,
ne faut-il pas qu'elle disparaisse avec l'ordonnance des
parties matérielles qui lui servent et de cause et de support ? On sait aussi que l'impassible nature détruit toujours une fois ou l'autre tout ce qu'elle produit. « Les
cieux incorruptibles » ne sont plus qu'une légende ; l'univers s'est élargi de toutes parts et s'élargit encore, sous
nos regards étonnés, au fur et à mesure que la science

fait des progrès. Or, il n'y a rien dans cette effrayante immensité, qui se fixe dans l'harmonie, qui s'immobilise dans la beauté ; tout y passe sans relâche du moins au plus et du plus au moins : tout y naît pour mourir. Comment l'homme ose-t-il donc espérer que cette universelle caducité des choses ne le regarde pas ? Qu'a-t-il donc de si grand, cet être chétif, l'un des plus chétifs de la nature, pour se croire à l'abri de cette puissance irrésistible qui emporte tout le reste avec une égale indifférence, et les individus et les espèces, et les soleils et les mondes ?

Il semble également que l'on puisse invoquer en faveur du matérialisme l'intime relation de l'âme et du corps ; car plus on va, plus la dépendance du dedans à l'égard du dehors s'accuse avec force et de mille manières. Or, quoi de plus mystérieux ? Quoi de plus surprenant qu'un tel esclavage ? Comment se fait-il que la pensée soit tout entière à la merci de ses conditions organiques ? Comment se fait-il qu'elle se disloque, se divise et se subdivise parallèlement aux cellules cérébrales, si elle porte en elle-même et de quoi vivre et de quoi survivre ? Ne faut-il pas que la conscience et le mouvement, pour être solidaires à ce point, ne fassent au fond qu'une même chose ? Leur union phénoménale n'est-elle pas un indice de leur unité métaphysique ?

Mais ces considérations, si impressionnantes qu'elles soient, n'ont pourtant qu'une valeur apparente. Quoi qu'on en ait dit depuis quelques années, l'homme n'est pas un animal comme un autre : c'est plus qu' « un animal perfecfectionné ». Entre lui-même et les espèces inférieures, il n'y a pas seulement une différence de degré; il y a une différence de nature. L'homme se distingue spécifiquement de tout le reste et par sa maîtrise de soi, et par son idéal moral : il forme un règne à part. Et, dès lors, ce qu'il y a de naturel, ce qui est conforme à la science, ce n'est point qu'il soit soumis aux lois communes; c'est qu'il en ait qui lui soient propres. Il y a rupture de continuité entre l'homme et l'univers; et par conséquent, il doit y avoir aussi rupture de continuité entre les conceptions qui s'appliquent à l'homme et celles qui s'appliquent à l'univers. *Cuique suum :* c'est la devise du juste, et c'est aussi celle du savant.

On ne peut rien conclure non plus de l'étroite dépendance des fonctions de la pensée à l'égard des fonctions du corps. Car, supposé que l'âme et le corps ne s'identifient pas en un seul et même principe; supposé que l'âme soit venue du dehors à un moment donné, que Dieu lui même l'ait tirée du néant et l'ait introduite dans l'organisme comme un artiste immanent dont le rôle est de le façonner : les phénomènes, dans ce cas, pourraient encore se produire à la manière dont ils se produisent; rien ne serait changé aux apparences. Les observations et les expériences de cérébroscopie que l'on a faites jusqu'ici ne projettent point leur lumière jusqu'aux dernières profondeurs de notre être physico-mental. Et, par là même, elles ne nous apprennent pas si cet être en son fond est un ou double. L'âme est-elle ou non radicalement distincte de son corps? C'est là une question que ni la science, ni l'ontologie de la matière fondée sur la science ne sont à même de trancher.

On pourrait d'ailleurs accorder aux matérialistes tout ce qu'ils infèrent très gratuitement des rapports de la conscience et du cerveau; on pourrait leur accorder que l'âme n'est pas purement immatérielle et même qu'elle n'est qu'une synthèse de petites pensées. Et leur thèse ne s'en trouverait pas beaucoup mieux fondée. D'abord pourquoi ne se rangerait-on pas à l'opinion de Leibniz? Pourquoi n'y aurait-il pas, sous cet organisme grossier qui nous sert ici-bas de compagnon de route, une autre enveloppe matérielle, plus subtile mais réelle, à laquelle notre âme reste toujours jointe et qu'elle emporte avec elle au moment de la mort [1]? Bien plus, l'âme serait-elle, comme le veulent les phénoménistes, une hiérarchie de consciences élémentaires, que la théorie matérialiste n'en resterait pas moins à l'état de pure hypothèse. « ... Dans l'ordre même des choses matérielles, nous avons, dit M. Guyau, des exemples de composés indissolubles. Les principaux atomes simples... sont des composés de ce genre. L'atome d'hydrogène est déjà un tourbillon de petits mondes. Maintenant, n'y a-t-il d'indissolubles dans l'univers que les prétendus atomes, ces « individus » physiques; et ne peut-on supposer, dans le domaine mental, des individus plus dignes de ce nom, qui en leur complexité même trouveraient des raisons de durée [2]? » Spi-

_______

(1) *Nouveaux Essais*, liv. II, ch. i, p. 81. Ed. Janet, Ladrange, Paris, 1866.

(2) *L'irréligion de l'avenir*, p. 467.

ritualité et immortalité : ce sont là deux mots que l'on ne consent jamais à séparer ; et pourtant rien ne prouve encore avec netteté qu'ils soient inséparables.

## II

Le matérialisme n'est donc pas gênant ; il laisse le champ libre au spiritualisme. La question tout entière est de savoir s'il y a des preuves solides à l'appui de la croyance en une vie future. Or, il y en a.

Tout d'abord l'homme, à travers ce qui devient, entrevoit ce qui est. Qu'il examine les choses ou les modes des choses, le monde qui l'entoure ou ses propres représentations, son entendement le jette toujours d'emblée en face d'un principe éternel : la pensée de l'homme possède un idéal dont la durée n'a pas de terme. Il faut donc aussi que cette pensée soit d'une durée qui n'en ait pas non plus ; il faut, comme l'a vu Kant, que l'existence de notre raison soit un « progrès illimité ». Car en face de l'infini, le fini ne compte pas. Si l'homme meurt tout entier, tout lui a toujours manqué lorsqu'il vient à mourir. C'est un coureur dont le sort naturel est de tomber avant d'avoir touché le but. Or, une telle anomalie ne se comprend pas. Il y a une finalité de la vie qui veut que toute fonction soit proportionnée à son objet.

En second lieu, la nature ne suffit pas plus au cœur de l'homme qu'à sa pensée. Le passé de notre race est là tout entier, et plus encore son présent, pour nous dire qu'il y a sous le crâne humain

Comme un ange enfermé qui sanglote tout bas.

L'idée de l'insuffisance de cette vie : voilà ce qui domine toutes les grandes conceptions de l'univers. Cette idée en est toujours ou le point de départ, ou le point d'arrivée, ou l'un et l'autre à la fois. Il y a quatre religions principales sur notre planète : le christianisme, l'islamisme, le brahmanisme et le bouddhisme. Ces quatre religions comprennent à elles seules les douze quatorzièmes de la population du globe. Or, ce qui en fait le fond, c'est, à des degrés divers, le sentiment du néant de l'existence, une conscience intime de l'inanité du devenir.

De nos jours, il est vrai, l'on a tenté de réagir contre cette interprétation traditionnelle de la vie. Inutile, s'est-on dit, de s'attarder plus longtemps à la recherche de l'Absolu. On ne peut savoir ni s'il existe, ni quelle en est la nature. Et, par conséquent, on ne peut savoir non plus ce qu'il veut de nous. Pourtant il faut vivre, et à la vie il faut un but et une loi. Renonçons donc à l'introuvable noumène et que dorénavant la terre soit notre paradis. La science et l'amour de l'homme pour l'homme réaliseront parmi nous le bonheur que l'on remettait autrefois aux soins de la divinité. Et cette théorie nouvelle, inspirée par une sorte de désespoir religieux, a eu sa période d'enthousiasme : elle a réussi, pendant quelques années, à séduire jusqu'aux plus nobles âmes. Mais l'élan qu'elle a provoqué n'a pu se soutenir. Peu à peu, tout s'est déco-

loré et rapetissé, sous sa funeste influence : et le sentiment du bien et le sentiment du beau, et la vigueur des
volontés, et le plaisir d'aimer, et celui d'admirer. Du fond
du positivisme s'est dégagé le pessimisme le plus amer et
le plus absolu qui ait jamais travaillé le cœur de l'homme.
Qu'on lise les philosophes, qu'on lise les poètes, que l'on
étudie les moralistes ou les romanciers, c'est toujours un
sentiment de fatigue irrémédiable qui s'accuse de toutes
parts. L'apothéose de la vie s'est traduite dans les âmes
par un universel dégoût de vivre.

Ainsi, l'histoire tout entière est là pour en témoigner :
ou bien l'homme s'élève jusqu'à la foi religieuse, et alors
c'est par le sentiment de l'insuffisance du devenir qu'il
débute ; ou bien il déclare d'emblée qu'il se contente de
la terre, et alors c'est par le sentiment de l'insuffisance
du devenir qu'il finit. Quoi qu'il invente, de quelque manière qu'il se tourne, il lui faut toujours convenir que
les biens de cette vie ne peuvent que l'affamer. Son
amour déborde donc naturellement la nature ; et, s'il la
déborde, c'est qu'il y a quelque part une source éternelle
de pur bonheur vers laquelle il est orienté. Car, c'est
encore la science biologique qui le veut ainsi : « rien de
vain » ; à toute fonction vivante correspond un objet qui
lui convient.

En troisième lieu, la nature, qui ne suffit ni à notre
pensée ni à notre amour, ne suffit pas non plus à notre
action morale. Le positivisme est incapable soit de lui
marquer un but, soit de lui tracer une règle, soit surtout
de lui indiquer des mobiles pratiquement efficaces. La

théorie du progrès indéfini n'a de fondement sérieux ni dans la philosophie ni dans l'histoire, et la science la combat. Par conséquent, elle ne peut fournir à notre activité morale l'objectif qui lui convient ; car pour agir, il faut croire, et pour croire, il faut avoir des motifs. De plus, cette théorie serait-elle démontrée, qu'il resterait impossible d'en tirer une règle de vie. Tous les moyens peuvent conduire au progrès : la cupidité aussi bien que la justice, la violence aussi bien que la charité, la rapine aussi bien que la probité. Qu'est-ce qui a fait, et qu'est-ce qui fait encore, sous nos yeux, ce que l'on appelle de grands peuples ? La force et la ruse. Et les grands peuples ne sont-ils pas ceux qui semblent les plus aptes à transmettre en l'accroissant « le flambeau de la vie » ? On se demande même comment on pourrait déduire un précepte moral quelconque de l'idée de progrès indéfini. Car pour ajuster ses actes à un but aussi lointain, il faudrait prévoir toutes les conséquences qu'ils doivent avoir dans la suite des temps. Or une telle anticipation de l'avenir n'a rien d'humain. Mais, à supposer que les positivistes pussent fonder une règle de vie, ils seraient encore impuissants à la faire passer en pratique. Jamais, jamais les hommes ne voudront d'une morale, où la vertu est définitivement sacrifiée et qui se heurte par là même au sentiment le plus profond de notre âme, au sentiment de la justice. Et c'est déjà ce que nous révèle l'expérience. Les peuples les plus positivistes sont aussi les plus âpres au gain et au plaisir que le gain procure. Trop pur, ô théoriciens, trop pur pour nous votre idéal de vie. Celui-là seul a trouvé le secret d'améliorer l'homme, qui a su réconcilier en Dieu l'intérêt et le bien. Il n'y a d'efficace que « les lettres de change tirées sur la Providence ». La vrai moraliste, c'est le Christ.


## III


La croyance spiritualiste n'est donc pas en l'air ; elle s'appuie sur des preuves. Et ces preuves ont, en définitive, la même certitude que les lois de la science expérimentale. Car sur quoi se fondent-elles ? Sur la finalité. Or, c'est aussi dans la finalité que la science expérimentale a ses raisons dernières.

Sans doute, la cause et l'effet soutiennent un rapport que rien ne peut détruire, qui est absolument nécessaire. Et, partant, si nous étions à même d'isoler totalement les causes, de les séparer de tout ce qui n'est pas elles, de les mettre en quelque sorte à l'état nu, les lois expérimentales auraient une certitude rigoureuse, analogue à celle que donnent les mathématiques. Mais il n'y a rien de pareil en réalité, et les « cas solitaires » dont parle Bacon sont un idéal que nous n'atteignons jamais. En fait, ce que nous appelons une cause est toujours un agrégat ; et, dans cet agrégat, nous ne parvenons pas à discerner le point précis d'où part l'action efficace. D'où vient donc que nous nous élevons à des formules qui s'étendent à tous les temps et à tous les lieux ? D'où vient que nous osons induire ? De notre croyance en l'uniformité du cours des choses. Et cette croyance elle-même, qu'est-elle ? Un acte de foi en l'harmonie fondamentale de la nature. La science et la morale coïncident dans la finalité : qu'il s'agisse de l'une ou de l'autre, on a le même motif d'affirmer.

Bien plus, ce motif d'affirmer ne peut que se fortifier avec le temps, en ce qui concerne la morale et les espérances qui s'y rattachent. Plus l'homme se développera, mieux il comprendra l'immensité de l'univers, au milieu duquel il est comme perdu ; mieux il se rendra compte et de la puissance insurmontable et de la brutalité des lois de la nature. Et par là même aussi, plus il sentira sa petitesse et son isolement, plus il aura besoin d'un être souverainement bon, « d'un Père du ciel » dont l'amour l'ennoblisse à ses propres yeux et le fortifie dans ses souffrances. La croyance en l'au-delà ne tendra pas à devenir superflue, comme on l'écrit de toutes parts ; sa nécessité ne fera que grandir parallèlement à la connaissance que nos descendants acquerront d'eux-mêmes et de leur milieu. En outre, plus l'homme se développera, plus il aura de puissance de réflexion : or, la réflexion est précisément ce qui rompt le charme des plaisirs de la vie : ils ne sont plus rien, dès qu'elle y touche. Aux enthousiasmes de l'avenir, s'il s'en produit, succéderont des déceptions de plus en plus amères, des désenchantements de plus en plus profonds. Et il faudra bien alors que ceux qui se trouveront « embarqués » se retournent du côté du ciel ce sera la seule issue possible. La dernière crise de l'humanité sera une crise religieuse.

Ils sont donc un peu myopes, ceux qui prétendent faire
table rase des croyances du passé. Considérées en leur
fond, ces croyances sont nécessaires à l'homme, comme
les nageoires au poisson, et les ailes à l'oiseau : elles font
partie des conditions essentielles de sa vie. Et par conséquent, on ne réussira jamais à les déraciner. Une immor-
telle espérance a traversé notre cœur, et c'est fait pour
toujours. La raison n'est pas tout, comme on l'a pensé
trop longtemps ; elle est même fort peu de chose ; et, si
l'homme n'obéissait qu'à sa lumière, il serait le plus imbécile et le plus dévoyé des êtres. Au-dessous de la raison, il
y a la nature ; et la nature peut plier un moment, mais
elle ne se peut vaincre pour tout de bon. Que les philosophes doutent tant qu'il leur plaira ; qu'ils s'évertuent à
émietter leurs pensées, à faire le vide dans leurs âmes,
l'humanité ne les suivra pas jusqu'au bout, si tant est
qu'elle se préoccupe de leurs rêves. Elle s'avancera toujours à travers les âges en chantant son *Credo*, et parce
qu'elle ne peut vivre qu'à ce prix.

# TABLE DES MATIÈRES

ANCIENNE LIBRAIRIE GERMER BAILLIÈRE ET Cie

# FÉLIX ALCAN, Éditeur

# PHILOSOPHIE — HISTOIRE

## CATALOGUE

### DES

# Livres de Fonds



*On peut se procurer tous les ouvrages
qui se trouvent dans ce Catalogue par l'intermédiaire des libraires
de France et de l'Étranger.*

*On peut également les recevoir franco par la poste,
sans augmentation des prix désignés, en joignant à la demande
des* TIMBRES-POSTE FRANÇAIS *ou un* MANDAT *sur Paris.*

## PARIS

### 108, BOULEVARD SAINT-GERMAIN, 108

Au coin de la rue Hautefeuille.

## FÉVRIER 1898

Les titres précédés d'un *astérisque* sont recommandés par le Ministère de l'Instruction publique pour les Bibliothèques des élèves et des professeurs et pour les distributions de prix des lycées et collèges.

---

# BIBLIOTHÈQUE

## DE

# PHILOSOPHIE CONTEMPORAINE

Volumes in-12, brochés, à 2 fr. 50.

Cartonnés toile, 3 francs. — En demi-reliure, plats papier, 4 francs.

ALAUX, professeur à la Faculté des lettres d'Alger. Philosophie de M. Cousin.

ALLIER (R.). *La Philosophie d'Ernest Renan. 1895.

ARRÉAT (L.). * La Morale dans le drame, l'épopée et le roman. 2ᵉ édition.

— *Mémoire et imagination (Peintres, Musiciens, Poètes, Orateurs). 1895.

— Les Croyances de demain. 1898.

AUBER (Ed.). Philosophie de la médecine.

BALLET (G.), professeur agrégé à la Faculté de médecine. Le Langage intérieur et les diverses formes de l'aphasie, avec figures dans le texte. 2ᵉ édit.

BEAUSSIRE, de l'Institut. * Antécédents de l'hégélianisme dans la philosophie française.

BERSOT (Ernest), de l'Institut. * Libre philosophie.

BERTAULDT. De la Philosophie sociale.

BERTRAND (A.), professeur à l'Université de Lyon. La Psychologie de l'effort et les doctrines contemporaines.

BINET (A.), directeur du lab. de psych. physiol. de la Sorbonne. La Psychologie du raisonnement, expériences par l'hypnotisme. 2ᵉ édit.

BOST. Le Protestantisme libéral.

BOUGLÉ, agrégé de l'Université. Les Sciences sociales en Allemagne, les méthodes actuelles. 1895.

BOUTROUX, professeur à la Sorbonne. * De la contingence des lois de la nature. 2ᵉ édit. 1896.

BRIDEL (Louis), professeur à la Faculté de droit de Genève. Le Droit des Femmes et le Mariage.

CARUS (P.). * Le Problème de la conscience du moi, avec gravures, traduit de l'anglais par M. A. Monod.

COIGNET (Mᵐᵉ). La Morale indépendante.

CONTA (B.). * Les Fondements de la métaphysique, trad. du roumain par D. TESCANU.

COQUEREL FILS (Ath.). Transformations historiques du christianisme.

— Histoire du Credo.

— La Conscience et la Foi.

COSTE (Ad.). * Les Conditions sociales du bonheur et de la force. 3ᵉ éd.

CRESSON (A.), agrégé de philosophie. La Morale de Kant. 1897.

DAURIAC (L.), professeur au lycée Lakanal. La Psychologie dans l'Opéra français (Auber, Rossini, Meyerbeer). 1897.

DANVILLE (Gaston). Psychologie de l'amour. 1894.

DELBŒUF (J.), prof. à l'Université de Liège. La Matière brute et la Matière vivante.

DUGAS, docteur ès lettres. * Le Psittacisme et la pensée symbolique. 1896.

— La Timidité. 1898.

DUMAS (G.), agrégé de philosophie. *Les états intellectuels dans la Mélancolie. 1894.

DUNAN, docteur ès lettres. La théorie psychologique de l'Espace. 1895.

DURKHEIM (Émile), prof. à la Faculté des lettres de Bordeaux. * Les règles de la méthode sociologique. 1895.

ESPINAS (A.), professeur à la Sorbonne. * La Philosophie expérimentale en Italie.

FAIVRE (E.). De la Variabilité des espèces.

Suite de la *Bibliothèque de philosophie contemporaine*, format in-12, à 2 fr. 50 le vol.

FÉRÉ (Ch.). Sensation et Mouvement. Étude de psycho-mécanique, avec figures.
— Dégénérescence et Criminalité, avec figures. 2° édit.
FERRI (E.). Les Criminels dans l'Art et la Littérature. 1897.
FIERENS-GEVAERT. Essai sur l'Art contemporain. 1897. (Couronné par l'Académie française.)
FONSEGRIVE, professeur au Lycée Buffon. La Causalité efficiente. 1893.
FONTANÈS. Le Christianisme moderne.
FONVIELLE (W. de). L'Astronomie moderne.
FRANCK (Ad.), de l'Institut. * Philosophie du droit pénal. 4° édit.
— Des Rapports de la Religion et de l'État. 2° édit.
— La Philosophie mystique en France au XVIII° siècle.
GAUCKLER. Le Beau et son histoire.
GREEF (de). Les Lois sociologiques. 2° édit.
GUYAU. *La Genèse de l'idée de temps.
HARTMANN (E. de). La Religion de l'avenir. 4° édit.
— Le Darwinisme, ce qu'il y a de vrai et de faux dans cette doctrine. 5° édit.
HERCKENRATH (C.-R.-C.), professeur au lycée de Groningue. Problèmes d'Esthétique et de Morale. 1897.
HERBERT SPENCER. * Classification des sciences. 6° édit.
— L'Individu contre l'État. 4° édit.
JAELL (M™°). *La Musique et la psycho-physiologie. 1895.
JANET (Paul), de l'Institut. * Le Matérialisme contemporain. 6° édit.
— * Philosophie de la Révolution française. 5° édit.
— * Les Origines du socialisme contemporain. 3° édit. 1896.
— * La Philosophie de Lamennais.
LACHELIER, de l'Institut. Du fondement de l'induction, suivi de psychologie et métaphysique. 3° édit. 1898.
LANESSAN (J.-L. de). La Morale des philosophes chinois. 1896.
LANGE, professeur à l'Université de Copenhague. Les émotions, étude psycho-physiologique, traduit par G. DUMAS. 1895.
LAUGEL (Auguste). L'Optique et les Arts.
— * Les Problèmes de la vie.
— * Les Problèmes de l'âme.
— Problème de la nature.
LE BLAIS. Matérialisme et Spiritualisme.
LEBON (le D° G.). * Les lois psychologiques de l'évolution des peuples. 2° édit. 1895
— * Psychologie des foules. 3° édit. 1898.
LÉCHALAS. * Etude sur l'espace et le temps. 1895.
LE DANTEC, docteur ès sciences. Le Déterminisme biologique et la Personnalité consciente. 1897.
— L'Individualité et l'Erreur individualiste. 1898.
LEFÈVRE, docteur ès lettres. Obligation morale et idéalisme. 1895.
LEOPARDI. Opuscules et Pensées, traduit de l'italien par M. Aug. Dapples.
LEVALLOIS (Jules). Déisme et Christianisme.
LIARD, de l'Institut. * Les Logiciens anglais contemporains. 3° édit.
— Des définitions géométriques et des définitions empiriques. 2° édit.
LICHTENBERGER (Henri), professeur adjoint à la Faculté des lettres de Nancy. La philosophie de Nietzsche. 1898.
LOMBROSO. L'Anthropologie criminelle et ses récents progrès. 3° édit. 1896.
— Nouvelles recherches d'anthropologie criminelle et de psychiatrie. 1892.
— Les Applications de l'anthropologie criminelle. 1892.
LUBBOCK (Sir John). * Le Bonheur de vivre. 2 volumes. 4° édit.
— *L'Emploi de la vie. 2° éd. 1897.
LYON (Georges), maître de conférences à l'École normale. * La Philosophie de Hobbes. 1893.
MARIANO. La Philosophie contemporaine en Italie.

Suite de la *Bibliothèque de philosophie contemporaine*, format in-12, à 2 fr. 50 le vol.

MARION, professeur à la Sorbonne. *J. Locke, sa vie, son œuvre. 2° édit.

MAUS (I.), avocat à la Cour d'appel de Bruxelles. De la Justice pénale.

MILHAUD (G.), chargé de cours à la Faculté des lettres de Montpellier. Essai sur les conditions et les limites de la Certitude logique. 2° édition. 1898.
— Le Rationnel. 1898.

MOSSO. *La Peur. Étude psycho-physiologique (avec figures). 2° édit.
— * La fatigue intellectuelle et physique, traduit de l'italien par P. LANGLOIS. 2° édit. 1896, avec grav.

NORDAU (Max). *Paradoxes psychologiques, trad. DIETRICH. 3° édit. 1898.
— Paradoxes sociologiques, trad. DIETRICH. 2° éd. 1898.
— Psycho-physiologie du Génie et du Talent. 2° édition. 1898.

NOVICOW (J.). L'Avenir de la Race blanche. 1897.

PAULHAN (Fr.). Les Phénomènes affectifs et les lois de leur apparition.
— * Joseph de Maistre et sa philosophie. 1893.

PILLON (F.). La Philosophie de Ch. Secrétan. 1898.

PILO (Mario), prof. au lycée de Bellune. * La psychologie du Beau et de l'Art. 1895.

PIOGER (Dr Julien). Le Monde physique, essai de conception expérimentale. 1893.

QUEYRAT (Fr.), professeur de l'Université. * L'imagination et ses variétés chez l'enfant. 2° édit. 1896.
— *L'abstraction, son rôle dans l'éducation intellectuelle. 1894.
— Les Caractères et l'éducation morale. 1896.

REGNAUD (P.), professeur à la Faculté des lettres de Lyon. Logique évolutionniste. *L'Entendement dans ses rapports avec le langage.* 1897.
— Comment naissent les mythes. 1897.

RÉMUSAT (Charles de), de l'Académie française. * Philosophie religieuse.

RENARD (Georges), professeur à l'Université de Lausanne. Le régime socialiste, son organisation politique et économique. 1898.

RIBOT (Th.), professeur au Collège de France, directeur de la *Revue philosophique*. La Philosophie de Schopenhauer. 6° édition.
— * Les Maladies de la mémoire. 11° édit.
— * Les Maladies de la volonté. 11° édit.
— * Les Maladies de la personnalité. 6° édit.
— * La Psychologie de l'attention. 4° édit.

RICHARD (G.), docteur ès lettres. * Le Socialisme et la Science sociale. 1897.

RICHET (Ch.). Essai de psychologie générale (avec figures). 3° édit. 1898.

ROBERTY (E. de). L'Inconnaissable, sa métaphysique, sa psychologie.
— L'Agnosticisme. Essai sur quelques théories pessim. de la connaissance. 2° édit.
— La Recherche de l'Unité. 1 vol. 1893.
— Auguste Comte et Herbert Spencer. 2° édit.
— * Le Bien et le Mal. 1896.
— Le Psychisme social. 1897.

ROISEL. De la Substance.
— L'Idée spiritualiste. 1897.

SAIGEY. La Physique moderne. 2° édit.

SAISSET (Émile), de l'Institut. * L'Ame et la Vie.
— * Critique et Histoire de la philosophie (fragm. et disc.).

SCHŒBEL. Philosophie de la raison pure.

SCHOPENHAUER. *Le Libre arbitre, traduit par M. Salomon Reinach. 7° édit.
— * Le Fondement de la morale, traduit par M. A. Burdeau. 6° édit.
— Pensées et Fragments, avec intr. par M. J. Bourdeau. 13° édit.

SELDEN (Camille). La Musique en Allemagne, étude sur Mendelssohn.

SIGHELE. La Foule criminelle, essai de psychologie collective.

STRICKER. Le Langage et la Musique, traduit de l'allemand par M. Schwiedland.

STUART MILL. *Auguste Comte et la Philosophie positive. 4° édit.
— * L'Utilitarisme. 2° édit.

TAINE (H.), de l'Académie française. * Philosophie de l'art dans les Pays-Bas. 2° édit.

Suite de la *Bibliothèque de philosophie contemporaine*, format in-12, à 2 fr. 50 le vol.

TARDE. La Criminalité comparée. 4e édition. 1898.
— * Les Transformations du Droit. 2e édit. 1894.
THAMIN (R.), prof. à la Faculté des lettres de Lyon. *Éducation et positivisme.
  2e éd. 1895. Ouvrage couronné par l'Académie des sciences morales et politiques.
THOMAS (P. Félix), prof. au lycée de Versailles, docteur ès lettres. * La sugges-
  tion, son rôle dans l'éducation intellectuelle. 1895.
TISSIÉ. * Les Rêves, avec préface du professeur Azam. 2e éd. 1898.
VIANNA DE LIMA. L'Homme selon le transformisme.
WUNDT. Hypnotisme et suggestion. Étude critique, traduit par M. Keller.
ZELLER. Christian Baur et l'École de Tubingue, traduit par M. Ritter.
ZIEGLER. La Question sociale est une Question morale, traduit par M. Palante.
  2e éd. 1894.

---

# BIBLIOTHÈQUE DE PHILOSOPHIE CONTEMPORAINE
## Volumes in-8.

Br. à 5 fr., 7 fr. 50 et 10 fr.; Cart. angl., 1 fr. en plus par vol.; Demi-rel. en plus 2 fr. par vol.

ADAM (Ch.), recteur de l'Académie de Clermont. * La Philosophie en France
  (première moitié du XIXe siècle).                                     7 fr. 50
AGASSIZ.*  De l'Espèce et des Classifications.                          5 fr.
ARRÉAT. *Psychologie du peintre.                                        5 fr.
AUBRY (le Dr P.). La contagion du meurtre. 1896. 3e édit.               5 fr.
BAIN (Alex.). La Logique inductive et déductive. Traduit de l'anglais par
  M. G. Compayré. 2 vol. 3e édition.                                    20 fr.
— * Les Sens et l'Intelligence. 1 vol. Traduit par M. Cazelles. 3e édit.  10 fr.
— * Les Émotions et la Volonté. Trad. par M. Le Monnier.               10 fr.
BALDWIN (Mark), professeur à l'Université de Princeton. Le Développement men-
  tal chez l'enfant et dans la race. Trad. Nourry, préface de L. Marillier.
  1897.                                                                 7 fr. 50
BARNI (Jules). *La Morale dans la démocratie. 2e édit.                  5 fr.
BARTHÉLEMY-SAINT-HILAIRE, de l'Institut. La Philosophie dans ses rapports
  avec les sciences et la religion.                                     5 fr.
BERGSON (H.), docteur ès lettres. Matière et mémoire. Essai sur les relations du
  corps à l'esprit. 1896.                                               5 fr.
BERTRAND, professeur à l'Université de Lyon. L'Enseignement intégral.
  1898.                                                                 5 fr.
BOIRAC (Émile), professeur à la Faculté de lettres de Dijon. * L'idée du Phénomène. 1894.                                                           5 fr.
BOURDEAU (L.). Le Problème de la mort, ses solutions imaginaires et la science
  positive. 2e édition. 1896.                                           5 fr.
BOURDON, professeur à l'Université de Rennes. *L'expression des émotions et
  des tendances dans le langage. 1892.                                  7 fr. 50
BOUTROUX (Em.), professeur à la Faculté des lettres de Paris. Etudes d'histoire
  de la philosophie. 1898.                                              7 fr. 50
BROCHARD (V.), professeur à la Sorbonne. De l'Erreur. 1 vol. 2e édit. 1897. 5 fr.
BRUNSCHWICG (E.), agrégé de philosophie, docteur ès lettres. * Spinoza.
  1894.                                                                 3 fr. 75
— La modalité du jugement.                                             5 fr.
CARRAU (Ludovic), professeur à la Sorbonne. La Philosophie religieuse en
  Angleterre, depuis Locke jusqu'à nos jours.                          5 fr.
CHABOT (Ch.), docteur ès lettres. Nature et Moralité. 1897.            5 fr.
CLAY (R.). * L'Alternative, *Contribution à la psychologie.* 2e édit. Trad. Bur-
  deau.                                                                 10 fr.
COLLINS (Howard). *La Philosophie de Herbert Spencer, avec préface de
  M. Herbert Spencer, traduit par H. de Varigny. 2e édit. 1895.        10 fr.
COMTE (Aug.). La Sociologie, résumé par E. RIGOLAGE. 1897.             7 fr. 50

Suite de la *Bibliothèque de philosophie contemporaine*, format in-8.

CONTA (B.). **Théorie de l'ondulation universelle.** Traduction du roumain et notice biographique par D. ROSETTI TESCANU, préface de Louis BUCHNER. 1894. 3 fr. 75

CRÉPIEUX-JAMIN. **L'Écriture et le Caractère.** 4e édit. 1897. 7 fr. 50

DEWAULE, docteur ès lettres. *Condillac et la Psychologie anglaise contemporaine. 1892. 5 fr.

DUPROIX (P.), professeur à l'Université de Genève. *Kant et Fichte et le problème de l'éducation. 1897. (Ouvrage couronné par l'Académie française.) 5 fr.

DURKHEIM, professeur à la Faculté des lettres de Bordeaux. *De la division du travail social. 1893. 7 fr. 50

— Le Suicide, *étude sociologique.* 1897. 7 fr. 50

FERRERO (G.). **Les lois psychologiques du symbolisme.** 1895. 5 fr.

FERRI (Louis), professeur à l'Université de Rome. **La Psychologie de l'association,** depuis Hobbes jusqu'à nos jours. 7 fr. 50

FLINT, professeur à l'Université d'Edimbourg. *La Philosophie de l'histoire en Allemagne. 7 fr. 50

FONSEGRIVE, professeur au lycée Buffon. *Essai sur le libre arbitre. Ouvrage couronné par l'Académie des sciences morales et politiques. 2e éd. 1895. 10 fr.

FOUILLÉE (Alf.), de l'Institut. *La Liberté et le Déterminisme. 1 vol. 2e édit. 7 fr. 50

— Critique des systèmes de morale contemporains. 2e édit. 7 fr. 50

— *La Morale, l'Art, la Religion, d'après GUYAU. 2e édit. 3 fr. 75

— L'Avenir de la Métaphysique fondée sur l'expérience. 5 fr.

— * L'Évolutionnisme des idées-forces. 7 fr. 50

— * La Psychologie des idées-forces. 2 vol. 1893. 15 fr.

— * Tempérament et caractère, suivant les individus, les sexes et les races. 1895. 7 fr. 50

— Le Mouvement positiviste et la conception sociologique du monde. 1896. 7 fr. 50

— Le Mouvement idéaliste et la réaction contre la science positive. 1896. 7 fr. 50

FRANCK (A.), de l'Institut. **Philosophie du droit civil.** 5 fr.

FULLIQUET. **Essai sur l'Obligation morale.** 1898. 7 fr. 50

GAROFALO, agrégé de l'Université de Naples. **La Criminologie.** 4e édit. 7 fr. 50

— **La superstition socialiste.** 1895. 5 fr.

GODFERNAUX (A.), docteur ès lettres. *Le sentiment et la pensée et leurs principaux aspects physiologiques. 1894. 5 fr.

GORY (G.), docteur ès lettres. **L'Immanence de la raison dans la connaissance sensible.** 1896. 5 fr.

GREEF (de), prof. à la nouvelle Université libre de Bruxelles. **Le transformisme social. Essai sur le progrès et le regrès des sociétés. 1895. 7 fr. 50

GURNEY, MYERS et PODMORE. **Les Hallucinations télépathiques,** traduit et abrégé des « Phantasms of The Living » par L. MARILLIER, préf. de CH. RICHET. 2e éd. 7 fr. 50

GUYAU (M.). * **La Morale anglaise contemporaine.** 4e édit. 7 fr. 50

— **Les Problèmes de l'esthétique contemporaine.** 5 fr.

— **Esquisse d'une morale sans obligation ni sanction.** 3e édit. 5 fr.

— **L'Irréligion de l'avenir,** étude de sociologie. 5e édit. 7 fr. 50

— * **L'Art au point de vue sociologique.** 7 fr. 50

— * **Hérédité et Education,** étude sociologique. 3e édit. 5 fr.

HERBERT SPENCER. * **Les Premiers principes.** Traduc. Cazelles. 8e éd. 10 fr.

— * **Principes de biologie.** Traduit par M. Cazelles. 4e édit. 2 vol. 20 fr.

— * **Principes de psychologie.** Trad. par MM. Ribot et Espinas. 2 vol. 20 fr.

— * **Principes de sociologie.** 4 vol., traduits par MM. Cazelles et Gerschel : Tome I. 10 fr. — Tome II. 7 fr. 50. — Tome III. 15 fr. — Tome IV. 3 fr. 75

— * **Essais sur le progrès.** Traduit par M. A. Burdeau. 5e édit. 7 fr. 50

— **Essais de politique.** Traduit par M. A. Burdeau. 3e édit. 7 fr. 50

— **Essais scientifiques.** Traduit par M. A. Burdeau. 2e édit. 7 fr. 50

— * **De l'Education physique, intellectuelle et morale.** 10e édit. 5 fr.

(Voy. p. 3, 20 et 21.)

Suite de la *Bibliothèque de philosophie contemporaine*, format in-8.

HIRTH (G.). *Physiologie de l'Art. Trad. et introd. de M. L. Arréat.          5 fr.

HUXLEY, de la Société royale de Londres. * Hume, sa vie, sa philosophie. Traduit de l'anglais et précédé d'une introduction par M. G. COMPAYRÉ.          5 fr.

IZOULET (J.), professeur au Collège de France. * La Cité moderne, métaphysique de la sociologie. 4e édit. 1897.          10 fr.

JANET (Paul), de l'Institut. * Les Causes finales. 3e édit.          10 fr.

— *Histoire de la science politique dans ses rapports avec la morale. 2 forts vol. 3e édit., revue, remaniée et considérablement augmentée.          20 fr.

— * Victor Cousin et son œuvre. 3e édition.          7 fr. 50

JANET (Pierre), professeur au lycée Condorcet. * L'Automatisme psychologique, essai sur les formes inférieures de l'activité mentale. 2e édit. 1894.          7 fr. 50

LANG (A.). *Mythes, Cultes et Religion. Traduit par MM. MARILLIER et DURR, introduction de MARILLIER. 1896.          10 fr.

LAVELEYE (de), correspondant de l'Institut. *De la Propriété et de ses formes primitives. 4e édit. revue et augmentée.          10 fr.

— *Le Gouvernement dans la démocratie. 2 vol. 3e édit. 1896.          15 fr.

LÉVY-BRUHL, docteur ès lettres. * La Philosophie de Jacobi. 1894.          5 fr.

LIARD, de l'Institut. * Descartes.          5 fr.

— * La Science positive et la Métaphysique. 2e édit.          7 fr. 50

LOMBROSO. * L'Homme criminel (criminel-né, fou-moral, épileptique), précédé d'une préface de M. le docteur LETOURNEAU. 3e éd. 2 vol. et atlas. 1895.          36 fr.

LOMBROSO ET FERRERO. La Femme criminelle et la prostituée. Avec planches hors texte. 1896.          15 fr.

LOMBROSO et LASCHI. Le Crime politique et les Révolutions. 2 vol. avec 13 planches hors texte.          15 fr.

LYON (Georges), maître de conférences à l'École normale supérieure. *L'Idéalisme en Angleterre au XVIIIe siècle.          7 fr. 50

MALAPERT (P.), docteur ès lettres. Les Éléments du caractère et leurs lois de combinaison. 1897.          5 fr.

MARION (H.), professeur à la Sorbonne. *De la Solidarité morale. Essai de psychologie appliquée. 5e édit. 1895.          5 fr.

MARTIN (Fr.), docteur ès lettres. La perception extérieure et la science positive, essai de philosophie des sciences. 1894.          5 fr.

MATTHEW ARNOLD. La Crise religieuse.          7 fr. 50

MAUDSLEY. *La Pathologie de l'esprit. Trad. de l'ang. par M. Germont.          10 fr.

NAVILLE (E.), correspond. de l'Institut. La physique moderne. 2e édit.          5 fr.

— * La Logique de l'hypothèse. 2e édit.          5 fr.

— * La définition de la philosophie. 1894.          5 fr.

NORDAU (Max). *Dégénérescence, traduit de l'allemand par Aug. Dietrich. 4e éd. 1896. 2 vol. Tome I. 7 fr. 50. Tome II.          10 fr.

— Les Mensonges conventionnels de notre civilisation, trad. DIETRICH. Nouvelle édition. 1897.          5 fr.

NOVICOW. Les Luttes entre Sociétés humaines et leurs phases successives. 1893.          10 fr.

— * Les gaspillages des sociétés modernes. 1894.          5 fr.

OLDENBERG, professeur à l'Université de Kiel. *Le Bouddha, sa Vie, sa Doctrine, sa Communauté, trad. par P. Foucher. Préf. de Lucien Lévy. 1894.          7 fr. 50

PAULHAN (Fr.). L'Activité mentale et les Éléments de l'esprit.          10 fr.

— Les types intellectuels : esprits logiques et esprits faux. 1896.          7 fr. 50

PAYOT (J.), inspecteur d'Académie, docteur ès lettres. * L'Éducation de la volonté. 7e édit. 1898.          5 fr.

— De la croyance. 1896.          5 fr.

PÉREZ (Bernard). Les Trois premières années de l'enfant. 5e édit.          5 fr.

— L'Enfant de trois à sept ans. 3e édit.          5 fr.

— L'Éducation morale dès le berceau. 3e édit. 1896.          5 fr.

— *L'éducation intellectuelle dès le berceau. 1896.          5 fr.

PIAT (l'abbé C.), docteur ès lettres. La Personne humaine. 1898.          7 fr. 50

Suite de la *Bibliothèque de philosophie contemporaine*, format in-8.

PICAVET (E.), maître de conférences à l'École des hautes études. *Les Idéologues, essai sur l'histoire des idées, des théories scientifiques, philosophiques, religieuses, etc., en France, depuis 1789. (Ouvr. couronné par l'Académie française.)     10 fr.

PIDERIT. **La Mimique et la Physiognomonie.** Trad. de l'allemand par M. Girot. Avec 95 figures dans le texte.     5 fr.

PILLON (F.), *L'Année philosophique, 7 années : 1890, 1891, 1892, 1893, 1894, 1895 et 1896. 7 vol. Chaque vol. séparément.     5 fr.

PIOGER (J.). La Vie et la Pensée, essai de conception expérimentale. 1894.     5 fr.

— La vie sociale, la morale et le progrès. 1894.     5 fr.

PREYER, prof. à l'Université de Berlin. **Éléments de physiologie.**     5 fr.

— *L'Ame de l'enfant.** Développement psychique des premières années.     10 fr.

PROAL. *Le Crime et la Peine. 2ᵉ édit. 1894. (Ouvrage couronné par l'Académie des sciences morales et politiques.)     10 fr.

— *La criminalité politique. 1895.     5 fr.

RIBOT (Th.), prof. au Collège de France, dir. de la *Revue philosophique*. *L'Hérédité psychologique. 5ᵉ édit.     7 fr. 50

— *La Psychologie anglaise contemporaine. 3ᵉ édit.     7 fr. 50

— *La Psychologie allemande contemporaine. 2ᵉ édit.     7 fr. 50

— La psychologie des sentiments. 2ᵉ édit. 1897.     7 fr. 50

— L'Évolution des idées générales. 1897.     5 fr.

RICARDOU (A.), docteur ès lettres. *De l'Idéal, étude philosophique. (Ouvrage couronné par l'Institut.)     5 fr.

RICHET (Ch.), professeur à la Faculté de médecine de Paris. **L'Homme et l'Intelligence.** Fragments de psychologie et de physiologie. 2ᵉ édit.     10 fr.

ROBERTY (E. de). L'Ancienne et la Nouvelle philosophie.     7 fr. 50

— *La Philosophie du siècle (positivisme, criticisme, évolutionnisme).     5 fr.

ROMANES. *L'Évolution mentale chez l'homme.     7 fr. 50

SAIGEY (E.). *Les Sciences au XVIIIᵉ siècle. La Physique de Voltaire.     5 fr.

SCHOPENHAUER. Aphorismes sur la sagesse dans la vie. 6ᵉ édit. Traduit par M. Cantacuzène.     5 fr.

— *De la Quadruple racine du principe de la raison suffisante, suivi d'une *Histoire de la doctrine de l'idéal et du réel*. Trad. par M. Cantacuzène.     5 fr.

— *Le Monde comme volonté et comme représentation*. Traduit par M. A. Burdeau. 2ᵉ éd. 3 vol. Chacun séparément.     7 fr. 50

SÉAILLES (G.), maître de conférences à la Sorbonne. **Essai sur le génie dans l'art.** 2ᵉ édit. 1897.     5 fr.

SERGI, professeur à l'Université de Rome. **La Psychologie physiologique,** traduit de l'italien par M. Mouton. Avec figures.     7 fr. 50

SOLLIER (Dʳ P.). *Psychologie de l'idiot et de l'imbécile.     5 fr.

SOURIAU (Paul), professeur à l'Université de Nancy. **L'Esthétique du mouvement.**     5 fr.

— *La suggestion dans l'art.     5 fr.

STUART MILL. *Mes Mémoires. Histoire de ma vie et de mes idées. 3ᵉ édit.     5 fr.

— *Système de logique déductive et inductive. 4ᵉ édit. 2 vol.     20 fr.

— *Essais sur la religion. 2ᵉ édit.     5 fr.

SULLY (James). **Le Pessimisme.** Trad. Bertrand. 2ᵉ édit.     7 fr. 50

— Études sur l'enfance. Trad. A. Monod, préface de G. Compayré. 1898.     10 fr.

TARDE (G.). *La logique sociale. 2ᵉ édit. 1898.     7 fr. 50

— *Les lois de l'imitation. 2ᵉ édit. 1895.     7 fr. 50

— L'Opposition universelle. *Essai d'une théorie des contraires.* 1897.     7 fr. 50

THOUVEREZ (Émile), docteur ès lettres. Le Réalisme métaphysique. 1894. Couronné par l'Institut.     5 fr.

VACHEROT (Et.), de l'Institut. *Essais de philosophie critique.     7 fr. 50

— La Religion.     7 fr. 50

WUNDT. **Éléments de psychologie physiologique.** 2 vol. avec figures.     20 fr.

## COLLECTION HISTORIQUE DES GRANDS PHILOSOPHES

### PHILOSOPHIE ANCIENNE

ARISTOTE (Œuvres d'), traduction de J. Barthélemy-Saint-Hilaire, de l'Institut.
— *Rhétorique. 2 vol. in-8. 16 fr.
— *Politique. 1 v. in-8... 10 fr.
— La Métaphysique d'Aristote. 3 vol. in-8. ............ 30 fr.
— De la Logique d'Aristote, par M. Barthélemy-Saint-Hilaire. 2 vol. in-8............. 10 fr.
— Table alphabétique des matières de la traduction générale d'Aristote, par M. Barthélemy-Saint-Hilaire, 2 forts vol. in-8. 1892 ............ 30 fr.
— L'Esthétique d'Aristote, par M. Bénard. 1 vol. in-8. 1889. 5 fr.
SOCRATE. *La Philosophie de Socrate, par Alf. Fouillée. 2 vol. in-8 ................. 16 fr.
— Le Procès de Socrate, par G. Sorel. 1 vol. in-8...... 3 fr. 50
PLATON. Études sur la Dialectique dans Platon et dans Hegel, par Paul Janet. 1 vol. in-8. 6 fr.
— *Platon, sa philosophie, sa vie et de ses œuvres, par Ch. Bénard. 1 vol. in-8. 1893....... 10 fr.
— La Théorie platonicienne des Sciences, par Élie Halévy. In-8. 1895................. 5 fr.
PLATON. Œuvres, traduction Victor Cousin revue par J. Barthélemy-Saint-Hilaire : Socrate et Platon ou le Platonisme — Eutyphron — Apo-

logie de Socrate — Criton — Phédon. 1 vol. in-8. 1896. 7 fr. 50
ÉPICURE. *La Morale d'Épicure et ses rapports avec les doctrines contemporaines, par M. Guyau. 1 volume in-8. 3° édit...... 7 fr. 50
BÉNARD. La Philosophie ancienne, histoire de ses systèmes. 1re partie : *La Philosophie et la Sagesse orientales. — La Philosophie grecque avant Socrate. — Socrate et les socratiques. — Études sur les sophistes grecs. 1 v. in-8...... 9 fr.
FABRE (Joseph). *Histoire de la philosophie, antiquité et moyen âge. 1 vol. in-18. .... 3 fr. 50
FAVRE (Mme Jules), née Velten. La Morale des stoïciens. 1 volume in-18................. 3 fr. 50
— La Morale de Socrate. 1 vol. in-18................. 3 fr. 50
— La Morale d'Aristote. 1 vol. in-18 ................. 3 fr. 50
OGEREAU. Système philosophique des stoïciens. In-8..... 5 fr.
RODIER (G.). *La Physique de Straton de Lampsaque. In-8. 3 fr.
TANNERY (Paul), Pour l'histoire de la science hellène (de Thalès à Empédocle). 1 v. in-8. 1887............... 7 fr. 50
MILHAUD (G.). *Les origines de la science grecque. 1 vol. in-8. 1893................. 5 fr.

### PHILOSOPHIE MODERNE

*DESCARTES, par L. Liard. 1 vol. in-8.................. 5 fr.
— Essai sur l'Esthétique de Descartes, par E. Krantz. 1 vol. in-8. 2° éd. 1897............. 6 fr.
SPINOZA. Benedicti de Spinoza opera, quotquot reperta sunt, recognoverunt J. Van Vloten et J.-P.-N. Land. 2 forts vol. in-8 sur papier de Hollande........... 45 fr.
Le même en 3 volumes élégamment reliés........... 18 fr.
— Inventaire des livres formant sa bibliothèque, publié d'après un document inédit avec des notes biographiques et bibliographi-

ques et une introduction par A.-J. Servaas van Rooijen. 1 v. in-4 sur papier de Hollande....... 15 fr.
GEULINCK (Arnoldi). Opera philosophica recognovit J.-P.-N. Land, 3 volumes, sur papier de Hollande, gr. in-8. Chaque vol... 17 fr. 75
GASSENDI. La Philosophie de Gassendi, par P.-F. Thomas. In-8. 1889................ 6 fr.
LOCKE. *Sa vie et ses œuvres, par Marion. In-18. 3° éd... 2 fr. 50
MALEBRANCHE. *La Philosophie de Malebranche, par Ollé-Laprune, de l'Institut. 2 volumes. in-8.................. 16 fr.

PASCAL. **Études sur le scepticisme de Pascal**, par DROZ. 1 vol. in-8............... 6 fr.

VOLTAIRE. **Les Sciences au XVIII° siècle. Voltaire physicien**, par Em. SAIGEY. 1 vol. in-8. 5 fr.

FRANCK (Ad.), de l'Institut. **La Philosophie mystique en France au XVIII° siècle.** 1 volume in-18............... 2 fr. 50

DAMIRON. **Mémoires pour servir à l'histoire de la philosophie au XVIII° siècle.** 3 vol. in-8. 15 fr.

J.-J. ROUSSEAU. **Du Contrat social**, édition comprenant avec le texte définitif les versions primitives de l'ouvrage d'après les manuscrits de Genève et de Neuchâtel, avec introduction, par EDMOND DREYFUS-BRISAC. 1 fort volume grand in-8. 12 fr.

## PHILOSOPHIE ÉCOSSAISE

DUGALD STEWART. *****Éléments de la philosophie de l'esprit humain.** 3 vol. in-12..... 9 fr.

HUME. *****Sa vie et sa philosophie**, par Th. HUXLEY. 1 vol. in-8. 5 fr.

BACON. **Étude sur François Bacon**, par J. BARTHÉLEMY-SAINT-HILAIRE. In-18....... 2 fr. 50

BACON. *****Philosophie de François Bacon**, par CH. ADAM. (Couronné par l'Institut). In-8..... 7 fr. 50

BERKELEY. **Œuvres choisies.** *Essai d'une nouvelle théorie de la vision. Dialogues d'Hylas et de Philonoüs.* Traduit de l'anglais par MM. BEAULAVON (G.) et PARODI (D.) In-8. 1895............. 5 fr.

## PHILOSOPHIE ALLEMANDE

KANT. **La Critique de la raison pratique**, traduction nouvelle avec introduction et notes, par M. PICAVET. 1 vol. in-8....... 6 fr.

— **Éclaircissements sur la Critique de la raison pure**, trad. TISSOT. 1 vol. in-8...... 6 fr.

— *****Principes métaphysiques de la morale**, et *Fondements de la métaphysique des mœurs*, traduct. TISSOT. In-8............. 8 fr.

— **Doctrine de la vertu**, traduction BARNI. 1 vol. in-8....... 8 fr.

— *****La Logique**, traduct. TISSOT. 1 vol. in-8.............. 4 fr.

— *****Mélanges de logique**, traduction TISSOT. 1 v. in-8..... 6 fr.

— *****Prolégomènes à toute métaphysique future qui se présentera comme science**, traduction TISSOT. 1 vol. in-8...... 6 fr.

— *****Anthropologie**, suivie de divers fragments relatifs aux rapports du physique et du moral de l'homme, et du commerce des esprits d'un monde à l'autre, traduction TISSOT. 1 vol. in-8....... 6 fr.

— **Traité de pédagogie**, trad. J. BARNI; préface et notes par M. Raymond THAMIN. 1 vol. in-12. 1 fr. 50

KANT et FICHTE et le problème de l'éducation par PAUL DUPROIX. 1 vol. in-8. 1897....... 5 fr.

SCHELLING. **Bruno, ou du principe divin.** 1 vol. in-8....... 3 fr. 50

HEGEL. *****Logique.** 2 vol. in-8. 14 fr.

— ***** Philosophie de la nature.** 3 vol. in-8............... 25 fr.

— *****Philosophie de l'esprit.** 2 vol. in-8.................. 18 fr.

— *****Philosophie de la religion.** 2 vol. in-8............. 20 fr.

— **La Poétique**, trad. par M. Ch. BÉNARD. Extraits de Schiller, Gœthe, Jean-Paul, etc., 2 v. in-8. 12 fr.

— **Esthétique.** 2 vol. in-8, trad. BÉNARD.................. 16 fr.

— **Antécédents de l'hégélianisme dans la philosophie française**, par E. BEAUSSIRE. 1 vol. in-18........... 2 fr. 50

— **Introduction à la philosophie de Hegel**, par VÉRA. 1 vol. in-8, 2° édit................. 6 fr. 50

— **La logique de Hegel**, par Eug. NOEL. In-8. 1897....... 3 fr.

HERBART. **Principales œuvres pédagogiques**, trad. A. PINLOCHE. In-8. 1894........... 7 fr. 50

HUMBOLDT (G. de). **Essai sur les limites de l'action de l'État.** In-8............. 3 fr. 50

MAUXION (M.). **La métaphysique de Herbart et la critique de Kant.** 1 vol. in-8..... 7 fr. 50

RICHTER (Jean-Paul-Fr.). **Poétique ou Introduction à l'Esthétique.** 2 vol. in-8. 1862....... 15 fr.

SCHILLER. **Son esthétique**, par Fr. MONTARGIS. In-8..... 4 fr.

## PHILOSOPHIE ANGLAISE CONTEMPORAINE

(Voir *Bibliothèque de philosophie contemporaine*, pages 2 et 5.)

ARNOLD (Matt.). — BAIN (Alex). — CARRAU (Lud.). — CLAY (R.). — COLLINS (H.). — CARUS. — FERRI (L.). — FLINT. — GUYAU. — GURNEY, MYERS et PODMOR. — HERBERT-SPENCER. — HUXLEY. — LIARD. — LANG. — LUBBOCK (Sir John). — LYON (Georges). — MARION. — MAUDSLEY. — STUART-MILL (John). — ROMANES. — SULLY (James).

## PHILOSOPHIE ALLEMANDE CONTEMPORAINE

(Voir *Bibliothèque de philosophie contemporaine*, pages 2 et 5.)

BOUGLÉ — HARTMANN (E. de). — NORDAU (Max). — NIETZSCHE. — OLDENBERG. — PIDERIT. — PREYER. — RIBOT (Th.). — SCHMIDT (O.). — SCHŒBEL. — SCHOPENHAUER. — SELDEN (C.). — STRICKER. — WUNDT. — ZELLER. — ZIEGLER.

## PHILOSOPHIE ITALIENNE CONTEMPORAINE

(Voir *Bibliothèque de philosophie contemporaine*, pages 2 et 5.)

ESPINAS. — FERRERO. — FERRI (Enrico). — FERRI (L.). — GAROFALO. — LÉOPARDI. — LOMBROSO. — LOMBROSO et FERRERO. — LOMBROSO et LASCHI. — MARIANO. — MOSSO. — PILO (Marco). — SERGI. — SIGHELE.

---

# LES GRANDS PHILOSOPHES

### Publié sous la direction de M. l'Abbé PIAT

Sous ce titre, M. L'ABBÉ PIAT, agrégé de philosophie, docteur ès lettres, professeur à l'École des Carmes, va publier, avec la collaboration de savants et de philosophes connus, une série d'études consacrées aux grands philosophes : *Socrate, Platon, Aristote, Philon, Plotin et Saint Augustin; Saint Anselme, Saint Bonaventure, Saint Thomas d'Aquin et Dunsscot, Malebranche, Pascal, Spinoza, Leibniz, Kant, Hégel, Herbert Spencer*, etc.

Chaque étude formera un volume in-8° carré de 300 pages environ, du prix de 5 francs.

#### PARAITRONT DANS LE COURANT DES ANNÉES 1898 ET 1899 :

**Aristote,** par M. OLLÉ-LAPRUNE, membre de l'Institut, maître de conférences à l'École normale supérieure.

**Saint Anselme,** par M. DOMET DE VORGES, ancien ministre plénipotentiaire.

**Socrate — Saint Augustin,** par M. l'abbé PIAT.

**Descartes,** par M. le baron Denys COCHIN, député de Paris.

**Saint Thomas d'Aquin,** par Mgr MERCIER, directeur de l'Institut supérieur de philosophie de l'Université de Louvain, et par M. DE WULF, professeur au même Institut.

**Malebranche,** par M. Henri JOLY, ancien doyen de la Faculté des lettres de Dijon.

**Saint Bonaventure,** par Mgr DADOLLE, recteur des Facultés libres de Lyon.

**Maine de Biran,** par M. Marius COUAILHAC.

---

# BIBLIOTHÈQUE GÉNÉRALE
## DES
# SCIENCES SOCIALES

SECRÉTAIRE DE LA RÉDACTION :

**DICK MAY**, Secrétaire général du Collège libre des Sciences sociales.

---

L'éditeur de la *Bibliothèque de philosophie contemporaine* a toujours réservé dans cette collection une place à la science sociale : les rapports de celle-ci avec la psychologie des peuples et avec la morale justifient ce classement et, à ces titres divers, elle intéresse les philosophes.

Mais, depuis plusieurs années, le cercle des études sociales s'est élargi : elles sont sorties du domaine de l'observation pour entrer dans celui des applications pratiques et de l'histoire, qui s'adressent à un plus nombreux public.

Aussi ont-elles pris leur place dans le haut enseignement; elles ont leurs représentants dans les Facultés des lettres et de droit, au Collège de France, à l'École libre des sciences politiques. La récente fondation du *Collège libre des sciences sociales* a montré la diversité et l'utilité des questions qui font partie de leur domaine ; les nombreux auditeurs qui en suivent les cours et conférences prouvent par leur présence que cette nouvelle institution répond à un besoin de curiosité générale.

C'est pour répondre à ce même besoin que l'éditeur de la *Bibliothèque de philosophie contemporaine* fonde la *Bibliothèque générale des sciences sociales*. Les premiers volumes de cette *Bibliothèque* seront la reproduction des leçons professées dans ces deux dernières années au Collège libre. La collaboration de son distingué secrétaire général assure à la *Bibliothèque* la continuation du concours de ses professeurs et conférenciers.

La *Bibliothèque générale des sciences sociales* sera d'ailleurs ouverte à tous les travaux intéressants, quelles que soient les opinions des sociologues qui leur apporteront leur concours, et l'école à laquelle ils appartiendront.

Les volumes, dont les titres suivent, seront publiés dans le courant de l'année 1898, les trois premiers devant paraître aux mois de mars et avril prochains :

**L'individualisation de la peine,** par M. SALEILLES, professeur agrégé à la Faculté de droit de l'Université de Paris.

**La méthode historique appliquée aux sciences sociales,** par M. Charles SEIGNOBOS, maître de conférences à la Faculté des lettres de l'Université de Paris.

**La formation de la démocratie socialiste en France,** par M. Albert MÉTIN, agrégé de l'Université.

**Le mouvement social catholique** depuis l'encyclique *Rerum novarum*, par M. Max TURMANN.

**La méthode géographique appliquée aux sciences sociales,** par M. Jean BRUNHES, professeur à l'Université de Fribourg (Suisse).

**Théorie des enquêtes,** par M. P. DU MAROUSSAN, docteur en droit.

**Esquisse d'une sociologie,** par M. J. TARDE, chef de la statistique au Ministère de la Justice.

**Les Bourses,** par M. THALLER, professeur à la Faculté de droit de l'Université de Paris.

**La décomposition du Marxisme,** par M. Ch. ANDLER, maître de conférences à l'École normale supérieure.

**La statique sociale,** par le Dr DELBET, député, directeur du Collège libre des sciences sociales.

---

Chaque volume in-8° carré de 300 pages environ, cartonné à l'anglaise..... 6 fr.

# BIBLIOTHÈQUE
# D'HISTOIRE CONTEMPORAINE

Volumes in-12 brochés à 3 fr. 50. — Volumes in-8 brochés de divers prix

Cartonnage anglais, 50 cent. par vol. in-12; 1 fr. par vol. in-8.

Demi-reliure, 1 fr. 50 par vol. in-12; 2 fr. par vol. in-8.

## EUROPE

SYBEL (H. de). * Histoire de l'Europe pendant la Révolution française, traduite de l'allemand par M<sup>lle</sup> DOSQUET. Ouvrage complet en 6 vol. in-8. 42 fr.

DÉBIDOUR, inspecteur général de l'Instruction publique. * Histoire diplomatique de l'Europe, de 1815 à 1878. 2 vol. in-8. (Ouvrage couronné par l'Institut.)                                                    18 fr.

## FRANCE

AULARD, professeur à la Sorbonne. * Le Culte de la Raison et le Culte de l'Être suprême, étude historique (1793-1794). 1 vol. in-12.        3 fr. 50
— * Études et leçons sur la Révolution française. 2 vol. in-12. Chacun.                                                                     3 fr. 50

DESPOIS (Eug.). * Le Vandalisme révolutionnaire. Fondations littéraires, scientifiques et artistiques de la Convention. 4e édition, précédée d'une notice sur l'auteur par M. Charles Bigot. 1 vol. in-12.        3 fr. 50

DEBIDOUR, inspecteur général de l'instruction publique. Histoire des rapports de l'Église et de l'État en France (1789-1870). 1 fort vol. in-8. 1898.                                                            12 fr.

ISAMBERT (G.). * La vie à Paris pendant une année de la Révolution (1791-1792). 1 vol. in-12. 1896.                                          3 fr. 50

MARCELLIN PELLET, ancien député. Variétés révolutionnaires. 3 vol. in-12, précédés d'une préface de A. RANC. Chaque vol. séparém.  3 fr. 50

BONDOIS (P.), agrégé de l'Université. * Napoléon et la société de son temps (1793-1821). 1 vol. in-8.                                          7 fr.

CARNOT (H.), sénateur. * La Révolution française, résumé historique. 1 volume in-12. Nouvelle édit.                                           3 fr. 50

BLANC (Louis). * Histoire de Dix ans (1830-1840). 5 vol. in-8.      25 fr.
— 25 pl. en taille-douce. Illustrations pour l'*Histoire de Dix u...*.   6 fr.

ÉLIAS REGNAULT. Histoire de Huit ans (1840-1848). 3 vol. in-8.   15 fr.
— 14 planches en taille-douce. Illustrations pour l'*Histoire de Huit ans.*  4 fr.

GAFFAREL (P.), professeur à l'Université de Dijon. * Les Colonies françaises. 1 vol. in-8. 5e édit.                                            5 fr.

LAUGEL (A.). * La France politique et sociale. 1 vol. in-8.         5 fr.

ROCHAU (de). Histoire de la Restauration. 1 vol. in-12.           3 fr. 50

SPULLER (E.), sénateur, ancien ministre de l'Instruction publique. * Figures disparues, portraits contemporains, littéraires et politiques. 3 vol. in-12. Chacun séparément.                                                  3 fr. 50
— Histoire parlementaire de la deuxième République. 1 volume in-12. 2e édit.                                                                   3 fr. 50
— Hommes et choses de la Révolution. 1 vol. in-12. 1896.          3 fr. 50

TAXILE DELORD. * Histoire du second Empire (1848-1870). 6 v. in-8. 42 fr.

ZEVORT (E.), recteur de l'Académie de Caen. Histoire de la troisième République:
    Tome I. * La présidence de M. Thiers 1 vol. in-8. 1896.      7 fr.
    Tome II. * La présidence du Maréchal. 1 vol. in-8. 1897.     7 fr.
    Tome III. La présidence de M. Grévy. 1 vol. in-8 (*sous presse*).

WAHL, inspecteur général honoraire de l'Instruction aux colonies. *L'Algérie. 1 vol. in-8. 3ᵉ édit. refondue. (Ouvrage couronné par l'Institut.)   5 fr.

LANESSAN (de). L'Expansion coloniale de la France. Étude économique, politique et géographique sur les établissements français d'outre-mer. 1 fort vol. in-8, avec cartes. 1886.   12 fr.

— *L'Indo-Chine française. Étude économique, politique et administrative sur *la Cochinchine, le Cambodge, l'Annam et le Tonkin*. (Ouvrage couronné par la Société de géographie commerciale de Paris, médaille Dupleix.) 1 vol. in-8, avec 5 cartes en couleurs hors texte.   15 fr.

— *La colonisation française en Indo-Chine. 1 vol. in-12, avec une carte de l'Indo-Chine. 1895.   3 fr. 50

LAPIE (P.), agrégé de l'Université. Les Civilisations tunisiennes (Musulmans, Israélites, Européens). 1 vol. in-12. 1898.   3 fr. 50

SILVESTRE (J.). L'Empire d'Annam et les Annamites, publié sous les auspices de l'administration des colonies. 1 v. in-12, avec 1 carte de l'Annam. 3 fr. 50

WEILL (Georges), agrégé de l'Université, docteur ès lettres. L'École saint-simonienne, son histoire, son influence jusqu'à nos jours. 1 vol. in-12. 1896.   3 fr. 50

## ANGLETERRE

BAGEHOT (W.). * Lombard-street. Le Marché financier en Angleterre. 1 vol. in-12.   3 fr. 50

LAUGEL (Aug.). * Lord Palmerston et lord Russell. 1 vol. in-12. 3 fr. 50

SIR CORNEWAL LEWIS. * Histoire gouvernementale de l'Angleterre depuis 1770 jusqu'à 1830. Traduit de l'anglais. 1 vol. in-8.   7 fr.

REYNALD (H.), doyen de la Faculté des lettres d'Aix. * Histoire de l'Angleterre, depuis la reine Anne jusqu'à nos jours. 1 vol. in-12. 2ᵉ éd. 3 fr. 50

MÉTIN (Albert). Le Socialisme en Angleterre. 1 vol. in-12. 1897.   3 fr. 50

## ALLEMAGNE

SIMON (Ed.). * L'Allemagne et la Russie au XIXᵉ siècle. 1 vol. in-12. 3 fr. 50

VÉRON (Eug.). * Histoire de la Prusse, depuis la mort de Frédéric II jusqu'à la bataille de Sadowa. 1 vol. in-12. 6ᵉ édit., augmentée d'un chapitre nouveau contenant le résumé des événements jusqu'à nos jours, par P. BONDOIS, professeur agrégé d'histoire au lycée Buffon.   3 fr. 50

— * Histoire de l'Allemagne, depuis la bataille de Sadowa jusqu'à nos jours. 1 vol. in-12. 3ᵉ éd., mise au courant des événements par P. BONDOIS. 3 fr. 50

ANDLER (Ch.), maître de conférences à l'École normale. Les Origines du Socialisme en Allemagne. 1 vol. in-8. 1897.   7 fr.

## AUTRICHE-HONGRIE

ASSELINE (L.). * Histoire de l'Autriche, depuis la mort de Marie-Thérèse jusqu'à nos jours. 1 vol. in-12. 3ᵉ édit.   3 fr. 50

SAYOUS (Ed.), professeur à la Faculté des lettres de Toulouse. Histoire des Hongrois et de leur littérature politique, de 1790 à 1815. 1 vol. in-18. 3 fr. 50

BOURLIER (J.). * Les Tchèques et la Bohême contemporaine, avec préface de M. FLOURENS, ancien ministre des Affaires étrangères. 1 vol. in-12. 1897.   3 fr. 50

AUERBACH, professeur à la Faculté des lettres de Nancy. Les races et les nationalités en Autriche-Hongrie. 1 vol. in-8, avec une carte hors texte. 1898.   5 fr.

## ITALIE

SORIN (Élie). * Histoire de l'Italie, depuis 1815 jusqu'à la mort de Victor-Emmanuel. 1 vol. in-12. 1888.   3 fr. 50

GAFFAREL (P.), professeur à la Faculté des lettres de Dijon. *Bonaparte
et les Républiques italiennes (1796-1799). 1895. 1 vol. in-8.          5 fr.

## ESPAGNE

REYNALD (H.). * Histoire de l'Espagne, depuis la mort de Charles III
jusqu'à nos jours. 1 vol. in-12.                              3 fr. 50

## RUSSIE

CRÉHANGE (M.), agrégé de l'Université. *Histoire contemporaine de la
Russie, depuis la mort de Paul I<sup>er</sup> jusqu'à l'avènement de Nicolas II (1801-
1894). 1 vol. in-12. 2ᵉ édit. 1895.                          3 fr. 50

## SUISSE

DAENDLIKER. *Histoire du peuple suisse. Trad. de l'allem. par Mᵐᵉ Jules
FAVRE et précédé d'une Introduction de Jules FAVRE. 1 vol. in-8.    5 fr.

## GRÈCE & TURQUIE

BÉRARD (V.), docteur ès lettres. * La Turquie et l'Hellénisme contemporain.(Ouvrage cour. par l'Acad. française). 1 v. in-12. 2ᵉ éd. 1895. 3 fr. 50

## AMÉRIQUE

DEBERLE (Alf.). * Histoire de l'Amérique du Sud, depuis sa conquête
jusqu'à nos jours. 1 vol. in-12. 3ᵉ édit., revue par A. MILHAUD, agrégé de
l'Université.                                               3 fr. 50

---

BARNI (Jules). * Histoire des idées morales et politiques en France
au XVIIIᵉ siècle. 2 vol. in-12. Chaque volume.              3 fr. 50
— * Les Moralistes français au XVIIIᵉ siècle. 1 vol. in-12 faisant suite
aux deux précédents.                                        3 fr. 50
BEAUSSIRE (Émile), de l'Institut. La Guerre étrangère et la Guerre
civile. 1 vol. in-12.                                       3 fr. 50
BOURDEAU (J.). *Le Socialisme allemand et le Nihilisme russe. 1 vol.
in-12. 2ᵉ édit. 1894.                                       3 fr. 50
DEPASSE (Hector). Transformations sociales. 1894. 1 vol. in-12.  3 fr. 50
— Du Travail et de ses conditions (Chambres et Conseils du travail).
1 vol. in-12. 1895.                                         3 fr. 50
D'EICHTHAL (Eug.). Souveraineté du peuple et gouvernement. 1 vol.
in-12. 1895.                                                3 fr. 50
GUÉROULT (G.). * Le Centenaire de 1789, évolution polit., philos., artist.
et scient. de l'Europe depuis cent ans. 1 vol. in-12. 1889.    3 fr. 50
LAVELEYE (E. de), correspondant de l'Institut. Le Socialisme contem-
porain. 1 vol. in-12. 10ᵉ édit. augmentée.                  3 fr. 50
REINACH (J.), député. Pages républicaines. 1894. 1 vol. in-12.   3 fr. 50
SPULLER (E.).* Éducation de la démocratie. 1 vol. in-12. 1892.   3 fr. 50
— L'Évolution politique et sociale de l'Église. 1 vol. in-12. 1893. 3 fr. 50

---

# *De Saint-Louis à Tripoli
## *Par le Lac Tchad*
### Par le Lieutenant-Colonel MONTEIL

1 beau volume in-8 colombier, précédé d'une préface de M. de Vogüé,
de l'Académie française, illustrations de RIOU. 1895.          20 fr.

*Ouvrage couronné par l'Académie française (Prix Montyon)*

# BIBLIOTHÈQUE DE LA FACULTÉ DES LETTRES DE L'UNIVERSITÉ DE PARIS

**De l'authenticité des épigrammes de Simonide**, par AM. HAUVETTE, professeur adjoint de langue et de littérature grecques à la Faculté. 1 vol. in-8. 5 fr.

* **Antinomies linguistiques**, par VICTOR HENRY, professeur de sanscrit et de grammaire comparée des langues indo-européennes à la Faculté. 1 vol. in-8. 2 fr.

**Mélanges d'histoire du moyen âge**, par MM. le Prof. LUCHAIRE, Dupont, Ferrier et Poupardin. 1 vol. in-8. 3 fr. 50

**Études linguistiques sur la Basse-Auvergne, phonétique historique du patois de Vinzelles (Puy-de-Dôme)**, par ALBERT DAUZAT, préface de M. le Prof. ANT. THOMAS. 1 vol. in-8. 6 fr.

# TRAVAUX DE L'UNIVERSITÉ DE LILLE
## LITTÉRATURE ET HISTOIRE

PAUL FABRE. **La polyptyque du chanoine Benoit — Étude sur un manuscrit de la bibliothèque de Cambrai.** 3 fr. 50

MÉDÉRIC DUFOUR. **Etude sur la constitution rythmique et métrique du drame grec.** 1re série, 4 fr.; 2e série, 2 fr. 50; 3e série, 2 fr. 50.

A. PINLOCHE. * **Principales œuvres de Herbart.** (Pédagogie générale. — Esquisse de leçons pédagogiques. — Aphorismes et extraits divers). 7 fr. 50

A. PENJON. **Pensée et réalité**, de A. SPIR, trad. de l'allem. in-8°. 10 fr.

# BIBLIOTHÈQUE HISTORIQUE ET POLITIQUE

DESCHANEL (E.), sénateur, professeur au Collège de France. * **Le Peuple et la Bourgeoisie.** 1 vol. in-8, 2e édit. 5 fr.

DU CASSE. **Les Rois frères de Napoléon 1er.** 1 vol. in-8. 10 fr.

LOUIS BLANC. **Discours politiques (1848-1881).** 1 vol. in-8. 7 fr. 50

PHILIPPSON. **La Contre-révolution religieuse au XVIe siècle.** 1 vol. in-8. 10 fr.

HENRARD (P.). **Henri IV et la princesse de Condé.** 1 vol. in-8. 6 fr.

NOVICOW. **La Politique internationale.** 1 fort vol. in-8. 7 fr.

REINACH (Joseph), député. * **La France et l'Italie devant l'histoire.** 1 vol. in-8. 1893. 5 fr.

LORIA (A.). **Les Bases économiques de la constitution sociale.** 1 vol. in-8. 1893. 7 fr. 50

# PUBLICATIONS HISTORIQUES ILLUSTRÉES

* **HISTOIRE ILLUSTRÉE DU SECOND EMPIRE**, par Taxile DELORD. 6 vol. in-8 colombier avec 500 gravures de FERAT, Fr. REGAMEY, etc. Chaque vol. broché, 8 fr. — Cart. doré, tr. dorées. 11 fr. 50

**HISTOIRE POPULAIRE DE LA FRANCE**, depuis les origines jusqu'en 1815. — 4 vol. in-8 colombier avec 1323 gravures. Chaque vol. broché, 7 fr. 50. — Cart. toile, tr. dorées. 11 fr.

**HISTOIRE CONTEMPORAINE DE LA FRANCE**, depuis 1815 jusqu'à la fin de la guerre du Mexique. — 4 vol. in-8 colombier avec 1033 gravures. Chaque vol. br., 7 fr. 50. — Cart. toile, tr. dorées. 11 fr.

# RECUEIL DES INSTRUCTIONS

DONNÉES

## AUX AMBASSADEURS ET MINISTRES DE FRANCE

DEPUIS LES TRAITÉS DE WESTPHALIE JUSQU'A LA RÉVOLUTION FRANÇAISE
Publié sous les auspices de la Commission des archives diplomatiques
au Ministère des Affaires étrangères.
Beaux volumes in-8 raisin, imprimés sur papier de Hollande,
avec Introduction et notes.

I. — **AUTRICHE**, par M. Albert SOREL, de l'Académie française.  20 fr.
II. — **SUÈDE**, par M. A. GEFFROY, de l'Institut................  20 fr.
III. — **PORTUGAL**, par le vicomte DE CAIX DE SAINT-AYMOUR.....  20 fr.
IV et V. — **POLOGNE**, par M. Louis FARGES, 2 vol.............  30 fr.
VI. — **ROME**, par M. G. HANOTAUX, de l'Académie française.....  20 fr.
VII. — **BAVIÈRE, PALATINAT ET DEUX-PONTS**, par M. André LEBON.  25 fr.
VIII et IX. — **RUSSIE**, par M. Alfred RAMBAUD, de l'Institut. 2 vol.
Le 1er vol. 20 fr. Le second vol.....................  25 fr.
X. — **NAPLES ET PARME**, par M. Joseph REINACH..............  20 fr.
XI. — **ESPAGNE (1649-1750)**, par MM. MOREL-FATIO et LÉONARDON
(tome premier) ......................................  20 fr.
XII. — **ESPAGNE (1750-1789)** (tome second), par les mêmes (*sous presse*).
XIII. — **DANEMARK**, par A. GEFFROY, de l'Institut..........  14 fr.

# *INVENTAIRE ANALYTIQUE

DES

## ARCHIVES DU MINISTÈRE DES AFFAIRES ÉTRANGÈRES

PUBLIÉ

### Sous les auspices de la Commission des archives diplomatiques

I. — **Correspondance politique de MM. de CASTILLON et de MARILLAC, ambassadeurs de France en Angleterre (1538-1540)**, par M. JEAN KAULEK, avec la collaboration de MM. Louis Farges et Germain Lefèvre-Pontalis. 1 vol. in-8 raisin.............  15 fr.

II. — **Papiers de BARTHÉLEMY, ambassadeur de France en Suisse, de 1792 à 1797 (année 1792)**, par M. Jean KAULEK. 1 vol. in-8 raisin................................  15 fr.

III. — **Papiers de BARTHÉLEMY (janvier-août 1793)**, par M. JEAN KAULEK. 1 vol. in-8 raisin..................  15 fr.

IV. — **Correspondance politique de ODET DE SELVE, ambassadeur de France en Angleterre (1546-1549)**, par M. G. LEFÈVRE-PONTALIS. 1 vol. in-8 raisin..................  15 fr.

V. — **Papiers de BARTHÉLEMY (septembre 1793 à mars 1794)**, par M. Jean KAULEK. 1 vol. in-8 raisin..............  18 fr.

VI. — **Papiers de BARTHÉLEMY (avril 1794 à février 1795)**, par M. JEAN KAULEK. 1 vol. in-8 raisin..............  20 fr.

VII. — **Papiers de BARTHÉLEMY (mars 1795 à septembre 1796)**. *Négociations de la paix de Bâle*, par M. Jean KAULEK. 1 volume in-8 raisin.................................  20 fr.

**Correspondance des Deys d'Alger avec la Cour de France (1579-1833)**, recueillie par Eug. PLANTET, attaché au Ministère des Affaires étrangères. 2 vol. in-8 raisin avec 2 planches en taille-douce hors texte.  30 fr.

**Correspondance des Beys de Tunis et des Consuls de France avec la Cour (1577-1830)**, recueillie par Eug. PLANTET, publiée sous les auspices du Ministère des Affaires étrangères. TOME I. In-8 raisin. (*Épuisé.*)
TOME II. 1 fort vol. in-8 raisin.....................  20 fr.
TOME III. 1 fort vol. in-8 raisin (*sous presse*).

F. ALCAN. — 18 —

# REVUE PHILOSOPHIQUE
## DE LA FRANCE ET DE L'ÉTRANGER

Dirigée par Th. RIBOT, Professeur au Collège de France.
(23ᵉ année, 1898.)

Paraît tous les mois, par livraisons de 7 feuilles grand in-8, et forme chaque année deux volumes de 680 pages chacun.

### Prix d'abonnement :

Un an, pour Paris, 30 fr. — Pour les départements et l'étranger, 33 fr.
La livraison ........................... 3 fr.

Les années écoulées, chacune 30 francs, et la livraison, 3 fr.

*Première table des matières* (1876-1887). 1 vol. in-8 ........... 3 fr.
*Deuxième table des matières* (1888-1895). 1 vol. in-8 ........... 3 fr.

La Revue philosophique n'est l'organe d'aucune secte, d'aucune école en particulier.

Tous les articles de fond sont signés et chaque auteur est responsable de son article. Sans professer un culte exclusif pour l'expérience, la direction, bien persuadée que rien de solide ne s'est fondé sans cet appui, lui fait la plus large part et n'accepte aucun travail qui la dédaigne.

*Elle ne néglige aucune partie de la philosophie,* tout en s'attachant cependant à celles qui, par leur caractère de précision relative, offrent moins de prise aux désaccords et sont plus propres à rallier toutes les écoles. La *psychologie,* avec ses auxiliaires indispensables, l'anatomie et la *physiologie du système nerveux,* la *pathologie mentale,* la *psychologie des races inférieures et des animaux,* les *recherches expérimentales des laboratoires;* — la *logique;* — les *théories générales fondées sur les découvertes scientifiques;* — l'*esthétique;* — les *hypothèses métaphysiques,* tels sont les principaux sujets dont elle entretient le public.

Plusieurs fois par an paraissent des *Revues générales* qui embrassent dans un travail d'ensemble les travaux récents sur une question déterminée: sociologie, morale, psychologie, linguistique, philosophie religieuse, philosophie mathématique, psycho-physique, etc.

La Revue désirant être, avant tout, un organe d'information, a publié depuis sa fondation le compte rendu de plus de quinze cents ouvrages. Pour faciliter l'étude et les recherches, ces comptes rendus sont groupés sous des rubriques spéciales: anthropologie criminelle, esthétique, métaphysique, théorie de la connaissance, histoire de la philosophie, etc., etc. Ces comptes rendus sont, autant que possible, impersonnels, notre but étant de faire connaître le mouvement philosophique contemporain dans toutes ses directions non de lui imposer une doctrine.

En un mot par la variété de ses articles et par l'abondance de ses renseignements elle donne un tableau complet du mouvement philosophique et scientifique en Europe.

Aussi a-t-elle sa place marquée dans les bibliothèques des professeurs et de ceux qui se destinent à l'enseignement de la philosophie et des sciences ou qui s'intéressent au développement du mouvement scientifique.

# *REVUE HISTORIQUE

### Dirigée par G. MONOD

Membre de l'Institut, maître de conférences à l'Ecole normale
Président de la section historique et philologique à l'Ecole des hautes études

(23ᵉ année, 1898.)

Paraît tous les deux mois, par livraisons grand in-8° de 15 feuilles et forme par an trois volumes de 500 pages chacun.

### CHAQUE LIVRAISON CONTIENT :

I. Plusieurs *articles de fond,* comprenant chacun, s'il est possible, un travail complet. — II. Des *Mélanges et Variétés,* composés de documents inédits d'une étendue restreinte et de courtes notices sur des points d'histoire curieux ou mal connus. — III. Un *Bulletin historique* de la France et de l'étranger, fournissant des renseignements aussi complets que possible sur tout ce qui touche aux études historiques. — IV. Une *Analyse des publications périodiques* de la France et de l'étranger, au point de vue des études historiques. — V. Des *Comptes rendus critiques* des livres d'histoire nouveaux.

### Prix d'abonnement :

Un an, pour Paris, 30 fr. — Pour les départements et l'étranger, 33 fr.
La livraison.. ................... 6 fr.

Les années écoulées, chacune 30 francs, le fascicule, 6 francs.
Les fascicules de la 1ʳᵉ année, 9 francs.

### *Tables générales des matières.*

| | | | |
|---|---|---|---|
| I. — 1876 à 1880... | 3 fr.; | pour les abonnés. | 1 fr. 50 |
| II. — 1881 à 1885... | 3 fr.; | — | 1 fr. 50 |
| III. — 1886 à 1890... | 5 fr.; | — | 2 fr. 50 |
| IV. — 1891 à 1895... | 3 fr.; | — | 1 fr. 50 |

# BIBLIOTHÈQUE SCIENTIFIQUE
## INTERNATIONALE
### Publiée sous la direction de M. Émile ALGLAVE

La *Bibliothèque scientifique internationale* est une œuvre dirigée par les auteurs mêmes, en vue des intérêts de la science, pour la populariser sous toutes ses formes, et faire connaître immédiatement dans le monde entier les idées originales, les directions nouvelles, les découvertes importantes qui se font chaque jour dans tous les pays. Chaque savant expose les idées qu'il a introduites dans la science et condense pour ainsi dire ses doctrines les plus originales.

On peut ainsi, sans quitter la France, assister et participer au mouvement des esprits en Angleterre, en Allemagne, en Amérique, en Italie, tout aussi bien que les savants mêmes de chacun de ces pays.

La *Bibliothèque scientifique internationale* ne comprend pas seulement des ouvrages consacrés aux sciences physiques et naturelles; elle aborde aussi les sciences morales, comme la philosophie, l'histoire, la politique et l'économie sociale, la haute législation, etc.; mais les livres traitant des sujets de ce genre se rattachent encore aux sciences naturelles, en leur empruntant les méthodes d'observation et d'expérience qui les ont rendues si fécondes depuis deux siècles.

Cette collection paraît à la fois en français, en anglais, en allemand et en italien : à Paris, chez Félix Alcan; à Londres, chez C. Kegan, Paul et C*; à New-York, chez Appleton.

## LISTE DES OUVRAGES PAR ORDRE D'APPARITION

89 VOLUMES IN-8, CARTONNÉS A L'ANGLAISE. CHAQUE VOLUME : 6 FRANCS.

1. J. TYNDALL. * **Les Glaciers et les Transformations de l'eau**, avec figures. 1 vol. in-8. 6ᵉ édition.                                6 fr.
2. BAGEHOT. * **Lois scientifiques du développement des nations** dans leurs rapports avec les principes de la sélection naturelle et de l'hérédité. 1 vol. in-8. 5ᵉ édition.                       6 fr.
3. MAREY. * **La Machine animale**, locomotion terrestre et aérienne, avec de nombreuses fig. 1 vol. in-8. 5ᵉ édit. augmentée.        6 fr.
4. BAIN. * **L'Esprit et le Corps**. 1 vol. in-8. 6ᵉ édition.          6 fr.
5. PETTIGREW. * **La Locomotion chez les animaux**, marche, natation. 1 vol. in-8, avec figures. 2ᵉ édit.                               6 fr.
6. HERBERT SPENCER. * **La Science sociale**. 1 v. in-8. 11ᵉ édit.    6 fr.
7. SCHMIDT (O.). * **La Descendance de l'homme et le Darwinisme**. 1 vol. in-8, avec fig. 6ᵉ édition.                                 6 fr.
8. MAUDSLEY. * **Le Crime et la Folie**. 1 vol. in-8. 6ᵉ édit.        6 fr.
9. VAN BENEDEN. * **Les Commensaux et les Parasites dans le règne animal**. 1 vol. in-8, avec figures. 3ᵉ édit.                   6 fr.
10. BALFOUR STEWART. * **La Conservation de l'énergie**, suivi d'une Étude sur la *nature de la force*, par M. P. de SAINT-ROBERT, avec figures. 1 vol. in-8. 5ᵉ édition.                               6 fr.
11. DRAPER. **Les Conflits de la science et de la religion**. 1 vol. in-8. 9ᵉ édition.                                                6 fr.
12. L. DUMONT. * **Théorie scientifique de la sensibilité**. 1 vol. in-8. 4ᵉ édition.                                                6 fr.
13. SCHUTZENBERGER. * **Les Fermentations**. 1 vol. in-8, avec fig. 6ᵉ édit.                                                      6 fr.
14. WHITNEY. * **La Vie du langage**. 1 vol. in-8. 4ᵉ édit.          6 fr.
15. COOKE et BERKELEY. * **Les Champignons**. 1 vol. in-8, avec figures. 4ᵉ édition.                                              6 fr.
16. BERNSTEIN. * **Les Sens**. 1 vol. in-8, avec 91 fig. 5ᵉ édit.    6 fr.

17. BERTHELOT. *La Synthèse chimique. 1 vol. in-8. 8° édit.        6 fr.
18. NIEWENGLOWSKI (H.). *La photographie et la photochimie. 1 vol. in-8, avec gravures et une planche hors texte.        6 fr.
19. LUYS. *Le Cerveau et ses fonctions, avec figures. 1 vol. in-8. 7° édition.        6 fr.
20. STANLEY JEVONS.* La Monnaie et le Mécanisme de l'échange. 1 vol. in-8. 5° édition.        6 fr.
21. FUCHS. *Les Volcans et les Tremblements de terre. 1 vol. in-8, avec figures et une carte en couleur. 5° édition.        6 fr.
22. GÉNÉRAL BRIALMONT. *Les Camps retranchés et leur rôle dans la défense des États, avec fig. dans le texte et 2 planches hors texte. 3° édit.        6 fr.
23. DE QUATREFAGES. *L'Espèce humaine. 1 v. in-8. 12° édit.        6 fr.
24. BLASERNA et HELMHOLTZ. *Le Son et la Musique. 1 vol. in-8, avec figures. 5° édition.        6 fr.
25. ROSENTHAL.* Les Nerfs et les Muscles. 1 vol. in-8, avec 75 figures. 3° édition. *Epuisé.*
26. BRUCKE et HELMHOLTZ. *Principes scientifiques des beaux-arts. 1 vol. in-8, avec 39 figures. 4° édition.        6 fr.
27. WURTZ. *La Théorie atomique. 1 vol. in-8. 6° édition.        6 fr.
28-29. SECCHI (le père). *Les Étoiles. 2 vol. in-8, avec 63 figures dans le texte et 17 pl. en noir et en couleur hors texte. 3° édit.        12 fr.
30. JOLY.* L'Homme avant les métaux. 1 vol. in-8, avec figures. 4° édition.        6 fr.
31. A. BAIN. *La Science de l'éducation. 1 vol. in-8. 8° édit.        6 fr.
32-33. THURSTON (R.). *Histoire de la machine à vapeur, précédée d'une Introduction par M. HIRSCH. 2 vol. in-8, avec 140 figures dans le texte et 16 planches hors texte. 3° édition.        12 fr.
34. HARTMANN (R.). *Les Peuples de l'Afrique. 1 vol. in-8, avec figures. 2° édition.        6 fr.
35. HERBERT SPENCER. *Les Bases de la morale évolutionniste. 1 vol. in-8. 5° édition.        6 fr.
36. HUXLEY. *L'Écrevisse, introduction à l'étude de la zoologie. 1 vol. in-8, avec figures. 2° édition.        6 fr.
37. DE ROBERTY. *De la Sociologie. 1 vol. in-8. 3° édition.        6 fr.
38. ROOD. *Théorie scientifique des couleurs. 1 vol. in-8, avec figures et une planche en couleur hors texte. 2° édition.        6 fr.
39. DE SAPORTA et MARION. *L'Évolution du règne végétal (les Cryptogames). 1 vol. in-8 avec figures.        6 fr.
40-41. CHARLTON BASTIAN. *Le Cerveau, organe de la pensée chez l'homme et chez les animaux. 2 vol. in-8, avec figures. 2° éd.        12 fr.
42. JAMES SULLY. *Les Illusions des sens et de l'esprit. 1 vol. in-8, avec figures. 2° édit.        6 fr.
43. YOUNG. *Le Soleil. 1 vol. in-8, avec figures.        6 fr.
44. DE CANDOLLE. *L'Origine des plantes cultivées. 4° édition. 1 vol. in-8.        6 fr.
45-46. SIR JOHN LUBBOCK. *Fourmis, abeilles et guêpes. Études expérimentales sur l'organisation et les mœurs des sociétés d'insectes hyménoptères. 2 vol. in-8, avec 65 figures dans le texte et 13 planches hors texte, dont 5 coloriées.        12 fr.
47. PERRIER (Edm.). La Philosophie zoologique avant Darwin. 1 vol. in-8. 3° édition.        6 fr.
48. STALLO. *La Matière et la Physique moderne. 1 vol. in-8, 2° éd., précédé d'une Introduction par CH. FRIEDEL.        6 fr.
49. MANTEGAZZA. La Physionomie et l'Expression des sentiments. 1 vol. in-8. 3° édit., avec huit planches hors texte.        6 fr.
50. DE MEYER. *Les Organes de la parole et leur emploi pour la formation des sons du langage. 1 vol. in-8, avec 51 figures, précédé d'une Introd. par M. O. CLAVEAU.        6 fr.

51. DE LANESSAN. *Introduction à l'Étude de la botanique (le Sapin.)
   1 vol. in-8, 2° édit., avec 143 figures dans le texte.          6 fr.
52-53. DE SAPORTA et MARION. *L'Évolution du règne végétal (les
   Phanérogames). 2 vol. in-8, avec 136 figures.          12 fr.
54. TROUESSART. *Les Microbes, les Ferments et les Moisissures.
   1 vol. in-8, 2° édit., avec 107 figures dans le texte.          6 fr.
55. HARTMANN (R.). *Les Singes anthropoïdes, et leur organisation
   comparée à celle de l'homme. 1 vol. in-8, avec figures.          6 fr.
56. SCHMIDT (O.). *Les Mammifères dans leurs rapports avec leurs
   ancêtres géologiques. 1 vol. in-8 avec 51 figures.          6 fr.
57. BINET et FÉRÉ. Le Magnétisme animal. 1 vol. in-8. 4° édit.          6 fr.
58-59. ROMANES. *L'Intelligence des animaux. 2 v. in-8. 2° édit.          12 fr.
60. F. LAGRANGE. Physiologie des exercices du corps. 1 vol. in-8.
   7° édition.          6 fr.
61. DREYFUS. *Évolution des mondes et des sociétés. 1 vol. in-8.
   3° édit.          6 fr.
62. DAUBRÉE. *Les Régions invisibles du globe et des espaces
   célestes. 1 vol. in-8 avec 85 fig. dans le texte. 2° édit.          6 fr.
63-64. SIR JOHN LUBBOCK. *L'Homme préhistorique. 2 vol. in-8,
   avec 228 figures dans le texte. 4° édit.          12 fr.
65. RICHET (Ch.). La Chaleur animale. 1 vol. in-8, avec figures.          6 fr.
66. FALSAN (A.). *La Période glaciaire principalement en France et
   en Suisse. 1 vol. in-8, avec 105 figures et 2 cartes.          6 fr.
67. BEAUNIS (H.). Les Sensations internes. 1 vol. in-8.          6 fr.
68. CARTAILHAC (E.). La France préhistorique, d'après les sépultures
   et les monuments. 1 vol. in-8, avec 162 figures. 2° édit.          6 fr.
69. BERTHELOT. *La Révolution chimique, Lavoisier. 1 vol. in-8.          6 fr.
70. SIR JOHN LUBBOCK. *Les Sens et l'instinct chez les animaux,
   principalement chez les insectes. 1 vol. in-8, avec 150 figures.          6 fr.
71. STARCKE. *La Famille primitive. 1 vol. in-8.          6 fr.
72. ARLOING. *Les Virus. 1 vol. in-8, avec figures.          6 fr.
73. TOPINARD. *L'Homme dans la Nature. 1 vol. in-8, avec fig.          6 fr.
74. BINET (Alf.). *Les Altérations de la personnalité. 1 vol. in-8 avec
   figures.          6 fr.
75. DE QUATREFAGES (A.). *Darwin et ses précurseurs français. 1 vol.
   in-8. 2° édition refondue.          6 fr.
76. LEFÈVRE (A.). *Les Races et les langues. 1 vol. in-8.          6 fr.
77-78. DE QUATREFAGES. *Les Émules de Darwin. 2 vol. in-8 avec
   préfaces de MM. E. Perrier et Hamy.          12 fr.
79. BRUNACHE (P.). *Le Centre de l'Afrique. Autour du Tchad. 1 vol.
   in-8, avec figures. 1894.          6 fr.
80. ANGOT (A.). *Les Aurores polaires. 1 vol. in-8, avec figures.          6 fr.
81. JACCARD. Le pétrole, le bitume et l'asphalte au point de vue
   géologique. 1 vol. in-8 avec figures.          6 fr.
82. MEUNIER (Stan.). La Géologie comparée. 1 vol. in-8, avec fig.          6 fr.
83. LE DANTEC. Théorie nouvelle de la vie. 1 vol. in-8, avec fig.          6 fr.
84. DE LANESSAN. Principes de colonisation. 1 vol. in-8.          6 fr.
85. DEMOOR, MASSART et VANDERVELDE. L'évolution régressive en
   biologie et en sociologie. 1 vol. in-8 avec gravures.          6 fr.
86. MORTILLET (G. de). Formation de la Nation française. 1 vol.
   in-8, avec 150 gravures et 18 cartes.          6 fr.
87. ROCHÉ (G.). La Culture des Mers (piscifacture, pisciculture, ostréiculture). 1 vol. in-8, avec 81 gravures.          6 fr.
88. COSTANTIN (J.). Les Végétaux et les Milieux cosmiques (adaptation, évolution). 1 vol. in-8, avec 171 gravures.          6 fr.
89. LE DANTEC. L'évolution individuelle et l'hérédité. 1 vol. in-8.          6 fr.

# LISTE PAR ORDRE DE MATIÈRES
## DES 89 VOLUMES PUBLIÉS
# DE LA BIBLIOTHÈQUE SCIENTIFIQUE INTERNATIONALE
Chaque volume in-8, cartonné à l'anglaise..... 6 francs.

## SCIENCES SOCIALES

* **Introduction à la science sociale**, par HERBERT SPENCER. 1 vol. in-8. 10e édit. 6 fr.
* **Les Bases de la morale évolutionniste**, par HERBERT SPENCER. 1 vol. in-8. 4e édit. 6 fr.
**Les Conflits de la science et de la religion**, par DRAPER, professeur à l'Université de New-York. 1 vol. in-8. 8e édit. 6 fr.
* **Le Crime et la Folie**, par H. MAUDSLEY, professeur de médecine légale à l'Université de Londres. 1 vol. in-8. 5e édit. 6 fr.
* **La Monnaie et le Mécanisme de l'échange**, par W. STANLEY JEVONS, professeur à l'Université de Londres. 1 vol. in-8. 5e édit. 6 fr.
* **La Sociologie**, par DE ROBERTY. 1 vol. in-8. 3e édit. 6 fr.
* **La Science de l'éducation**, par Alex. BAIN, professeur à l'Université d'Aberdeen (Écosse). 1 vol. in-8. 7e édit. 6 fr.
* **Lois scientifiques du développement des nations dans leurs rapports avec les principes de l'hérédité et de la sélection naturelle**, par W. BAGEHOT. 1 vol. in-8. 5e édit. 6 fr.
* **La Vie du langage**, par D. WHITNEY, professeur de philologie comparée à Yale-College de Boston (États-Unis). 1 vol. in-8. 3e édit. 6 fr.
* **La Famille primitive**, par J. STARCKE, professeur à l'Université de Copenhague. 1 vol. in-8. 6 fr.

## PHYSIOLOGIE

* **Les Illusions des sens et de l'esprit**, par James SULLY. 1 v. in-8. 2e édit. 6 fr.
* **La Locomotion chez les animaux** (marche, natation et vol), par J.-B. PETTIGREW, professeur au Collège royal de chirurgie d'Édimbourg (Écosse). 1 vol. in-8, avec 140 figures dans le texte. 2e édit. 6 fr.
* **La Machine animale**, par E.-J. MAREY, membre de l'Institut, prof. au Collège de France. 1 vol. in-8, avec 117 figures. 4e édit. 6 fr.
* **Les Sens**, par BERNSTEIN, professeur de physiologie à l'Université de Halle (Prusse). 1 vol. in-8, avec 91 figures dans le texte. 4e édit. 6 fr.
* **Les Organes de la parole**, par H. DE MEYER, professeur à l'Université de Zurich, traduit de l'allemand et précédé d'une introduction sur l'*Enseignement de la parole aux sourds-muets*, par O. CLAVEAU, inspecteur général des établissements de bienfaisance. 1 vol. in-8, avec 51 grav. 6 fr.
**La Physionomie et l'Expression des sentiments**, par P. MANTEGAZZA, professeur au Muséum d'histoire naturelle de Florence. 1 vol. in-8, avec figures et 8 planches hors texte. 3e édit. 6 fr.
* **Physiologie des exercices du corps**, par le docteur F. LAGRANGE. 1 vol. in-8. 7e édit. (Ouvrage couronné par l'Institut.) 6 fr.
**La Chaleur animale**, par CH. RICHET, professeur de physiologie à la Faculté de médecine de Paris. 1 vol. in-8, avec figures dans le texte. 6 fr.
**Les Sensations internes**, par H. BEAUNIS, directeur du laboratoire de psychologie physiologique à la Sorbonne. 1 vol. in-8. 6 fr.
* **Les Virus**, par M. ARLOING, professeur à la Faculté de médecine de Lyon, directeur de l'École vétérinaire. 1 vol. in-8, avec fig. 6 fr.
**Théorie nouvelle de la vie**, par F. LE DANTEC, docteur ès sciences, 1 vol. in-8, avec figures. 6 fr.
**L'évolution individuelle et l'hérédité**, par *le même*. 1 vol. in-8. 6 fr.

## PHILOSOPHIE SCIENTIFIQUE

* **Le Cerveau et ses fonctions**, par J. LUYS, membre de l'Académie de médecine, médecin de la Charité. 1 vol. in-8, avec fig. 7e édit. 6 fr.
* **Le Cerveau et la Pensée chez l'homme et les animaux**, par CHARLTON BASTIAN, professeur à l'Université de Londres. 2 vol. in-8, avec 184 fig. dans le texte. 2e édit. 12 fr.
* **Le Crime et la Folie**, par H. MAUDSLEY, professeur à l'Université de Londres. 1 vol. in-8. 6e édit. 6 fr.
* **L'Esprit et le Corps**, considérés au point de vue de leurs relations, suivi d'études sur les *Erreurs généralement répandues au sujet de l'esprit*, par Alex. BAIN, prof. à l'Université d'Aberdeen (Écosse). 1 v. in-8. 6e éd. 6 fr.
* **Théorie scientifique de la sensibilité** : *le Plaisir et la Peine*, par Léon DUMONT. 1 vol. in-8. 3e édit. 6 fr.

* **La Matière et la Physique moderne**, par STALLO; précédé d'une préface par M. Ch. FRIEDEL, de l'Institut. 1 vol. in-8. 2ᵉ édit. 6 fr.
**Le Magnétisme animal**, par Alf. BINET et Ch. FÉRÉ. 1 vol. in-8, avec figures dans le texte. 4ᵉ édit. 6 fr.
* **L'Intelligence des animaux**, par ROMANES. 2 v. in-8. 2ᵉ éd. précédée d'une préface de M. E. PERRIER, prof. au Muséum d'histoire naturelle. 12 fr.
* **L'Évolution des mondes et des sociétés**, par C. DREYFUS. 1 vol. in-8. 3ᵉ édit. 6 fr.
**L'évolution régressive en biologie et en sociologie**, par DEMOOR, MASSART et VANDERVELDE, professeurs des Universités de Bruxelles. 1 vol. in-8, avec gravures. 6 fr.
* **Les Altérations de la personnalité**, par Alf. BINET, directeur du laboratoire de psychologie à la Sorbonne (Hautes études). 1 vol. in-8, avec gravures. 6 fr.

## ANTHROPOLOGIE

* **L'Espèce humaine**, par A. DE QUATREFAGES, de l'Institut, professeur au Muséum d'histoire naturelle de Paris. 1 vol. in-8. 12ᵉ édit. 6 fr.
* **Ch. Darwin et ses précurseurs français**, par A. DE QUATREFAGES. 1 v. in-8. 2ᵉ édition. 6 fr.
* **Les Émules de Darwin**, par A. DE QUATREFAGES, avec une préface de M. EDM. PERRIER, de l'Institut, et une notice sur la vie et les travaux de l'auteur par E.-T. HAMY, de l'Institut. 2 vol. in-8. 12 fr.
* **L'Homme avant les métaux**, par N. JOLY, correspondant de l'Institut. 1 vol. in-8, avec 150 gravures. 4ᵉ édit. 6 fr.
* **Les Peuples de l'Afrique**, par R. HARTMANN, professeur à l'Université de Berlin. 1 vol. in-8, avec 93 figures dans le texte. 2ᵉ édit. 6 fr.
* **Les Singes anthropoïdes et leur organisation comparée à celle de l'homme**, par R. HARTMANN, professeur à l'Université de Berlin. 1 vol. in-8, avec 63 figures gravées sur bois. 6 fr.
* **L'Homme préhistorique**, par SIR JOHN LUBBOCK, membre de la Société royale de Londres. 2 vol. in-8, avec 228 gravures dans le texte. 3ᵉ édit. 12 fr.
**La France préhistorique**, par E. CARTAILHAC. 1 vol. in-8, avec 150 gravures dans le texte. 2ᵉ édit. 6 fr.
* **L'Homme dans la Nature**, par TOPINARD, ancien secrétaire général de la Société d'Anthropologie de Paris. 1 vol. in-8, avec 101 gravures. 6 fr.
* **Les Races et les Langues**, par André LEFÈVRE, professeur à l'École d'Anthropologie de Paris. 1 vol. in-8. 6 fr.
* **Le centre de l'Afrique. Autour du Tchad**, par P. BRUNACHE, administrateur à Aïn-Fezza. 1 vol. in-8 avec gravures. 6 fr.
**Formation de la Nation française**, par G. de MORTILLET, professeur à l'École d'Anthropologie. 1 vol. in-8, avec 150 gravures et 18 cartes. 6 fr.

## ZOOLOGIE

* **La Descendance de l'homme et le Darwinisme**, par O. SCHMIDT, professeur à l'Université de Strasbourg. 1 vol. in-8, avec figures. 6ᵉ édit. 6 fr.
* **Les Mammifères dans leurs rapports avec leurs ancêtres géologiques**, par O. SCHMIDT. 1 vol. in-8, avec 51 figures dans le texte. 6 fr.
* **Fourmis, Abeilles et Guêpes**, par sir JOHN LUBBOCK, membre de la Société royale de Londres. 2 vol. in-8, avec figures dans le texte, et 13 planches hors texte dont 5 coloriées. 12 fr.
* **Les Sens et l'instinct chez les animaux**, et principalement chez les insectes, par Sir JOHN LUBBOCK. 1 vol. in-8 avec grav. 6 fr.
* **L'Écrevisse**, introduction à l'étude de la zoologie, par Th.-H. HUXLEY, membre de la Société royale de Londres. 1 vol. in-8, avec 82 figures dans le texte. 6 fr.
* **Les Commensaux et les Parasites dans le règne animal**, par P.-J. VAN BENEDEN, professeur à l'Université de Louvain (Belgique). 1 vol. in-8, avec 82 figures dans le texte. 3ᵉ édit. 6 fr.
* **La Philosophie zoologique avant Darwin**, par EDMOND PERRIER, de l'Institut, prof. au Muséum. 1 vol. in-8. 2ᵉ édit. 6 fr.
* **Darwin et ses précurseurs français**, par A. de QUATREFAGES, de l'Institut. 1 vol. in-8. 2ᵉ édit. 6 fr.
**La Culture des mers en Europe** (Pisciculture, piscifacture, ostréiculture), par G. ROCHÉ, inspecteur général des pêches maritimes. 1 vol. in-8, avec 81 gravures. 6 fr.

## BOTANIQUE — GÉOLOGIE

* **Les Champignons**, par Cooke et Berkeley. 1 v. in-8, avec 110 fig. 4° éd. 6 fr.
* **L'Évolution du règne végétal**, par G. DE SAPORTA et MARION, prof. à la Faculté des sciences de Marseille :
* I. *Les Crytogames*. 1 vol. in-8, avec 85 figures dans le texte. 6 fr.
* II. *Les Phanérogames*. 2 vol. in-8, avec 136 fig. dans le texte. 12 fr.
* **Les Volcans et les Tremblements de terre**, par Fuchs, prof. à l'Univ. de Heidelberg. 1 vol. in-8, avec 36 fig. 5° éd. et une carte en couleur. 6 fr.
* **La Période glaciaire**, principalement en France et en Suisse, par A. FALSAN. 1 vol. in-8, avec 105 gravures et 2 cartes hors texte. 6 fr.
* **Les Régions invisibles du globe et des espaces célestes**, par A. DAUBRÉE, de l'Institut. 1 vol. in-8, 2° édit., avec 89 gravures. 6 fr.
* **Le Pétrole, le Bitume et l'Asphalte**, par M. JACCARD, professeur à l'Académie de Neuchâtel (Suisse). 1 vol. in-8, avec figures. 6 fr.
* **L'Origine des plantes cultivées**, par A. DE CANDOLLE, correspondant de l'Institut. 1 vol. in-8. 4° édit. 6 fr.
* **Introduction à l'étude de la botanique** (*le Sapin*), par J. DE LANESSAN, professeur agrégé à la Faculté de médecine de Paris. 1 vol. in-8. 2° édit., avec figures dans le texte. 6 fr.
* **Microbes, Ferments et Moisissures**, par le docteur L. TROUESSART. 1 vol. in-8, avec 108 figures dans le texte. 2° édit. 6 fr.
* **La Géologie comparée**, par STANISLAS MEUNIER, professeur au Muséum. 1 vol. in-8, avec figures. 6 fr.
**Les Végétaux et les milieux cosmiques** (adaptation, évolution), par J. COSTANTIN, maître de conférences, à l'École normale supérieure. 1 vol. in-8 avec 171 gravures. 6 fr.

## CHIMIE

* **Les Fermentations**, par P. SCHUTZENBERGER, memb. de l'Institut. 1 v. in-8, avec fig. 6° édit. 6 fr.
* **La Synthèse chimique**, par M. BERTHELOT, secrétaire perpétuel de l'Académie des sciences. 1 vol. in-8. 8° édit. 6 fr.
* **La Théorie atomique**, par Ad. WURTZ, membre de l'Institut. 1 vol. in-8. 6° édit., précédée d'une introduction sur *la Vie et les Travaux* de l'auteur, par M. Ch. FRIEDEL, de l'Institut. 6 fr.
**La Révolution chimique** (*Lavoisier*), par M. BERTHELOT. 1 vol. in-8. 6 fr.
* **La Photographie et la Photochimie**, par H. NIEWENGLOWSKI. 1 vol., avec gravures et une planche hors texte. 6 fr.

## ASTRONOMIE — MÉCANIQUE

* **Histoire de la Machine à vapeur, de la Locomotive et des Bateaux à vapeur**, par R. THURSTON, professeur de mécanique à l'Institut technique de Hoboken, près de New-York, revue, annotée et augmentée d'une introduction par M. HIRSCH, professeur de machines à vapeur à l'École des ponts et chaussées de Paris. 2 vol. in-8, avec 160 figures dans le texte et 16 planches tirées à part. 3° édit. 12 fr.
* **Les Étoiles**, notions d'astronomie sidérale, par le P. A. SECCHI, directeur de l'Observatoire du Collège Romain. 2 vol. in-8, avec 68 figures dans le texte et 16 planches en noir et en couleurs. 2° édit. 12 fr.
* **Le Soleil**, par C.-A. YOUNG, professeur d'astronomie au Collège de New-Jersey. 1 vol. in-8, avec 87 figures. 6 fr.
**Les Aurores polaires**, par A. ANGOT, membre du Bureau central météorologique de France. 1 vol. in-8 avec figures. 6 fr.

## PHYSIQUE

* **La Conservation de l'énergie**, par BALFOUR STEWART, prof. de physique au collège Owens de Manchester (Angleterre). 1 vol. in-8 avec fig. 4° édit. 6 fr.
* **Les Glaciers et les Transformations de l'eau**, par J. TYNDALL, suivi d'une étude sur le même sujet, par HELMHOLTZ, professeur à l'Université de Berlin. 1 vol. in-8, avec figures dans le texte et 8 planches tirées à part. 5° édit. 6 fr.
* **La Matière et la Physique moderne**, par STALLO, précédé d'une préface par Ch. FRIEDEL, membre de l'Institut. 1 vol. in-8. 2° édit. 6 fr.

## THÉORIE DES BEAUX-ARTS

* **Le Son et la Musique**, par P. BLASERNA, prof. à l'Université de Rome, prof. à l'Université de Berlin. 1 vol. in-8, avec 41 fig. 4° édit. 6 fr.
* **Principes scientifiques des Beaux-Arts**, par E. BRUCKE, professeur à l'Université de Vienne. 1 vol. in-8, avec fig. 4° édit. 6 fr.
* **Théorie scientifique des couleurs** et leurs applications aux arts et à l'industrie, par O. N. ROOD, professeur à Colombia-College de New-York. 1 vol. in-8, avec 130 figures et une planche en couleurs. 6 fr.

# RÉCENTES PUBLICATIONS

## HISTORIQUES, PHILOSOPHIQUES ET SCIENTIFIQUES
### qui ne se trouvent pas dans les collections précédentes.

AGUILERA. **L'Idée de droit en Allemagne** depuis Kant jusqu'à nos jours. 1 vol. in-8. 1892. 5 fr.

ALAUX. **Esquisse d'une philosophie de l'être.** In-8. 1 fr.
— **Les Problèmes religieux au XIX<sup>e</sup> siècle.** 1 vol. in-8. 7 fr. 50
— **Philosophie morale et politique,** in-8. 1893. 7 fr. 50
— **Théorie de l'âme humaine.** 1 vol. in-8. 1895. 10 fr. (Voy. p. 2.)

ALGLAVE. **Des Juridictions civiles chez les Romains.** 1 vol. in-8. 2 fr. 50

ALTMEYER (J.-J.). **Les Précurseurs de la réforme aux Pays-Bas.** 2 forts volumes in-8. 12 fr.

AMIABLE (Louis). **Une loge maçonnique d'avant 1789.** (La loge des Neuf-Sœurs.) 1 vol. in-8. 1897. 6 fr.

ANSIAUX (M.). **Heures de travail et salaires,** étude sur l'amélioration directe de la condition des ouvriers industriels. 1 vol. in-8. 1896. 5 fr.

ARNAUNÉ (A.). **La monnaie, le crédit et le change.** In-8. 7 fr.

ARRÉAT. **Une Éducation intellectuelle.** 1 vol. in-18. 2 fr. 50
— **Journal d'un philosophe.** 1 vol. in-18. 3 fr. 50 (Voy. p. 2 et 5.)
**Autonomie et fédération.** 1 vol. in-18. 1 fr.

AZAM. **Hypnotisme et double conscience,** avec préfaces et lettres de MM. PAUL BERT, CHARCOT et RIBOT. 1 vol. in-8. 1893. 9 fr.

BAETS (Abbé M. de). **Les Bases de la morale et du droit.** In-8. 6 fr.

BALFOUR STEWART et TAIT. **L'Univers invisible.** 1 vol. in-8. 7 fr.

BARBÉ (É.). **Le nabab René Madec.** Histoire diplomatique des projets de la France sur le Bengale et le Pendjab (1772-1808). 1894. 1 vol. in-8. 5 fr.

BARNI. **Les Martyrs de la libre pensée.** 1 vol. in-18. 2<sup>e</sup> édit. 3 fr. 50 (Voy. p. 5; KANT, p. 10; p. 15 et 31.)

BARTHÉLEMY-SAINT-HILAIRE. (Voy. pages 2, 5 et 9, ARISTOTE.)
— *Victor Cousin, sa vie, sa correspondance. 3 vol. in-8. 1895. 30 fr.

BAUTAIN (Abbé). **La Philosophie morale.** 2 vol. in-8. 12 fr.

BEAUNIS (H.). **Impressions de campagne (1870-1871).** In-18. 3 fr. 50

BÉNARD (Ch.). **Philosophie dans l'éducation classique.** In-8. 6 fr. (Voy. p. 9, ARISTOTE et PLATON; p. 10, SCHELLING et HEGEL.)

BLANQUI. **Critique sociale.** 2 vol. in-18. 7 fr.

BLONDEAU (C.). **L'absolu et sa loi constitutive.** 1 vol. in-8. 1897. 6 fr.

BOILLEY (P.). **La Législation internationale du travail.** In-12. 3 fr.
— **Les trois socialismes :** anarchisme, collectivisme, réformisme. In-12. 3 fr. 50

BOURDEAU (Louis). **Théorie des sciences.** 2 vol. in-8. 20 fr.
— **Les Forces de l'industrie.** 1 vol. in-8. 5 fr.
— **La Conquête du monde animal.** In-8. 5 fr.
— **La Conquête du monde végétal.** In-8. 1893. 5 fr.
— **L'Histoire et les historiens.** 1 vol. in-8. 7 fr. 50
— *Histoire de l'alimentation. 1894. 1 vol. in-8. 5 fr. (V. p. 5.)

BOURDET (Eug.). **Principes d'éducation positive.** In-18. 3 fr. 50
— **Vocabulaire de la philosophie positive.** 1 vol. in-18. 3 fr. 50

BOUTROUX (Em.). *De l'idée de loi naturelle dans la science et la philosophie. 1 vol. in-8. 1895. 2 fr. 50. (V. p. 2 et 5.)

BOUSREZ (L.). **L'Anjou aux âges de la Pierre et du Bronze.** 1 vol. gr. in-8, avec pl. h. texte. 1897. 3 fr. 50

BUNGE (N.-Ch.). **Esquisses de littérature politico-économique.** 1 vol. in-8. 1898. 7 fr. 50

CARDON (G.). *Les Fondateurs de l'Université de Douai. In-8. 10 fr.
CASTELAR (Emilio). La politique européenne. 1 vol. in-8. 1896. 3 fr.
CLAMAGERAN. La Réaction économique et la démocratie. 1 v. in-8. 1891. 1 fr. 25
— La lutte contre le mal. 1 vol. in-18. 1897. 3 fr. 50
COIGNET (Mme). * Victor Considérant, sa vie et son œuvre. In-8. 2 fr.
COLLIGNON (Albert). *Diderot, sa vie et sa correspondance. 1 vol. in-12. 1895. 3 fr. 50
COMBARIEU (J.). *Les rapports de la musique et de la poésie considérés au point de vue de l'expression. 1893. 1 vol. in-8. 7 fr. 50
COSTE (Ad.). Hygiène sociale contre le paupérisme. In-8. 6 fr.
— Nouvel exposé d'économie politique et de physiologie sociale. In-18. 3 fr. 50 (Voy. p. 2 et 32.)
COUTURAT (Louis). *De l'infini mathématique. In-8. 1896. 12 fr.
DAURIAC. Croyance et réalité. 1 vol. in-18. 1889. 3 fr. 50
— Le Réalisme de Reid. In-8. 1 fr. (V. p. 2.)
DELBŒUF. De la loi psychophysique. In-18. 3 fr. 50 (V. p. 2.)
DENEUS (Cl.). De la réserve héréditaire des enfants Étude historique, philosophique et économique. 1893. 1 vol. in-8. 5 fr.
DERAISMES (Mlle Maria). Œuvres complètes :
— Tome I. France et progrès. — Conférences sur la noblesse. 1 vol. in-12. 1895. 3 fr. 50. — Tome II. Ève dans l'humanité. — Les droits de l'enfant. 1 vol. in-12. 1896. 3 fr. 50. — Tome III. Nos principes et nos mœurs. — L'ancien devant le nouveau. 1 vol. in-12. 1896. 3 fr. 50
DESCHAMPS. La Philosophie de l'écriture. 1 vol. in-8. 1892. 3 fr.
DESDOUITS. La philosophie de l'inconscient. 1893. 1 vol. in-8. 3 fr.
DOLLFUS (Ch.). Lettres philosophiques. In-18. 3 fr.
— Considérations sur l'histoire. In-8. 7 fr. 50
— L'Ame dans les phénomènes de conscience. 1 vol. in-18. 3 fr. 50
DRANDAR (A.-G.). Les événements politiques en Bulgarie, depuis 1876 jusqu'à nos jours. 1 vol. in-8. 1896. 8 fr.
DROZ (Numa). Etudes et portraits politiques. 1 vol. in-8. 1895. 7 fr. 50
— Essais économiques. 1 vol. in-8. 1896. 7 fr. 50
— La démocratie fédérative et le socialisme d'État. 1 vol. in-12. 1896. 1 fr.
DUBUC (P.). *Essai sur la méthode en métaphysique. 1 vol. in-8. 5 fr.
DUGAS (L.). *L'amitié antique, d'après les mœurs et les théories des philosophes. 1 vol. in-8. 1895. 7 fr. 50 (V. p. 2.)
DUNAN. *Sur les formes à priori de la sensibilité. 1 vol. in-8. 5 fr.
— Les Arguments de Zénon d'Élée contre le mouvement. 1 br. in-8. 1 fr. 50 (V. p. 2.)
DUVERGIER DE HAURANNE (Mme E.). Histoire populaire de la Révolution française. 1 vol. in-18. 4e édit. 3 fr. 50
Éléments de science sociale. 1 vol. in-18. 4e édit. 3 fr. 50
FABRE (Joseph). Histoire de la philosophie. Antiquité et Moyen âge. In-12. 3 fr. 50
FEDERICI. Les Lois du progrès. 2 vol. in-8. Chacun. 6 fr.
FERRIÈRE (Em.). Les Apôtres, essai d'histoire religieuse. 1 vol. in-12. 4 fr. 50
— L'Ame est la fonction du cerveau. 2 volumes in-18. 7 fr.
— Le Paganisme des Hébreux jusqu'à la captivité de Babylone. 1 vol. in-18. 3 fr. 50
— La Matière et l'énergie. 1 vol. in-18. 4 fr. 50
— L'Ame et la vie. 1 vol. in-18. 4 fr. 50
— Les Erreurs scientifiques de la Bible. 1 vol. in-18. 1891. 3 fr. 50
— Les Mythes de la Bible. 1 vol. in-18. 1893. 3 fr. 50
— La cause première d'après les données expérimentales. 1 vol. in-18. 1896. 3 fr. 50 (Voy. p. 32.)

FLEURY (Maurice de). **Introduction à la médecine de l'Esprit.** 1 vol. in-8, 4e éd. 1898. 7 fr. 50

FLOURNOY. **Des phénomènes de synopsie.** In-8. 1893. 6 fr.

GAYTE (Claude). **Essai sur la croyance.** 1 vol. in-8. 3 fr.

GOBLET D'ALVIELLA. **L'Idée de Dieu,** d'après l'anthr. et l'histoire. In-8. 6 f.

GOURD. **Le Phénomène.** 1 vol. in-8. 7 fr. 50

GREEF (Guillaume de). **Introduction à la Sociologie.** 2 vol. in-8. 10 fr.

— **L'évolution des croyances et des doctrines politiques.** 1 vol. in-12. 1895. 4 fr. (V. p. 6.)

GRIMAUX (Ed.). *Lavoisier (1748-1794),** d'après sa correspondance et divers documents inédits. 1 vol. gr. in-8, avec gravures. 2e éd. 1896. 15 fr.

GRIVEAU (M.). **Les Éléments du beau.** Préface de M. SULLY-PRUDHOMME. In-18, avec 60 fig. 1893. 4 fr. 50

GUILLY. **La Nature et la Morale.** 1 vol. in-18. 2e édit. 2 fr. 50

GUYAU. **Vers d'un philosophe.** In-18. 3 fr. 50 (Voy. p. 3, 6 et 9.)

HAURIOU (M.). **La science sociale traditionnelle.** 1 v. in-8. 1896. 7 fr. 50

HALLEUX (J.). **Les principes du positivisme contemporain,** exposé et critique. (Ouvrage récompensé par l'Institut). 1 vol. in-12. 1895. 3 fr. 50

HIRTH (G.). **La Vue plastique, fonction de l'écorce cérébrale.** In-8. Trad. de l'allem. par L. ARRÉAT, avec grav. et 34 pl. 8 fr. (Voy. p. 7.)

— **Les localisations cérébrales en psychologie. Pourquoi sommes-nous distraits ?** 1 vol. in-8. 1895. 2 fr.

HUXLEY. *La Physiographie,** introduction à l'étude de la nature, traduit et adapté par M. G. LAMY. 1 vol. in-8. 3e éd., avec fig. 8 fr. (V. p. 7, 21 et 32.)

ICARD (S.). **Paradoxes ou vérités.** 1 vol. in-12. 1895. 3 fr. 50

JOYAU. **De l'invention dans les arts et dans les sciences.** 1 v. in-8. 5 fr.

— **Essai sur la liberté morale.** 1 vol. in-18. 3 fr. 50

— **La Théorie de la grâce et la liberté morale de l'homme.** 1 vol. in-8. 2 fr. 50

KINGSFORD (A.) et MAITLAND (E.). **La Voie parfaite ou le Christ ésotérique,** précédé d'une préface d'Edouard SCHURE. 1 vol. in-8. 1892. 6 fr.

KLEFFLER (H.). **Science et conscience ou théorie de la force progressive.** 3 vol. in-8. Chacun. 4 fr.

KUMS (A.). **Les choses naturelles dans Homère.** 1 vol. in-8. 1897. 5 fr.

LABORDE. **Les Hommes et les Actes de l'insurrection de Paris devant la psychologie morbide.** 1 vol. in-18. 2 fr. 50

LAURENT (O.). **Les Universités des deux mondes.** Histoire, organisation, étudiants. 1 vol. in-12, avec gravures. 1895. 3 fr. 50

LAVELEYE (Em. de). **De l'avenir des peuples catholiques.** In-8. 25 c.

— **L'Italie actuelle.** In-18. 3 fr. 50

— **L'Afrique centrale.** 1 vol. in-12. 3 fr.

— **Essais et Études.** Première série (1861-1875). 1 vol. in-8. 7 fr. 50. — Deuxième série (1875-1882). 1 vol. in-8. 7 fr. 50. — Troisième série (1892-1894). 1 vol. in-8. 7 fr. 50 (Voy. p. 7 et 15.)

LÉGER (C.). **La liberté intégrale,** esquisse d'une théorie des lois républicaines. 1 vol. in-12. 1896. 1 fr. 50

LEGOYT. **Le Suicide.** 1 vol. in-8. 8 fr.

LETAINTURIER (J.). **Le socialisme devant le bon sens.** In-18. 1 fr. 50

LEVY (Albert). *Psychologie du caractère.** In-8. 1896. 5 fr.

LICHTENBERGER (A.). **Le socialisme au XVIIIe siècle.** Etudes sur les idées socialistes dans les écrivains français au XVIIIe siècle, avant la Révolution. 1 vol. in-8. 1895. 7 fr. 50

LOURBET (J.). **La femme devant la science contemporaine.** 1 vol. in-12. 1895. 2 fr. 50

MABILLEAU (L.). *Histoire de la philosophie atomistique.** 1 vol. in-8. 1895. (Ouvrage couronné par l'Institut.) 12 fr.

MANACÉINE (Marie de). **L'anarchie passive et le comte Léon Tolstoï.** 1 vol. in-18. 2 fr.

MAINDRON (Ernest). *L'Académie des sciences (Histoire de l'Académie; fondation de l'Institut national; Bonaparte, membre de l'Institut). 1 beau vol. in-8 cavalier, avec 53 gravures dans le texte, portraits, plans, etc. 8 planches hors texte et 2 autographes. 12 fr.

MALON (Benoît). Le Socialisme intégral. Première partie : *Histoire des théories et tendances générales.* 1 vol. grand in-8, avec portrait de l'auteur. 2ᵉ éd. 1892. 6 fr. — Deuxième partie : *Des réformes possibles et des moyens pratiques.* 1 vol. grand in-8. 1892. 6 fr.

— Précis théorique, historique et pratique de socialisme (lundis socialistes). 1 vol. in-12. 1892. 3 fr. 50

Manuel d'hygiène athlétique (publ. de la Soc. des Sports athl.). 1895. 1 vol. in-32. 0 fr. 50

MARSAUCHE (L.). La Confédération helvétique d'après la constitution, préface de M. Frédéric Passy. 1 vol. in-18. 1891. 3 fr. 50

MISMER (Ch.). Principes sociologiques. 1 vol. in-8. 2ᵉ éd. 1897. 5 fr.

MORIAUD (P.). La question de la liberté et la conduite humaine. 1 vol. in-12. 1897. 3 fr. 50

MOSSO (A.). L'éducation physique de la jeunesse. 1 vol. in-12, cart., préface du commandant Legros. 1895. 4 fr.

NAUDIER (Fernand). Le socialisme et la révolution sociale. 1894. 1 vol. in-18. 3 fr. 50

NETTER (A.) La Parole intérieure et l'âme. 1 vol. in-18. 2 fr. 50

NIVELET. Loisirs de la vieillesse. 1 vol. in-12. 3 fr.

— Gall et sa doctrine. 1 vol. in-8. 1890. 5 fr.

— Miscellanées littéraires et scientifiques. 1 vol. in-18. 1893. 2 fr.

NIZET. L'Hypnotisme, étude critique. 1 vol. in-12. 1892. 2 fr. 50

NOTOVITCH. La Liberté de la volonté. In-18. 3 fr. 50

NOVICOW (J.). La Question d'Alsace-Lorraine, critique du point de vue allemand. in-8. 1895. 1 fr. (V. p. 4, 7 et 16.)

NYS (Ernest). Les Théories politiques et le droit international. 1 vol. in-8. 1891. 4 fr.

PARIS (comte de). Les Associations ouvrières en Angleterre (Trades-unions). 1 vol. in-18. 7ᵉ édit. 1 fr. — Édition sur papier fort. 2 fr. 50

PAULHAN (Fr.). Le Nouveau mysticisme. 1 vol. in-18. 1891. 2 fr. 50 (Voy. p. 4, 7 et 32.)

PELLETAN (Eugène). *La Naissance d'une ville (Royan). In-18. 2 fr.

— *Jaroussoau, le pasteur du désert. 1 vol. in-18. 2 fr.

— *Un Roi philosophe, Frédéric le Grand. In-18. 3 fr. 50

— Droits de l'homme. 1 vol. in-12. 3 fr. 50

— Profession de foi du XIXᵉ siècle. In-12. 3 fr. 50 (V. p. 31.)

PÉNY (le major). La France par rapport à l'Allemagne. Étude de géographie militaire. 1 vol. in-8. 2ᵉ édit. 6 fr.

PÉREZ (Bernard). Thiery Tiedmann. Mes deux chats. In-12. 2 fr.

— Jacotot et sa Méthode d'émancipation intellect. In-18. 3 fr.

— Dictionnaire abrégé de philosophie. 1893. In-12. 1 fr. 50 (V. p. 7.)

PHILBERT (Louis). Le Rire. In-8. (Cour. par l'Académie française.) 7 fr. 50

PHILIPPE (J.). Lucrèce dans la théologie chrétienne du IIIᵉ au XIIIᵉ siècle. 1 vol. in-8. 1896. 2 fr. 50

PIAT (Abbé C.). L'Intellect actif ou Du rôle de l'activité mentale dans la formation des idées. 1 vol. in-8. 3 fr. (V. p. 7.)

PICARD (Ch.). Sémites et Aryens (1893). In-18. 1 fr. 50

PICAVET (F.). L'Histoire de la philosophie, ce qu'elle a été, ce qu'elle peut être. In-8. 2 fr.

— La Mettrie et la critique allemande. 1889. In-8. 1 fr. (V. p. 7.)

PICTET (Raoul). Étude critique du matérialisme et du spiritualisme par la physique expérimentale. 1 vol. gr. in-8. 1896. 10 fr.

POEY. Le Positivisme. 1 fort vol. in-12. 4 fr. 50

— M. Littré et Auguste Comte. 1 vol. in-18. 3 fr. 50

PORT. La Légende de Cathelineau. In-8. 5 fr.

POULLET. **La Campagne de l'Est (1870-1871).** In-8, avec cartes.  7 fr.

*Pour et contre l'enseignement philosophique, par MM. VANDEREM (Fernand), RIBOT (Th.), BOUTROUX (F.), MARION (H.), JANET (P.) et FOUILLÉE (A.) de l'Institut ; MONOD (G.), LYON (Georges), MARILLIER (L.), CLAMADIEU (abbé), BOURDEAU (J.), LACAZE (G.), TAINE (H.), de l'Académie française. 1894. 1 vol. in-18.  2 fr.

PRÉAUBERT. **La vie, mode de mouvement,** essai d'une théorie physique des phénomènes vitaux. 1 vol. in-8, 1897.  5 fr.

PRINZ (Ad.). **L'organisation de la liberté et le devoir social.** 1 vol in-8. 1895.  4 fr.

PUJO (Maurice). *Le règne de la grâce. L'idéalisme intégral. 1894. 1 vol. in-18.  3 fr. 50

RIBOT (Paul). **Spiritualisme et Matérialisme.** 2e éd. 1 vol. in-8.  6 fr.

RUTE (Marie-Letizia de). **Lettres d'une voyageuse.** Vienne, Budapest, Constantinople, 1 vol. in-8. 1896.  3 fr.

SANDERVAL (O. de). **De l'Absolu.** La loi de vie. 1 vol. in-8. 2e éd.  5 fr.
— **Kahel. Le Soudan français.** In-8 avec gravures et cartes.  8 fr.

SECRÉTAN (Ch.). **Études sociales.** 1889. 1 vol. in-18.  3 fr. 50
— **Les Droits de l'humanité.** 1 vol. in-18. 1891.  3 fr. 50
— **La Croyance et la civilisation.** 1 vol. in-18. 2e édit. 1891.  3 fr. 50
— **Mon Utopie.** 1 vol. in-18.  3 fr. 50
— **Le Principe de la morale.** 1 vol. in-8. 2e éd.  7 fr. 50
— **Essais de philosophie et de littérature.** 1 vol. in-12. 1896. 3 fr. 50

SECRÉTAN (H.). **La Société et la morale.** 1 vol. in-12. 1897. 3 fr. 50

SILVA WHITE (Arthur). **Le développement de l'Afrique.** 1894. 1 fort vol. in-8 avec 15 cartes en couleurs hors texte.  10 fr

SOREL (Albert). **Le Traité de Paris du 20 novembre 1815.** In-8. 4 fr. 50

SPIR (A.). **Esquisses de philosophie critique.** 1 vol. in-18.  2 fr. 50

STOCQUART (Emile). **Le contrat de travail,** étude de droit social et de législation internationale. 1 vol. in-12. 1895.  3 fr.

STRADA (J.). **La loi de l'histoire.** 1 vol. in-8. 1894.  5 fr.
— **Jésus et l'ère de la science.** 1 vol. in-8. 1896.  5 fr.
— **Ultimum organum,** constitution scientifique de la méthode générale. Nouvelle édition, 2 vol. in-12. 1897.  7 fr.
— **La religion de la science et de l'esprit pur,** constitution scientifique de la religion. 2 vol. in-8. 1897. Chacun séparément.  7 fr.

TERQUEM (A.). **Science romaine à l'époque d'Auguste.** in-8. 3 fr.

THURY. **Le chômage moderne,** causes et remèdes. 1 v. in-12. 1895. 2 fr. 50

TISSOT. **Principes de morale.** 1 vol. in-8.  6 fr (Voy. KANT, p. 9.)

ULLMO (L.). **Le Problème social.** 1897. 1 vol. in-8.  3 fr.

VACHEROT. **La Science et la Métaphysique.** 3 vol. in-18.  10 fr. 50 (Voy. p. 9).

VIALLET (C.-Paul). **Je pense, donc je suis.** Introduction à la méthode cartésienne. 1 vol. in-12. 1896.  2 fr. 50

VIGOUREUX (Ch.). **L'Avenir de l'Europe** au double point de vue de la politique de sentiment et de la politique d'intérêt. 1892. 1 vol. in-18. 3 fr. 50

WEIL (Denis). **Le Droit d'association et le Droit de réunion** devant les chambres et les tribunaux. 1893. 1 vol. in-12.  3 fr. 50
— **Les Élections législatives.** Histoire de la législation et des mœurs. 1 vol. in-18. 1895.  3 fr. 50

WUARIN (L.). **Le Contribuable.** 1 vol. in-18.  3 fr. 50

WULF (M. de). **Histoire de la philosophie scolastique dans les Pays-Bas et la principauté de Liège jusqu'à la Révol. franç.** In-8. 5 fr.
— **Étude historique sur l'esthétique de saint Thomas d'Aquin.** 1 vol. in-8. 1896.  1 fr. 50

ZIESING (Th.). **Érasme ou Salignac.** Étude sur la lettre de François Rabelais. 1 vol. gr. in-8.  4 fr.

ZOLLA (D.). **Les questions agricoles d'hier et d'aujourd'hui.** 1894, 1895. 2 vol. in-12. Chacun.  3 fr. 50

# BIBLIOTHÈQUE UTILE

## 119 VOLUMES PARUS

### Le volume de 192 pages, broché, 60 centimes.
### Cartonné à l'anglaise, 1 fr.

La plupart des livres de cette collection ont été adoptés par le *Ministère de l'Instruction publique* pour les Bibliothèques des Lycées et Collèges de garçons et de jeunes filles, celles des Écoles normales, les Bibliothèques populaires et scolaires.

*Les livres adoptés par la Commission consultative des Bibliothèques des Lycées sont marqués d'un astérisque.*

## HISTOIRE DE FRANCE

*Les Mérovingiens, par BUCHEZ.

*Les Carlovingiens, par BUCHEZ.

Les Luttes religieuses des premiers siècles, par J. BASTIDE. 4ᵉ édit.

Les Guerres de la Réforme, par J. BASTIDE. 4ᵉ édit.

La France au moyen âge, par F. MORIN.

Jeanne d'Arc, par Fréd. LOCK.

Décadence de la monarchie française, par Eug. PELLETAN, sénateur. 4ᵉ édit.

*La Révolution française, par H. CARNOT (2 volumes).

La Défense nationale en 1792, par P. GAFFAREL, prof. à la Fac. des lettres de Dijon.

Napoléon Iᵉʳ, par Jules BARNI.

*Histoire de la Restauration, par Fréd. LOCK. 3ᵉ édit.

*Histoire de Louis-Philippe, par Edgar ZEVORT, recteur de l'Académie de Caen 2ᵉ édit.

Mœurs et Institutions de la France, par P. BONDOIS, prof. au lycée Buffon, 2 vol.

Léon Gambetta, par J. REINACH.

*Histoire de l'armée française, par L. BÈRE.

*Histoire de la marine française, par DONEAUD, prof. à l'École navale, 2ᵉ édit.

Histoire de la conquête de l'Algérie, par QUESNEL.

*Les Origines de la guerre de 1870, par Ch. DE LARIVIÈRE.

Histoire de la littérature française, par Georges MEUNIER, agrégé de l'Université.

## PAYS ÉTRANGERS

L'Espagne et le Portugal, par E. RAYMOND. 2ᵉ édition.

Histoire de l'Empire ottoman, par L. COLLAS. 2ᵉ édition.

*Les Révolutions d'Angleterre, par Eug. DESPOIS. 3ᵉ édition.

Histoire de la maison d'Autriche, par Ch. ROLLAND. 2ᵉ édition.

L'Europe contemporaine (1789-1879), par P. BONDOIS, prof. au lycée Buffon.

*Histoire contemporaine de la Prusse, par Alfr. DONEAUD.

Histoire contemporaine de l'Italie, par Félix HENNEGUY.

Histoire contemporaine de l'Angleterre, par A. REGNARD.

## HISTOIRE ANCIENNE

*La Grèce ancienne, par L. COMBES.

L'Asie occid. et l'Égypte, par A. OTT.

L'Inde et la Chine, par A. OTT.

Histoire romaine, par CREIGHTON.

L'Antiquité romaine, par WILKINS.

L'Antiquité grecque, par MAHAFFY.

## GÉOGRAPHIE

*Torrents, fleuves et canaux de la France, par H. BLERZY.

Les Colonies anglaises, par H. BLERZY.

Les Îles du Pacifique, par le capitaine de vaisseau JOUAN (avec une carte).

*Les Peuples de l'Afrique et de l'Amérique, par GIRARD DE RIALLE.

Les Peuples de l'Asie et de l'Europe, par GIRARD DE RIALLE.

L'Indo-Chine française, par FAQUE.

*Géographie physique, par GEIKIE.

Continents et Océans, par GROVE (avec figures).

*Les Frontières de la France, par P. GAFFAREL, prof. à la Faculté de Dijon.

L'Afrique française, par A. JOYEUX.

Madagascar, par A. MILHAUD, prof. agrégé d'histoire et de géographie (avec carte).

Les grands ports de commerce, par D. BELLET.

## COSMOGRAPHIE

Les Entretiens de Fontenelle sur la pluralité des mondes, mis au courant de la science, par BOILLOT.

*Le Soleil et les Étoiles, par le P. SECCHI, BRIOT, WOLF et DELAUNAY. 2ᵉ édition (avec figures).

Les Phénomènes célestes, par ZURCHER et MARGOLLÉ.

A travers le ciel, par AMIGUES, proviseur du lycée de Toulon.

Origines et Fin des mondes, par Ch. RICHARD. 3ᵉ édition.

*Notions d'astronomie, par L. CATALAN. 4ᵉ édition (avec figures).

## SCIENCES APPLIQUÉES

Le Génie de la science et de l'indus-e, par B. GASTINEAU.

*Causeries sur la mécanique, par OTHIER. 2e édit.

Médecine populaire, par le Dr TURCK.

La Médecine des accidents, par le BROQUÈRE.

Les Maladies épidémiques (Hygiène Prévention), par le Dr L. MONIN.

Hygiène générale, par le Dr CRUVEILHIER.

La tuberculose, son traitement hyglé-que, par P. MERKLEN, interne des hôpitaux

Petit Dictionnaire des falsifications, r DUFOUR, pharmacien de 1re classe.

*L'Hygiène de la cuisine, par le Dr UMONIER.

Les Mines de la France et de ses colonies, par P. MAIGNE.

Les Matières premières et leur emploi par le Dr H. GENEVOIX, pharmacien de 1re cl.

Les Procédés industriels, du même.

La Photographie, par H. GOSSIN.

La Machine à vapeur, du même (avec fig.)

La Navigation aérienne, par G. DALLET

L'Agriculture française, par A. LAR-BALÉTRIER, prof. d'agriculture (avec figures).

La Culture des plantes d'apparte-ment, par A. LARBALÉTRIER (avec figures).

*La Viticulture nouvelle, par A. BERGET.

*Les Chemins de fer, p. G. MAYER (av. fig.).

Les grands ports maritimes de com-merce, par D. BELLET (avec figures).

## SCIENCES PHYSIQUES ET NATURELLES

Téléscope et Microscope, par ZURCHER MARGOLLÉ.

*Les Phénomènes de l'atmosphère, r ZURCHER. 4e édit.

*Histoire de l'air, par ALBERT-LÉVY.

Histoire de la terre, par BROTHIER.

Principaux faits de la chimie, par UANT, prof. au lycée Charlemagne.

*Les Phénomènes de la mer, par E. ARGOLLÉ. 5e édit.

*L'Homme préhistorique, par ZABO-WSKI. 2e édit.

Les Mondes disparus, du même.

Les grands Singes, du même.

Histoire de l'eau, par BOUANT, prof. au ée Charlemagne (avec grav.).

Introduction à l'étude des sciences physiques, par MORAND. 5e édit.

Le Darwinisme, par E. FERRIÈRE.

*Géologie, par GEIKIE (avec figures).

Les Migrations des animaux et le Pigeon voyageur, par ZABOROWSKI.

Premières Notions sur les sciences, par Th. HUXLEY.

La Chasse et la Pêche des animaux marins, par JOUAN.

Zoologie générale, par H. BEAUREGARD.

Botanique générale, par E. GÉRARDIN, (avec figures).

La Vie dans les mers, par H. COUPIN

*Les Insectes nuisibles, par A. ACLOQUE.

## PHILOSOPHIE

La Vie éternelle, par ENFANTIN. 2e éd.

Voltaire et Rousseau, par E. NOEL. 3e éd.

Histoire populaire de la philosophie, r L. BROTHIER. 3e édit.

*La Philosophie zoologique, par Victor UNIER. 3e édit.

*L'Origine du langage, par ZABOROWSKI.

*Physiologie de l'esprit, par PAULHAN (avec figures).

L'Homme est-il libre? par G. RENARD.

La Philosophie positive, par le docteur ROBINET. 2e édition.

## ENSEIGNEMENT. — ÉCONOMIE DOMESTIQUE

De l'Éducation, par HERBERT SPENCER.

La Statistique humaine de la France, r Jacques BERTILLON.

Le Journal, par HATIN.

De l'Enseignement professionnel, par RBON. 3e édit.

Les Délassements du travail, par aurice CRISTAL. 2e édit.

Le Budget du foyer, par H. LENEVEUX.

Paris municipal, par H. LENEVEUX.

Histoire du travail manuel en France, r H. LENEVEUX.

L'Art et les Artistes en France, par aurent PICHAT, sénateur. 4e édit.

Premiers principes des beaux-arts,

par J. COLLIER (avec gravures).

*Économie politique, par STANLEY JEVONS.

Le Patriotisme à l'école, par JOURDY, colonel d'artillerie.

Histoire du libre-échange en Angle-terre, par MONGREDIEN.

Économie rurale et agricole, par PETIT

*La Richesse et le Bonheur, par Ad. COSTE.

Alcoolisme ou Épargne, le dilemme social, par Ad. COSTE.

*L'Alcool et la lutte contre l'alcoo-lisme, par les Drs SÉRIEUX et MATHIEU.

Les plantes d'appartement, de fenê-tres et de balcons, par A. LARBALÉTRIER.

## DROIT

*La Loi civile en France, par MO-N, 3e édit.

La Justice criminelle en France, par G. JOURDAN. 3e édit.

Documents manquants (pages, cahiers...)
NF Z 43-120-13